Preleção sobre o Livro de Jó

O Homem Carnal, e o Homem Espiritual II

Preleção sobre o Livro de Jó

O Homem Carnal, e o Homem Espiritual II

Dr. Jaerock Lee

O Homem Carnal e o Homem Espiritual II escrito por Dr. Jaerock Lee
Publicado pela Livros Urim (Representante: Kyungtae Noh)
73, Yeouidaebang-ro 22-gil, Dongjak-gu, Seul, Coréia
www.urimbooks.com

Todos os direitos reservados. Este livro ou partes dele não podem ser reproduzidos, armazenados ou introduzidos em um sistema de recuperação, nem transmitidos de nenhuma forma ou por nenhum meio (eletrônico, mecânico, fotocópia, gravação ou outro), para nenhuma finalidade, sem a prévia permissão expressa e por escrito da editora.

A menos que se tenha feito observação específica, todas as citações das Escrituras foram retiradas da Bíblia Sagrada, Nova Versão Internacional (NVI) ®, Copyright ©. Usado sob permissão.

Copyright © 2016 por Dr. Jaerock Lee
ISBN: 979-11-263-0076-1 04230
ISBN: 979-11-263-0074-7 (set)
Translation Copyright © 2009 por Dr. Esther K. Chung. Usado sob permissão.

Primeira Publicação em março de 2016

Publicado anteriormente em coreano pela Imprensa Cristã (Christian Press), em 2007

Editado por Eunmi Lee
Design de Editorial da Livros Urim
Para mais informações, entre contato: urimbook@hotmail.com

Abrindo a Porta do Livro de Jó

O Velho Testamento é basicamente dividido entre a Torá, o Neviim e o Ketuvim. A Torá é o conjunto dos Cinco Livros de Moisés que abordam leis e outros ensinamentos. O Neevim é o conjunto dos livros dos profetas e o Ketuvim, a sabedoria do antigo Israel.

O Livro de Jó pertence ao Ketuvim. Ele fala sobre os sofrimentos de um homem, a providência de Deus e a fé de Jó. O nome "Jó" pode significar 'homem que volta' ou 'homem que chora' – o significado exato não é conhecido.

Jó viveu em Uz, algum lugar perto dos limites do Iraque e da Arábia Saudita. Alguns estudiosos acham que Jó é um personagem fictício de uma obra literária. Entretanto, ele realmente existiu e a Bíblia nos faz saber sobre o lugar onde nasceu, quantos filhos teve e tudo aquilo que possuiu detalhadamente.

Ezequiel, Noé e Daniel foram todos homens da história, e a Bíblia nos diz que Jó também foi um (Ezequiel 14:14, 20). Tiago, no Novo Testamento, também fala sobre a perseverança de Jó (Tiago 5:11).

O Livro de Jó contém muitas palavras hebraicas que não podem ser encontradas em outros livros do Antigo Testamento. Além disso, ele abrange vários assuntos como astrologia, geografia, zoologia, oceanografia, mineração, viagens e leis com profundidade e vasto conhecimento. É verdadeiramente uma obra-prima da literatura mundial.

> Prefácio

Um Livro de Sabedoria, que lhe Fornece Respostas Claras a Questões Comuns da Vida, Conduzindo você a uma Vida Bem Sucedida

O Livro de Jó é um dos livros mais difíceis da Bíblia. Geralmente as pessoas pensam em Jó como um homem justo e íntegro, que foi provado por Deus sem nenhum motivo; que não se queixou, passou por todas as provas e, no fim, recebeu o dobro de todas as bênçãos que havia perdido. Entretanto, com essa rasa interpretação, não podemos obter as respostas para as perguntas que surgem neste livro.

Tudo o que queria era entender a palavra de Deus corretamente e viver de acordo com ela. Desde quando aceitei Jesus, comecei a orar a Deus, pedindo-Lhe que me explicasse a Bíblia de forma detalhada. Com muito jejum e oração, durante sete anos, Deus finalmente respondeu minha oração. Com a inspiração do Espírito Santo, Ele primeiro me fez entender as passagens difíceis da Bíblia, permitindo-me assim compreender o profundo significado espiritual que cada versículo possui.

O Livro de Jó examina cuidadosamente o coração dos homens e fala sobre a maldade e a verdadeira natureza que possuímos nas profundezas dos nossos corações, fazendo com que saibamos quem somos. Mais importante é que através deste livro podemos descobrir se somos homens carnais ou espirituais; e ele nos ensina como nos tornar homens espirituais. 'Carne' significa algo que muda, inverdade e escuridão; enquanto 'espírito' significa verdade, imutabilidade, coisas eternas e mundo de luz.

Em dezembro de 1986, comecei a pregar o que o Senhor me ensinou sobre o Livro de Jó nas vigílias de sexta. E assim foi por seis anos – até 11 de dezembro de 1992. Enquanto pregava sobre o Livro de Jó, muitos membros da igreja se enxergaram através da palavra e tentaram quebrar seu ego, transformando-se em pessoas de verdade, e não de inverdade.

O Livro de Jó trata da importância das palavras positivas assim como da política das interações sociais adequadas e bem sucedidas. No entanto, o significado espiritual desse livro é tão profundo que só conseguimos entendê-lo completamente com a inspiração do Espírito Santo. Ele abrange uma série de coisas conectadas a vários problemas da vida e detalha de forma extensa o fluxo de regras espirituais entre Deus, o homem e Satanás. O Livro de Jó descreve a maneira para se receber bênçãos e como e por que Satanás é capaz de acusar os homens.

Deus fez com que tudo em relação ao modo como Ele trabalha em nossas vidas fosse registrado através de Jó, para que pudéssemos identificar e solucionar nossos problemas. Ele fez com que as conversas entre Jó e seus amigos fossem também registradas, para que houvesse verdade e inverdade presentes no livro. Podemos discerni-las e determinar se são realmente corretas ou não, quando refletimos sobre elas com a palavra de

Deus.

Se entendermos o Livro de Jó, poderemos adquirir sabedoria e força para superar qualquer tipo de provação ou problema nesta vida.

Agradeço à poetisa Eunmi Lee, que editou os scripts para a publicação desta obra – *Preleção sobre o Livro de Jó: O Homem Carnal e o Homem Espiritual I & II*. Também agradeço à Christian Press por publicá-lo. Sobretudo, agradeço ao Pai e dou toda glória a Ele, que nos abençoou para que isso tudo acontecesse.

Que todos os leitores deste livro possam ter uma esperança ainda maior pelo reino dos céus, que tudo vá bem com eles, que suas almas possam prosperar e que eles possam desfrutar de uma boa saúde. Em nome do Senhor Jesus Cristo, eu oro!

Jaerock Lee

Abrindo a Porta do Livro de Jó
Prefácio

Capítulo 21 **Jó Entende Erroneamente que Deus abençoa Homens Maus · 1**

1. O Coração Desejando a Punição dos Maus
2. Precisamos Identificar a Maldade Dentro de Nós
3. Jó se Torna um Juiz e Ensina a Deus
4. Jó Destrói a Palavra de Seus Amigos
5. Jó Não Entende o Mundo Espiritual

Capítulo 22 **Elifaz Continua Ensinando a Jó · 25**

1. Elifaz Usa o Nome do SENHOR em Vão
2. A Sabedoria Carnal e a Sabedoria Espiritual
3. O Coração do Homem se Inclina a Coisas que Não Lhe Fazem Bem
4. Por que Elifaz Vivia na Escuridão
5. Tendo Conhecimento de Deus, mas Não O Conhecendo
6. Elifaz Tenta Ensinar a Jó Sem Entendimento em Seu Coração
7. O Que é o Pecado que Leva à Morte?

Capítulo 23 **Como Encontrar Deus? · 55**

1. A Busca de Jó por Deus
2. Tendo um Encontro com Deus
3. Jó Diz que Deus é Incompetente
4. Sacrifício Carnal e Sacrifício Espiritual
5. Jó Acha que Deus é um Ditador

Capítulo 24 Com um Coração Distorcido, Jó Argumenta que Deus é Mau · 73

1. Jó se Prepara para Culpar Deus
2. Jó Diz que Deus Ignora a Injustiça Praticada pelos Ímpios
3. Jó se Tornou o Juiz
4. Jó Acha que os Maus Têm a Proteção de Deus

Capítulo 25 A Visão de Bildade sobre o Senso de Valores do Homem · 87

1. Bildade Reprime as Palavras de Jó
2. Bildade Fala Coisas Contrárias à Verdade

Capítulo 26 Jó Ouve a Voz do Espírito · 93

1. O Sarcasmo de Jó
2. A Voz do Espírito
3. A Soberania de Deus Vinda da Bondade
4. Jó Chama Deus de Ditador
5. Maus Sentimentos e Exageros

Capítulo 27 Quem é Verdadeiramente Justo? · 107

1. Não Havia Nenhuma Retidão no Coração de Jó
2. Justiça é Crer e Agir
3. Jó Enfatiza Sua Integridade
4. A Inculpabilidade Carnal de Jó
5. O Coração Vingativo de Jó
6. Jó Ensina no Lugar do Todo-Poderoso
7. Mentes Incomplacentes

Capítulo 28 **O Discurso Metafórico de Jó para Explicar a Sabedoria de Deus · 125**

1. A Diferença Entre o Questionamento Espiritual e o Físico
2. Chamas Ardentes Sob o Chão
3. O Propósito de Jó ao Falar Sobre a Origem da Sabedoria e Entendimento
4. Jó Defende Sua Inocência

Capítulo 29 **Jó Rememora Seu Passado · 141**

1. Recordando a Felicidade do Passado
2. Bondade Carnal e Bondade Espiritual
3. Jó Fala Sobre Estar em uma Alta Posição
4. Jó era Estimado como um Rei

Capítulo 30 **Retidão Carnal · 155**

1. Coração que Discrimina e Desrespeita
2. Jó se Queixa de Deus
3. A Maldade de Jó Continuamente Revelada
4. Jó Coloca Sua Confiança nos Homens

Capítulo 31 **Jó Defende Sua Retidão · 171**

1. Jó Cumpriu a Promessa que Havia Feito Consigo Mesmo
2. Jó Guardou o Caminho da Justiça
3. Um Homem de Mente Limitada
4. Jó Amava o Próximo como a Si Mesmo
5. Jó Insiste em Sua Inocência e Retidão

Capítulo 32 **O Jovem Eliú · 189**

1. Por que Eliú se Enfureceu?
2. Eliú Tenta Refutar Jó

Capítulo 33 **Conheça Você Mesmo · 197**

1. Eliú Condena Jó
2. Corações Obstinados
3. Eliú Fala Coisas Erradas sobre Deus

Capítulo 34 **O que é a Verdadeira Sabedoria e Conhecimento? · 209**

1. Que Não Sejamos Juízes
2. Enfatizando a Soberania de Deus
3. Destrua o Orgulho Próprio e Sentimentos Negativos
4. Que Não Julguemos nem Condenemos

Capítulo 35 **A Ignorância Espiritual de Eliú · 225**

1. Arrogância ao Extremo
2. A Causa Original são os Sentimentos Negativos

Capítulo 36 **Eliú Interpreta Mal a Jó · 235**

1. A Discussão se Intensifica
2. Eliú Pisa em Jó
3. Mostrando a Saída
4. Explicando Sobre o Poder de Deus

Capítulo 37 **Eliú Não Compreende a Soberania de Deus · 269**

1. Explicando Sobre a Dignidade de Deus
2. Inveja e Ciúmes
3. Tentando Dar Esperança com Sentimento de Piedade

Capítulo 38 **Deus Explica com Parábolas dos Céus e da Terra · 283**

1. Jó Fica Sem Palavras Diante das Perguntas de Deus
2. Estrelas da Manhã e Filhos de Deus
3. A Terra no Controle de Deus
4. Deus Faz com que Jó Se Dê Conta de Sua Maldade

Capítulo 39 **A Verdadeira Liberdade e a Autossatisfação · 313**

1. Deus Ensina Sobre o Amor De Pais
2. O Que é a Verdadeira Liberdade?
3. A Parábola do Avestruz
4. Palavras Tolas
5. Tudo Sob o Controle de Deus

Capítulo 40 **Que Não Sejamos Pessoas Contenciosas · 327**

1. Jó Se Dá Conta de Sua Insignificância
2. Percebendo Sua Culpa
3. Deus Dá Esperança com a Parábola do Hipopótamo

Capítulo 41 **Jó Compreende a Grandeza de Deus através do Leviatã · 341**

1. Jó é Iluminado sobre Como Encontrar Deus
2. Como Encontrar Deus
3. Estando Diante da Autoridade do Criador
4. Qual o Legado que Deixaremos para Trás?

Capítulo 42 **O Arrependimento de Jó e as Bênçãos Depois das Provações · 359**

1. Jó Professa Sua Humilde e Sincera Fé
2. Rasgando Seu Coração em Arrependimento
3. O Pedido de Desculpas dos Três Amigos
4. Jó é Abençoado em Dobro

Pontos de Conclusão

Capítulo 21
Jó Entende Erroneamente que Deus abençoa Homens Maus

1. O Coração Desejando a Punição dos Maus
2. Precisamos Identificar a Maldade Dentro de Nós
3. Jó se Torna um Juiz e Ensina a Deus
4. Jó Destrói a Palavra de Seus Amigos
5. Jó Não Entende o Mundo Espiritual

Um Homem Justo e Íntegro se Aproximando de Deus

"Seus lares estão seguros e livres do medo; a vara de Deus não os vem ferir. Seus touros nunca deixam de procriar; suas vacas dão crias e não abortam" (21:9-10).

1. O Coração Desejando a Punição dos Maus

Então Jó respondeu: *"Escutem com atenção as minhas palavras; seja esse o consolo que vocês haverão de dar-me. Suportem-me, enquanto eu estiver falando; depois que eu falar, poderão zombar de mim. Acaso é dos homens que me queixo? Por que não deveria eu estar impaciente?"* (21:1-4)

Jó estava na posição de receber consolo, mas seus amigos que foram consolá-lo, só o atacavam. Ele agora usa a palavra 'consolação' para acalmar seus amigos. Esses estavam furiosos com Jó por ele tê-los atacado. Agora Jó, ao invés de atacar, está tentando consolá-los.

Jó tentava explicar, mas seus amigos não aceitavam nada que ele dizia e o atacavam ainda mais. Ao ver seus amigos zombando dele, Jó estava realmente sofrendo. Em tal situação calamitosa, com grandes provações e tribulações e, ainda por cima, palavras amargas de seus amigos, o coração de Jó estava despedaçado.

Jó e seus amigos falavam que conheciam a Deus. No entanto, podemos ver que não apenas Jó, mas também seus companheiros estavam com dor no coração e passando por aflições.

Alguns de vocês podem estar vivendo uma vida cristã sem descanso no coração. Jesus disse: *"Venham a mim, todos os que estão cansados e sobrecarregados, e eu lhes darei descanso.*

Tomem sobre vocês o meu jugo e aprendam de mim, pois sou manso e humilde de coração, e vocês encontrarão descanso para as suas almas. Pois o meu jugo é suave e o meu fardo é leve" (Mateus 11:28-30).

Mas, por que sentimos que é difícil viver uma vida cristã? Se seguirmos só a verdade, nada será difícil. Quando vivemos na palavra de Deus, o Deus Soberano resolve todos os nossos problemas e, assim, não há nada que seja difícil para nós. Ainda que alguém cuspa em nós, perdoamos-lhe e, se simplesmente amamos essa pessoa e a abraçamos com o coração, não há espaço para brigas ou discussões. Portanto, temos 'descanso no coração.'

Se achamos que é difícil e penoso ter uma vida na fé, é porque não estamos pretendendo seguir as leis de Deus. Queremos fazer as coisas do nosso jeito, seguindo nossos pensamentos carnais. Quando alcançamos o coração de Jesus Cristo, o nosso coração se enche de amor. Assim, o que poderia ser difícil para nós?

Suponha que duas pessoas estejam correndo numa trilha. Uma delas carrega uma grande pedra e a outra não tem nada nas mãos. A segunda conseguirá correr muito rápido, mas a primeira encontrará dificuldades. O mesmo acontece conosco. Se o nosso coração é mau, isto é, como pedra, correr na vida da fé fica difícil.

Temos de quebrar essa maldade de coração endurecido com a luz da verdade e a espada afiada da palavra de Deus. Imagine só como será, quando tivermos tirado toda arrogância, mentira, raiva, roubo e todas as formas de adultério da mente e do coração! Nada será difícil ou penoso para nós.

No versículo 4, Jó pergunta a seus amigos por que estão lhe dizendo palavras tão amargas, dado que suas reclamações não eram contra eles.

Jó estava impaciente. Ele tentava explicar a sua posição, que era oposta ao que os seus amigos diziam. Não lhe restava outra opção senão fazer seus amigos o entenderem, o que o deixava continuamente impaciente.

Podemos encontrar pessoas que, quando alguma coisa está contrária às suas opiniões, ficam impacientes, tentando persuadir os outros de sua forma de pensar.

Aquelas pessoas que ficam nervosas facilmente chegam até a bater no peito e dizer que não aguentam mais a situação. Ficam cada vez mais impacientes se outras pessoas não aceitam suas opiniões ou não o entendem. O que Jó está dizendo aqui de fato é: "Depois que eu falar, aí vocês podem zombar das minhas palavras." É que Jó sabia que seus amigos não parariam de falar, mesmo depois que ele lhes explicasse o que ele queria dizer.

Olhem para mim, e ficarão atônitos; tapem a boca com a mão. Quando penso nisso, fico aterrorizado; todo o meu corpo se põe a tremer (21:5-6).

A passagem mostra por que Jó não conseguia deixar de ficar impaciente.

Ele está dizendo: "Estou reclamando de Deus, não de vocês, porque fui punido injustamente. A razão de eu ter de discutir com Deus é porque todas as coisas que eu tinha foram destruídas. Como não sentir dor? Mas vocês só estão piorando as coisas para mim, deixando-me mais impaciente e aumentando a minha dor."

Jó era um homem sábio e não seria simplesmente atacado por seus amigos. Ele explicava sua posição, enquanto tecia uma forma de virar a situação contra eles.

Antes disso, os amigos de Jó diziam que ele era um homem

mau e que era por isso que as maldições de Deus caíram sobre ele, fazendo com que não lhe restasse outra saída, senão a morte. Jó precisou mencionar o que seus amigos tinham dito anteriormente para virar a jogo.

Por que vivem os ímpios? Por que chegam à velhice e aumentam seu poder? Eles veem os seus filhos estabelecidos ao seu redor, e os seus descendentes diante dos seus olhos. Seus lares estão seguros e livres do medo; a vara de Deus não os vem ferir. Seus touros nunca deixam de procriar; suas vacas dão crias e não abortam. Eles soltam os seus filhos como um rebanho; seus pequeninos põem-se a dançar. Cantam, acompanhando a música do tamborim e da harpa; alegram-se ao som da flauta. Os ímpios passam a vida na prosperidade e descem à sepultura em paz (21:7-13).

"Amigos! Vocês estão dizendo que Deus me amaldiçoou dessa forma porque sou ímpio e mau? Então lhes pergunto: se Deus vive, como pode o homem mau ter vida longa, força e poder? Seus filhos estão sadios e seus descendentes são prósperos diante dos nossos olhos!"

Jó está dizendo que homens maus são prósperos e, como se não bastasse, seus filhos também. "Seus lares estão seguros e livres do medo; a vara de Deus não os vem ferir. Seus touros nunca deixam de procriar; suas vacas dão crias e não abortam."
Em outras palavras, ele está dizendo que agricultores maus desfrutam de colheitas bem maiores e que seus negócios são prósperos.

Então, o que o versículo 11 quer dizer? "Eles soltam os seus filhos como um rebanho; seus pequeninos põem-se a dançar."

Pastores livram seus rebanhos de perigos e os guiam para verdes pastos. No frio e na chuva, levam seus rebanhos para pastos onde há o brilho do sol e os alimenta, e para riacho onde há água fresca. Eles os protegem, para que possam estar em segurança.

Homens de Deus olham para os filhos dos ímpios vivendo em abundância como um rebanho de ovelhas e gastando seu tempo fazendo o que querem. Por serem ricos, curtem a vida como entendem. Jó está dizendo que eles estão curtindo a vida cantando e dançando; e que estão vivendo em paz. Quando morrerem, descerão para o Sheol em paz.

Jó queria falar que seus amigos eram maus, mas se o fizesse, eles o atacariam ainda mais impiedosamente. Assim, ele fala por meio de metáforas. De fato, Jó queria dizer-lhes o que pensava.

Jó estava repreendendo seus amigos, metaforicamente, dizendo: "Vocês são maus, mas seus filhos são felizes e seus animais nascem bem e saudáveis. Apesar de sua maldade, a realidade é essa."

Contudo, dizem eles a Deus: 'Deixa-nos! Não queremos conhecer os teus caminhos. Quem é o Todo-poderoso, para que o sirvamos? Que vantagem temos em orar a Deus?' Mas não depende deles a prosperidade que desfrutam; por isso fico longe do conselho dos ímpios (21:14-16).

Entre os incrédulos existem pessoas ricas. Seus filhos também são prósperos e eles não têm nenhum problema. Se você pregar o evangelho para eles dizendo: "Aceite Jesus Cristo e seja abençoado", poucos lhe darão ouvidos. Se falamos sobre o céu e o inferno, eles não gostam e dizem: "Essas coisas não existem. Vamos ver quando nós morrermos."

"Oh! Fulano ora tanto, mas eu não oro nada e meus negócios estão melhores! Onde está Deus? Prefiro confiar em meu próprio conhecimento."

Jó sabia muito bem que as bênçãos dadas aos seus amigos não eram frutos de suas próprias mãos. Ele está lhes explicando que existem diferentes tipos de providências de Deus e, apesar de ele não ser um homem mau, ele estava sofrendo daquele jeito por causa de uma providência de Deus.

Ele está dizendo que muitos ímpios não recebem maldições e são prósperos. Jó quer dizer que é por isso que seus amigos eram diferentes dele, e que eles não poderiam ser seus companheiros.

2. Precisamos Identificar a Maldade Dentro de Nós

Aqui, olharemos para três tipos diferentes de coração e, por favor, examine-se e identifique qual deles é o seu.

Primeiro, há a mente que é questionadora e cheia de dúvidas, que se pergunta por que homens maus são prósperos. Só de ter esse tipo de mente, já é uma prova de que somos maus.

Deus nos diz para amarmos até o nosso inimigo. Se desejarmos que pessoas más sejam amaldiçoadas, isso é produto de um coração mau. Por termos corações maus, temos ciúmes, quando vemos ímpios prosperarem. Jesus amou todos e não odiou ninguém.

"Pois, quantas vezes a lâmpada dos ímpios se apaga?

Quantas vezes a desgraça cai sobre eles, o destino que em sua ira Deus lhes dá? Quantas vezes o vento os leva como palha, e o furacão os arrebata como cisco?" (21:17-18)

Jó tem dito que pessoas más existem, e que elas são prósperas. Mas, dessa vez, ele diz que a lâmpada do ímpio 'se apaga', isto é, o oposto da prosperidade acontece. A lâmpada do ímpio se apagar significa que seus negócios e obras são destruídos e a paz de suas famílias é quebrada. Eles são atingidos por aflições e doenças e se tornam como Jó.

Além disso, a lâmpada se apagar significa também que a vida da pessoa se extingue. Quando o vento sopra, a palha voa; e se vem o furacão, o cisco desaparece completamente. Aqui, furacão se refere à maldição de Deus em Sua autoridade. A palha e o cisco se referem ao ímpio.

Agora Jó está dizendo: "Amigos, escutem-me. Desastres vêm sobre os ímpios. Eles desaparecem como a palha no vento e o cisco no furacão. Mas com que frequência? Poucas vezes. Será que não é por isso que os ímpios são prósperos, vivem por muito tempo e em paz? Será que não é por isso que seus filhos são bem de vida e seus negócios vão bem?"

Então, por que os ímpios são bem de vida, como Jó diz? Achamos a resposta em 2 Pedro 3:8-9: *"Não se esqueçam disto, amados: para o Senhor um dia é como mil anos, e mil anos como um dia. O Senhor não demora em cumprir a sua promessa, como julgam alguns. Ao contrário, ele é paciente com vocês, não querendo que ninguém pereça, mas que todos cheguem ao arrependimento."*

Se Deus punisse as pessoas toda vez que praticassem maldade, quem sobreviveria neste mundo? Se Deus não os suportasse e lhes retribuísse toda vez, quem poderia sobreviver? Se tivermos o pensamento: "Por que Deus não castiga os ímpios?" Então, só o fato de ter essa dúvida já mostra a nossa maldade. A razão pela qual Deus suporta as coisas por tanto tempo é porque Ele quer que todos se arrependam e alcancem a salvação.

Jó era uma pessoa sábia, mas podemos ver que, em uma questão, lhe faltava sabedoria. Deus diz: *"Não deem o que é sagrado aos cães, nem atirem suas pérolas aos porcos; caso contrário, estes as pisarão e, aqueles, voltando-se contra vocês, os despedaçarão"* (Mateus 7:6). Mas Jó estava discutindo com pessoas, cujos corações eram maus. Como ele não entendia a vontade de Deus, ele estava tendo discussões insignificantes com seus amigos e estava revelando o mal de cada um deles.

3. Jó se Torna um Juiz e Ensina a Deus

Dizem que Deus reserva o castigo de um homem para os seus filhos. Que o próprio pai o receba, para que aprenda a lição! Que os seus próprios olhos vejam a sua ruína; que ele mesmo beba da ira do Todo-poderoso! (21:19-20)

Uma vez que o livro de Jó é o registro das conversas entre ele e seus amigos, algumas coisas são verdade e outras não.

Dessa forma, precisamos saber discernir que partes são

palavras de Deus e que partes não são. Hoje, se um pastor menciona as partes desse livro que não são a palavra de Deus e diz que são, algo que não é verdade é ensinado erroneamente como verdade.

Nessa passagem, Jó está fazendo a acusação de que Deus é um Deus mau. Ele está dizendo que Deus guarda a maldade do homem mau e a paga em seus filhos. Então, na opinião de Jó, Deus deveria retribuir a maldade do ímpio no corpo do próprio ímpio, para que ele pudesse entender as coisas. Jó agora se torna um juiz e está agindo como se estivesse ensinando Deus.

À medida que os pecados de um homem mau se acumulam, Deus pacientemente aguarda por algum tempo e depois os retribui à pessoa, segundo suas obras. Não é que Deus guarda e retribui a maldade sobre os filhos. Obviamente, se o homem mau se arrepender e se converter de seus pecados, Deus lhe perdoa. Sendo assim, por que Jó está dizendo uma coisa assim?

Em um dos Dez Mandamentos, quando as pessoas adoram a ídolos, o pecado atinge até 3 ou 4 gerações (Êxodo 20:5). Não devemos entender mal esse verso.

Deus quer que todos se arrependam e persiste com eles para que eles possam receber a salvação. Quando um homem mau se arrepende e converte, Deus lhe perdoa. Mas, pecados como a blasfêmia contra o Espírito Santo não podem ser perdoados, ainda que o pecador se arrependa.

Suponha que um pai seja um homem mau, mas seu filho esteja vivendo em verdade e bondade. Será que Deus retribuirá a maldade do pai sobre o filho? É claro que não, pois Deus é um Deus de justiça.

Suponha que o pai tenha acumulado muita maldade, tenha morrido sem se arrepender, e seu filho esteja seguindo os mesmos passos que ele. Nesse caso sim, o filho receberá a retribuição da maldade do seu pai, tomará o fardo dos pecados de seu pai. Quando o pai acumula maldade sobre maldade, o pecado afeta seus filhos também. Portanto, ele precisa se arrepender rapidamente e mudar de atitude.

Vamos olhar agora para casos em que Deus traz castigo sobre algumas pessoas más e casos em que Ele simplesmente persiste com elas.
Quando Satanás acusou Jó, Deus permitiu aquela acusação. No ponto de vista de Satanás, havia algo em Jó a ser apontado, e Deus também tinha uma razão para permitir aquilo. A razão por que sofremos provações e tribulações é porque o inimigo nos acusa diante de Deus o mesmo tanto em que vivemos na inverdade.

A serpente tentou Eva para que ela comesse da árvore do conhecimento do bem e do mal, e Deus amaldiçoou a serpente para que ela comesse do pó da terra todos os dias de sua vida (Gênesis 3:14). Aqui, espiritualmente, o pó se refere ao homem, que é feito do pó da terra. Depois que morre, o corpo do ser humano volta a ser pó. A serpente, espiritualmente, significa o inimigo Satanás.
Portanto, Satanás veio para comer carne, e aqui carne,espiritualmente, significa as inverdades que os seres humanos praticam. Quando os homens revelam seus pecados por meio de ações, como nos pecados de se enfurecer com alguém, assassinar ou adulterar, chamamos esses atos de 'obras da carne.' Quanto mais deixamos de viver, segundo a palavra de Deus, mais o inimigo nos acusa diante de Deus, e Deus tem de permitir.

Algumas pessoas continuam pecando, mesmo sabendo que estão pecando. Quando esses pecados se acumulam e chegam a um nível em que Deus não pode mais perdoar, Deus tem de entregar a pessoa a Satanás.

Esse também é o caso de alguns países. Quando o cabeça de um país continua acumulando maldade sobre maldade, Deus move o povo daquela nação e o líder é julgado por ele.

O versículo 20 diz: "Que os seus próprios olhos vejam a sua ruína; que ele mesmo beba da ira do Todo-poderoso!"

Jó está dizendo que, quando um homem mau pratica maldade, esse homem mau tem de ver sua própria destruição com seus próprios olhos; que se Deus está vivo, Ele tem de deixar com que esse homem beba da ira de Deus. Dessa forma, Deus mostra a esse homem mau que Deus é um Deus a quem se deve temer.

Se temos maldade em nosso coração, quando vemos um homem mau ser punido e ficar infeliz, nossa mente se satisfaz. Pelo fato de termos pecados em nós, sentimos bem em nosso coração quando as coisas dão errado para as pessoas e elas enfrentam a destruição. Se temos esse tipo de maldade, precisamos nos livrar dela.

Deus quer que nem uma pessoa seja destruída, mas que todas se arrependam e convertam. É por isso que Ele tem suportado as coisas por mil anos como um dia, e um dia como mil anos. Jó não entendia esse coração de Deus e, com a sua própria maldade, ele julgava e condenava a Deus como um Deus mau.

4. Jó Destrói a Palavra de Seus Amigos

Pois, que lhe importará a família que deixará atrás de

si, quando chegarem ao fim os meses que lhe foram destinados? "Haverá alguém que o ensine a conhecer a Deus, uma vez que ele julga até os de mais alta posição? (21:21-22)

O que "pois, que lhe importará a família que deixará atrás de si quando chegarem ao fim os meses" quer dizer? Quer dizer que "Se Deus não punir um homem mau imediatamente, mas através de sua casa só depois de muito tempo e depois que ele morrer, de que adiantará?"
Significa que de nada adiantará, pois o homem mau não saberá das consequências de sua maldade, mesmo depois do castigo de Deus. Jó acha que Deus tem de punir os homens maus imediatamente para mostrar-lhes que Ele vive e que é um Deus a quem se deve temer.

Hoje, da mesma maneira, quando uma pessoa vê a maldade dos homens, ela pode dizer: "Deus, isso é demais! Por que o Senhor não castiga esses homens, mas deixa-os em paz? Se puni-los imediatamente, não sobrará nenhuma pessoa má."
Mas o número de pessoas más não reduzirá só de prendê-las e puni-las. Se uma pessoa é pressionada por alguém, ela reage com mais força. Portanto, a bondade desaparecerá. Quando as coisas entram em atrito, tudo que produzem é barulho alto.

No versículo 22, Jó diz: "Haverá alguém que o ensine a conhecer a Deus, uma vez que ele julga até os de mais alta posição?" Deus julga não apenas os de alta posição, mas a todos. Por que Jó está dizendo isso então?

Nesse momento, Jó tem muitas queixas contra Deus e está sendo cínico com Ele. Em sua opinião, ele é um homem bem estimado. Mas se ele dissesse que Deus destruiu um homem como ele, seus amigos o atacariam ainda mais severamente. "Jó! Estamos perplexos. Como pode ser um homem justo e de alta posição? Você pecou tanto!" É por isso que Jó não podia dizer aquilo diretamente, mas só através de parábola.

O que significa 'os de mais alta posição'? São aqueles com muita autoridade, muitos bens e muito conhecimento. Jó achava que ele era um homem de alta posição, amado e respeitado por muitos.

Jó queria dizer que agora ele não tinha nada para falar com Deus, já que Ele havia destruído completamente alguém que outrora era um homem de alta posição. A boca dele só ficaria cansada de falar.

Jó não podia falar aquilo diretamente, direcionando assim suas queixas indiretamente. É algo como o ditado: "O covarde descarrega sua raiva em uma terceira pessoa."

Jó está expressando seu coração distorcido, derramando suas reclamações contra Deus e insistindo em sua retidão.

É isso que ele estava falando: "Na minha opinião, Deus deixa os homens maus prosperarem. Eu não sou um homem mau. Eu não caí porque era um homem mau como vocês estão dizendo. Sou um homem elevado entre os homens, mas Deus é injusto e colocou-me nesta condição. Deus devia punir as pessoas más imediatamente, mas elas só prosperam. Vocês, amigos, são maus, mas ao invés de serem punidos, seguem impunes e prósperos. Veem, Deus não é injusto?"

5. Jó Não Entende o Mundo Espiritual

Um homem morre em pleno vigor, quando se sentia bem e seguro, tendo o corpo bem nutrido e os ossos cheios de tutano. Já outro morre tendo a alma amargurada, sem nada ter desfrutado. Um e outro jazem no pó, ambos cobertos de vermes (21:23-26).

Algumas pessoas vivem uma vida longa e bem sucedida sem doenças ou nenhuma outra preocupação. "Tendo o corpo bem nutrido e os ossos cheios de tutano" significa que os negócios ou obras da pessoa são prósperos e ela é financeiramente bem de vida. Algumas pessoas são prósperas mesmo sem acreditar em Deus. Podemos, às vezes, ver pessoas más prosperarem.

Por outro lado, algumas pessoas vivem em sofrimento até morrer, sem experimentar bênção nenhuma.

Ao ler o livro de Jó, alguns podem pensar: "Como Jó pode conhecer tão bem o meu coração? Tento crer em Deus e viver uma vida boa, mas enfrento dificuldades. Por outro lado, um de meus vizinhos trapaceia outras pessoas, utilizando-se de métodos maus e, ainda assim, se dá bem em seus negócios. Isso não é injusto? Jó está expressando o que eu também quero dizer."

Entretanto, as palavras de Jó não estão certas. Existem pessoas que vivem em sofrimento por não terem boas condições financeiras. Mas existem também muitas pessoas que vivem felizes, apesar de não terem muito dinheiro. Aquelas que têm esperança pelo céu conseguem se regozijar e viver em gratidão, mesmo sem condições financeiras tão boas.

Logo depois que aceitei o Senhor, trabalhei em construção. Eu era tão pobre que mal conseguia sobreviver com o que ganhava. No entanto, embora pobres, vivíamos em alegria, pois críamos no Deus vivo. Minha esposa sempre cantava louvores e vivia em gratidão, sem preocupar com o amanhã. Até eu abrir a igreja, não tínhamos nem mesmo uma casa onde morar. Todos os cinco membros de minha família moravam em um cômodo, mas éramos felizes. Embora não fôssemos ricos, gostávamos muito de servir nossos convidados, e também ajudávamos aqueles que estavam passando por necessidades maiores que as da gente. Não tínhamos nenhuma inveja das outras pessoas.

A razão pela qual eu conseguia sempre me regozijar e dar graças era porque eu tinha o reino dos céus em meu coração. Isso quer dizer que eu tinha esperança não nessa terra, mas no reino celestial.

Mas então, quem traz o sofrimento? Somos nós que trazemos o sofrimento sobre nós. Suponha que você tenha um problema. Você acha que é um problema e preocupa-se com ele, achando que a situação é enorme, gravíssima.

Você é pressionado por seus próprios pensamentos e tem indigestão. Esses sentimentos podem até desencadear problemas nervosos ou úlceras estomacais. Sua irritação é facilmente despertada por pequenas coisas. Você pode até dar um soco em alguém. Quem causou essa situação? Foi Deus?

Nós é que fazemos isso. Quando temos um problema, ele não pode ser resolvido com o fato de nos preocuparmos com ele. Deus nos ensina a clamarmos a Ele em dias de tribulação. Assim, se crermos Nele e O clamarmos em orações, Ele trabalhará pelo bem de todas as coisas. Caso contrário, nossas atitudes só tornam o problema pior.

No versículo 25, Jó diz que ele não tem bênçãos. É porque o padrão de bênçãos de Jó era o de coisas físicas. Entendemos que a bênção mais importante para cristãos é a bênção espiritual. A verdadeira bênção é para a nossa alma prosperar. Deus nos prometeu que todas as coisas nos iriam bem, que seríamos saudáveis e a nossa alma prosperaria (3 João 1:2).

Jó continua explicando que Deus não é justo dizendo: "No meu ponto de vista, quer bom quer mau, quer rico quer pobre, quer tenha vivido em sofrimento ou não, todos morrem e voltam ao pó. Portanto, Deus não é justo."

Jó está agora explicando sobre seu mundo visível, físico, não espiritual. Quando cristãos morrem, a Bíblia diz que na verdade eles estão dormindo, e não mortos. É que o nosso espírito é inextinguível.

Os corpos dos incrédulos voltarão para o pó e seus espíritos irão para o inferno. Espiritualmente, a diferença entre homens bons e homens maus é o céu e o inferno. Por fora, parece que tanto o bom como o mau simplesmente voltarão ao pó e vermes os cobrirão, mas há uma grande diferença entre céu e inferno. As duas coisas jamais seriam parecidas.

Tiago 4:11-12 diz: *"Irmãos, não falem mal uns dos outros. Quem fala contra o seu irmão ou julga o seu irmão, fala contra a Lei e a julga. Quando você julga a Lei, não a está cumprindo, mas está se colocando como juiz. Há apenas um Legislador e Juiz, aquele que pode salvar e destruir. Mas quem é você para julgar o seu próximo?"*

Somos praticantes da Lei, não juízes. Deus é Aquele que criou a Lei e pode nos salvar ou destruir.

Jó e seus amigos estão julgando até a Deus. Tiveram até mesmo a presunção de ensinar a Deus o que fazer. Eles deveriam ser praticantes da Lei, mas estavam sendo juízes e ensinando o Juiz. É por isso que Deus teve de permitir que Jó passasse pelas provações.

Não recebemos os ensinamentos de Deus desde nosso nascimento. Aprendemos as coisas através das várias mídias do mundo, experiências e nossa educação na escola. Usamos todo esse input para construir a estrutura de quem somos. O governador deste mundo é o inimigo. Portanto, quantas coisas do mundo são erradas? Se discutirmos uns com outros, dizendo que estamos certos, isso só levará a mais contendas. Só quando discernimos as coisas com a palavra de Deus, a verdade, é que podemos discernir as coisas corretamente.

Na visão de Deus, nem Jó nem seus amigos estavam certos, mas todos eles estavam defendendo que suas opiniões é que estavam certas. Não devemos caluniar, julgar ou condenar ninguém. Isso é mal e pecado. Quão arrogante estamos, se tivermos nos tornado juízes?

Logo, quando temos atitudes assim, Deus tem de virar a face de nós e não recebemos respostas às nossas orações. Espero que você não se torne o juiz que julga e condena seus próximos, mas se arrependa rapidamente e desça a posições de humildade e serviço.

"Sei muito bem o que vocês estão pensando, as suas conspirações contra mim. 'Onde está agora a casa do grande homem?', vocês perguntam. 'Onde a tenda dos ímpios?' Vocês nunca fizeram perguntas aos que viajam? Não deram atenção ao que eles contam? Pois eles dizem que o mau é poupado da calamidade, e que do dia da ira recebe livramento" (21:27-30).

Os amigos de Jó foram confortá-lo, depois que ouviram falar que ele estava sofrendo. Jó diz que conhece os pensamentos de seus amigos, mas não conhece. Só Deus conhece o interior e as profundezas do coração e pensamentos dos homens. É que o modo de pensar e os pensamentos dos homens podem mudar muito rapidamente.

Jó disse: "Sei muito bem o que vocês estão pensando, as suas conspirações contra mim. 'Onde está agora a casa do grande homem?', vocês perguntam. 'Onde a tenda dos ímpios?'"

Pelo fato de os amigos de Jó demonstrarem tanto desprezo por ele, ele está dizendo que eles estão zombando e comparando-o a um nobre ímpio. Seus amigos costumavam ter um bom relacionamento com ele, mas vieram a tratá-lo mal e injustamente. Sim, é claro que foi porque eles também eram maus. Mas foi Jó que os fez agir daquela forma. Eles não agiram com maldade desde o princípio.

Deus nos diz para não discutirmos, mas enquanto eles discutiam, mais e mais maus sentimentos surgiam. Jó não aceitou os conselhos de seus amigos, que diziam para ele se arrepender e mudar de atitude, mas ele os atacava, retrucando de várias formas e dizendo que eles é que eram maus. Contudo, a verdade é que todos eles o eram.

Se Jó tivesse conhecido a verdade, ele não teria discutido com seus amigos, mas teria retribuído sua maldade com bondade. Jesus nos falou que se alguém nos der um tapa em uma face, devemos dar a outra face. Se Jó tivesse agido dessa maneira, ele não teria tido nenhum conflito. Ele não teria tido inimizade ou animosidade em relação a seus amigos.

Espero que você seja capaz de alimentar e ajudar até seus

inimigos. Só porque alguém ficou bravo e começou a discutir com você, se você se irritar, amaldiçoar e responder à discussão, você é tão mau como a outra pessoa. Significa que, para a maldade, você perdeu.

Romanos 12:20-21 nos diz para vencermos o mal com o bem. Lemos: *"Ao contrário: 'Se o seu inimigo tiver fome, dê-lhe de comer; se tiver sede, dê-lhe de beber. Fazendo isso, você amontoará brasas vivas sobre a cabeça dele.' Não se deixem vencer pelo mal, mas vençam o mal com o bem."*

Se alguém nos bater, não devemos dar-lhe o troco. Podemos simplesmente evitar as coisas. Se agirmos com bondade, podemos ter paz até com nossos inimigos. Deus trabalhará, e a outra pessoa se arrependerá. Deus fará com que tudo seja lindo.

"Vocês nunca fizeram perguntas aos que viajam?" significa que eles discutiam, mas não havia conclusões. Assim, eles perguntavam a um viajante quem estava certo. O viajante também não conhecia a verdade muito bem. Em sua opinião, tudo era culpa de Jó, pois ele é que estava sofrendo com um desastre. Ele disse que, em razão de Jó ser uma homem mau, ele tinha de esperar somente pelo dia da destruição.

"Quem o acusa, lançando em rosto a sua conduta? Quem lhe retribui o mal que fez? Pois o levam para o túmulo, e vigiam a sua sepultura. Para ele é macio o terreno do vale; todos o seguem, e uma multidão incontável o precede. "Por isso, como podem vocês consolar-me com esses absurdos? O que sobra das suas respostas é pura falsidade!" (21:31-34)

Mesmo quando há um homem mau, quem pode confrontá-lo e retribuir suas maldades? Os homens não podem fazer nada em relação a isso. Quando ele morre, simplesmente vai para a tumba, enquanto outros assistem. Até para os maus, seus filhos cuidam de sua sepultura.

Jó diz: "para ele é macio o terreno do vale", mas isso também não está certo. Quer dizer que o homem mau não teme a morte. Todos os homens querem viver muito – temem a morte. Os maus, especialmente, têm medo da morte. No fundo de seus corações, há um coração que busca a bondade. Até eles têm alguma bondade no profundo de seus corações, para conseguirem buscar Deus, que é vida. Essa vida temerá a morte, se eles viverem em iniquidade. Quando iníquos morrem, podemos ver que eles morreram com grande medo. É porque eles prejudicaram outros, não vivendo ou agindo em justiça.

Por outro lado, para algumas pessoas, o terreno do vale será macio. Aquelas que viveram em justiça e bondade não temem a morte, pois cumpriram todo o dever do homem na terra. Cumprir todo o dever significa que elas reconheceram a existência de Deus e creram na vida por vir. Essas pessoas não temem a morte e, quando morrem, fecham os olhos em paz

Jó está explicando que havia inúmeras pessoas que já tinham morrido antes e que o homem mau também as seguirá. Quer bom ou mau, rico ou pobre, todos irão para o túmulo um dia.
Seus amigos diziam que Jó conseguiria recuperar todos os seus bens e saúde, se ele se arrependesse e mudasse de atitude. Mas, na cabeça de Jó, ele jamais conseguiria se recuperar e iria morrer. É por isso que ele está dizendo que de nada adiantava confortá-lo. Mesmo se ele se recuperasse, no fim ele iria morrer, como todos morrem. Ele está dizendo que o conforto de seus

amigos era inútil.

No versículo anterior, já consideramos que essa palavra de Jó não estava certa. A Bíblia diz que, quando um justo morre, ele adormece. Quando aceitamos Jesus Cristo, recebemos o dom do Espírito Santo e, pelo Espírito Santo, nosso espírito que estava morto é revivificado. Em outras palavras, nosso espírito ressuscitou e nós nos tornamos filhos de Deus. Assim, nosso espírito pode entrar no reino dos céus. Além disso, quando o Senhor voltar, o corpo que voltou ao pó ressuscitará, tornando-se um corpo perfeito com espírito, alma e corpo, para encontrar-se com o Senhor.

Por outro lado, o corpo dos homens maus voltará ao pó também, mas uma vez que o salário do pecado é a morte, seu espírito morto terá de sofrer eternamente no inferno.

Entre aqueles que aceitaram o Senhor e viveram, segundo a palavra de Deus, alguns receberão glória como a do sol, outros como a da lua e outros como a das estrelas (1 Coríntios 15:41). Todos os homens morrem, mas o resultado e vida depois da morte não serão iguais. Variarão de pessoa para pessoa.

Em sua vida cristã, se você enfrenta perseguições ou se outros o criticam em casa ou no trabalho, examine-se a si mesmo, antes de julgar, dizendo que os outros estão errados. Por favor, não ache que você está certo. Se tentar achar a causa do problema quando os outros estão se irritando com você ou julgando-o, certamente conseguirá encontrar algo de errado em você.

A maldade dos homens no fundo de seus corações será revelada por meio de testes e provações. Só quando a maldade no fundo do coração é revelada é que a pessoa consegue se dar conta de seus erros. Só podemos nos livrar da maldade, depois de identificá-la. Espero que você encontre a iniquidade dentro de seu coração e despoje-se dela com orações, pedindo a ajuda de Deus.

Quando continuamos nossa luta contra os pecados dessa forma, finalmente conseguimos arrancar as raízes do pecado de nossos corações e transformá-los em corações limpos.

Capítulo 22
Elifaz Continua Ensinando a Jó

1. Elifaz Usa o Nome do SENHOR em Vão
2. A Sabedoria Carnal e a Sabedoria Espiritual
3. O Coração do Homem se Inclina a Coisas que Não Lhe Fazem Bem
4. Por que Elifaz Vivia na Escuridão
5. Tendo Conhecimento de Deus, mas Não O Conhecendo
6. Elifaz Tenta Ensinar a Jó Sem Entendimento em Seu Coração
7. O Que é o Pecado que Leva à Morte?

"É por sua piedade que ele o repreende e lhe faz acusações? Não é grande a sua maldade? Não são infindos os seus pecados?" (22:4-5)

"Vocês se esqueceram da palavra de ânimo que ele lhes dirige como a filhos: 'Meu filho, não despreze a disciplina do Senhor, nem se magoe com a sua repreensão, pois o Senhor disciplina a quem ama, e castiga todo aquele a quem aceita como filho'" (Hebreus 12:5-6).

1. Elifaz Usa o Nome do SENHOR em Vão

Então, Elifaz, de Temã, respondeu: "Pode alguém ser útil a Deus? Mesmo um sábio, pode ser-lhe de algum proveito? Que prazer você daria ao Todo-poderoso, se você fosse justo? Que é que ele ganharia, se os seus caminhos fossem irrepreensíveis?" (22:1-3)

Elifaz, o temanita, foi o primeiro dos três amigos a começar a discutir com Jó. Ele também era o pior entre os três.

Os homens podem ser categorizados em homens carnais e homens espirituais. A palavra de Deus é espírito e verdade. Aqueles que conhecem Deus, experimentam as coisas que são espirituais e aqueles que vivem na verdade têm seu espírito revivificado através do Espírito Santo. Eles podem se tornar homens espirituais. Mas Elifaz era uma homem carnal que não conhecia a verdade. Uma vez que ele estava discutindo tola e irracionalmente sobre a providência de Deus, sem entendimento da Sua vontade, ele estava cometendo o pecado de tomar o nome do SENHOR Deus em vão.

Somente aqueles, que entendem claramente a vontade de Deus e seguem Sua vontade e providência, podem falar sobre ela. Se alguém, que não conhece a vontade de Deus ou os Seus caminhos, que não é capaz de resolver seus próprios problemas, ensina qual é a vontade de Deus, então a pessoa está tomando ou usando o nome de Deus em vão.

Mesmo hoje, existem muitos crentes que julgam outros sem entender a vontade de Deus adequadamente, dizendo que algo é da vontade Dele, quando não o é, como no caso de Jó e seus três amigos.

Do segundo versículo em diante, Elifaz faz uma pergunta. "Pode alguém ser útil a Deus? Mesmo um sábio, pode ser-lhe de algum proveito?" Como Jó tinha argumentado a favor de sua própria justiça, Elifaz está agora sendo sarcástico, contrariando a defesa de Jó. Em sua refuta, Elifaz já chegou a uma conclusão sobre a vontade de Deus.

Então, podem os homens ser úteis a Deus? É melhor não usar o termo 'útil', referindo-se a si mesmo ou a outros, quando significa ou implica que Deus é capaz de derivar proveito de uma pessoa, ou que uma pessoa pode ser vantajosa a Deus. É que nesse sentido, os homens não são dignos de receber o termo 'útil a Deus.'

Mas, isso não deve ser confundido e entendido que os homens, então, não podem ser usados por Deus para Seus propósitos. Deus criou o homem, segundo Sua imagem. Depois de moldá-lo do pó da terra, Ele soprou-lhe nas narinas com o fôlego de vida, a fim de fazê-lo um espírito vivente.

Deus não soprou o fôlego de vida nos animais. O espírito do homem é eterno e não pode ser extinto. Aqueles que não são salvos irão para o inferno e sofrerão para sempre.

As pessoas dão luz à seus filhos, porque podem tirar proveito deles. Elas também podem alegrar-se com eles e trabalham, a fim de juntar dinheiro e deixar-lhes uma boa herança. Ter filhos amados é uma vantagem para os pais. Como Deus deve ter amado os seres humanos, criados por Ele à Sua imagem, e levados por Ele ao Jardim do Éden, onde andavam com Ele!

Se entendermos o propósito de Deus em nos criar, jamais falaremos como Elifaz, que dizia que o homem não tem valor nenhum para Deus. A existência dos seres humanos em si, que foram criados por Deus à Sua própria imagem, pode ser motivo de alegria e orgulho para Ele. Os homens são aqueles com quem Deus pode compartilhar o Seu amor e de quem Ele recebe glória.

2. A Sabedoria Carnal e a Sabedoria Espiritual

Provérbios 9:10 diz: *"O temor do SENHOR é o princípio da sabedoria, e o conhecimento do Santo é entendimento."* Sem a sabedoria que vem de Deus, não podemos entender Deus. Na refuta de Elifaz, ele falava segundo a sabedoria carnal, que havia sido adquirida daquilo que ele tinha visto e experimentado.

A sabedoria pode ser categorizada em sabedoria espiritual, que é dada por Deus, e sabedoria carnal, que vem do mundo e é dada pelo diabo.

Tiago 3:14-18 diz: *"Contudo, se vocês abrigam no coração inveja amarga e ambição egoísta, não se gloriem disso, nem neguem a verdade. Esse tipo de 'sabedoria' não vem dos céus, mas é terrena; não é espiritual, mas é demoníaca. Pois onde há inveja e ambição egoísta, aí há confusão e toda espécie de males. Mas a sabedoria que vem do alto é antes de tudo pura; depois, pacífica, amável, compreensiva, cheia de misericórdia e de bons frutos, imparcial e sincera. O fruto da justiça semeia-se em paz para os pacificadores."*

A sabedoria de Deus busca a bondade, justiça, verdade e nos

dá esperança pelo céu. Não usamos essa sabedoria para realizar nossos próprios desejos. A razão de Eva ter dado ouvidos à enganosa serpente e comido da árvore do conhecimento do bem e do mal foi porque ela aceitou a sabedoria demoníaca e não a sabedoria de Deus.

Buscar o reino de Deus e a Sua justiça é algo que vem da sabedoria do alto. Se alguém está tendo atos e pensamentos mundanos, de inverdade e de luxúria, devemos saber que isso é sabedoria carnal e do diabo.

Elifaz não gostava do fato de Jó dizer que ele era justo. Na opinião de Elifaz, foi exatamente por causa do pecado de Jó que ele estava em situação tão horrível. Mas Jó insistia em que ele não havia feito nada de errado e que era reto; a culpa de ele estar sofrendo era toda de Deus.

Elifaz havia acumulado maus sentimentos em relação a Jó, à medida que discutiam, e continuou usando o nome de Deus em vão. Ele falou a Jó: "Ainda que você seja justo, como poderá ser motivo de alegria para Deus, e mesmo se suas ações forem perfeitas, que utilidade terão elas para Ele?" – que é completamente o contrário da verdade.

Se formos justos, Deus se regozijará e, se obras forem perfeitas, obviamente seremos de grande utilidade para Ele. Ele nos falou para sermos santos como Ele é santo (1 Pedro 1:16) e perfeitos como Ele é perfeito (Mateus 5:48).

Quando os filhos crescem em bondade e saudavelmente, é uma alegria para os pais. Mas se eles se perdem e praticam a maldade, isso é doloroso para os pais. Quando os filhos são perfeitos, é algo benéfico para os pais, mas se fazem algo errado, os pais também são culpados.

Da mesma maneira, quando os filhos de Deus não são

perfeitos diante Dele e pecam, eles podem ser criticados e zombados por incrédulos. E, se isso acontece, desonram o nome de Deus, a igreja, os pastores e seus irmãos na fé.

Em Gênesis, capítulo 6, podemos ver que Noé era o homem mais perfeito de seu tempo. Deus tinha prazer nele e andava com ele. Para salvá-lo, Deus falou para ele fazer a arca. Gênesis 6:5-6 diz: *"O SENHOR viu que a perversidade do homem tinha aumentado na terra e que toda a inclinação dos pensamentos do seu coração era sempre e somente para o mal. Então o SENHOR arrependeu-se de ter feito o homem sobre a terra, e isso cortou-lhe o coração."* Uma vez que Deus nos ama, Ele nos fez segundo Sua própria imagem. Quando fazemos algo de errado, Ele lamenta e se entristece.

3. O Coração do Homem se Inclina a Coisas que Não Lhe Fazem Bem

"É por sua piedade que ele o repreende e lhe faz acusações? Não é grande a sua maldade? Não são infindos os seus pecados?" (22:4-5)

Elifaz está rindo da cara de Jó e fazendo a pergunta: "Jó, será que Deus está reprovando-o e entrando em julgamento contra você por causa da sua reverência para com Ele?"
Esse não é bem o caso. Suponha que haja duas pessoas e ambas estejam agindo segundo a palavra de Deus. Então, suponha que Deus puniu só a primeira. Agora, quem Deus ama mais – a primeira ou a segunda? Na verdade, implica-se que Ele ame mais a primeira, a que está sendo punida.

Vocês se esqueceram da palavra de ânimo que ele lhes dirige como a filhos: "Meu filho, não despreze a disciplina do Senhor, nem se magoe com a sua repreensão, pois o Senhor disciplina a quem ama e castiga todo aquele a quem aceita como filho. Suportem as dificuldades, recebendo-as como disciplina; Deus os trata como filhos. Ora, qual o filho que não é disciplinado por seu pai? Se vocês não são disciplinados, e a disciplina é para todos os filhos, então vocês não são filhos legítimos, mas sim ilegítimos" (Hebreus 12:5-8).

Quando alguém admoesta fortemente outra pessoa, é bem provável que o relacionamento se perca. Contudo, isso não deve acontecer entre pais e filhos, isto é, o relacionamento entre esses não pode ser quebrado só por causa de uma repreensão. Além disso, se você amar seus filhos, se eles seguirem maus caminhos, você não os deixará ir simplesmente. O sacerdote Eli, em 1 Samuel, capítulo 2, não educou seus filhos corretamente e trouxe a ira de Deus sobre eles como resultado.

Da mesma forma, Deus pune os filhos a quem Ele ama. Se houver punição, quando você fizer algo de errado, é porque Deus o ama. Se não, então você acabará cometendo pecados mais sérios. Poderá ser capturado pelo diabo mais e mais e seguir por um caminho de morte. Deus não deixará Seus amados filhos seguir um caminho de morte. É por isso que se não houver castigo, a pessoa é um filho ilegítimo de Deus, e não verdadeiro.

Se reverenciarmos a Deus, viveremos pela Sua palavra e, naturalmente, cumpriremos o dever dos homens. Contudo, Elifaz não conhecia a verdade. Por isso ele está dizendo que

Deus está reprovando Jó, por ele não tê-Lo reverenciado. Obviamente, violamos a verdade devido à falta de reverência a Deus. Mas, muitas vezes, mesmo tendo reverência a Deus, podemos ainda assim violar a verdade; e se isso acontece, há punição da parte de Deus.

A palavra de Elifaz em si está certa, mas ele está falando essas coisas sem entender seu significado espiritual. Elifaz está dizendo que Deus está reprovando Jó e entrando em julgamento contra ele, porque Ele não o ama.

Entretanto, devemos entender que, quando fazemos algo errado, Deus nos castiga por nos amar.

No versículo 5, Elifaz diz a Jó: "Não é grande a sua maldade? Não são infindos os seus pecados?"

Ele está indo longe demais, condenando Jó ao dizer que seu pecado não tem fim. Jó era reconhecido por Deus como um homem inocente e reto.

A Bíblia nos diz que esse tipo de pessoa, que age como Elifaz, é alguém que se tornou juiz e julga como se fosse o próprio Deus. Quando as pessoas levaram a mulher que havia cometido adultério a Jesus, Ele disse: *"Se algum de vocês estiver sem pecado, seja o primeiro a atirar pedra nela"* (João 8:7).

Então, a consciência daquelas pessoas pesou e elas foram embora, uma a uma. Depois Jesus disse à mulher: *"Eu também não a condeno. Agora vá e abandone sua vida de pecado"* (João 8:11). Ao dizer: "eu também não a condeno", Jesus queria dizer que Ele lhe perdoava.

Hoje, entretanto, são muitas as pessoas que julgam e condenam as outras, mesmo não conhecendo a situação completamente, sem sequer examinar a si mesmas. Mesmo se virmos alguém pecando, devemos orar por essa pessoa e guiá-la a viver na verdade. Portanto, cristãos não devem espalhar os erros das pessoas ou desejar que as coisas não vão bem para alguém.

> *Irmãos, não falem mal uns dos outros. Quem fala contra o seu irmão ou julga o seu irmão, fala contra a Lei e a julga. Quando você julga a Lei, não a está cumprindo, mas está se colocando como juiz. Há apenas um Legislador e Juiz, aquele que pode salvar e destruir. Mas quem é você para julgar o seu próximo?* (Tiago 4:11-12)

Elifaz está tomando o nome de Deus em vão. Ele se tornou juiz da Lei, e como sua maldade estava alcançando o ponto máximo, ele estava condenando as iniquidades da outra pessoa como sendo infindáveis. Elifaz estava cometendo um grande pecado, usando mal a palavra de Deus.

> **Sem motivo você exigia penhores dos seus irmãos; você despojava das roupas os que quase nenhuma tinham. Você não deu água ao sedento e reteve a comida do faminto (22:6-7).**

Quando alguém julga e condena outra pessoa, mal-entendidos aumentam cada vez mais e a pessoa produz cada vez mais maldade.

Elifaz outrora louvara Jó dizendo-lhe: *"Pense bem! Você ensinou a tantos; fortaleceu mãos fracas. Suas palavras davam firmeza aos que tropeçavam; você fortaleceu joelhos vacilantes. Mas agora que se vê em dificuldade, você desanima; quando você é atingido, fica prostrado"* (Jó 4:3-5). Mas com a continuidade de sua discussão, Elifaz agora está dizendo algo bem diferente do que tinha dito antes, falando que Jó é muito mau e que já prejudicou muito os outros.

Aqui, "despojar das roupas os que quase nenhuma tinham" significa tirar tudo de um homem pobre, expondo-o à vergonha.

O versículo 7 diz: "Você não deu água ao sedento e reteve a comida do faminto."

Se você não consegue achar água no meio de um deserto escaldante, você fica insuportavelmente sedento e começa a sofrer muito com a sede. Elifaz está dizendo que Jó não dá água aos sedentos ou alimento aos que têm fome.

É o mesmo que falar: "Jó, você não é digno nem de ser chamado homem. Você não tem valor como um homem. É tão cruel." Reter a comida do faminto é o mesmo que deixar que alguém morra de fome. Isso nos mostra a crueldade de uma pessoa.

Sendo você poderoso, dono de terras e delas vivendo, e honrado diante de todos. Você mandou embora de mãos vazias as viúvas e quebrou a força dos órfãos (22:8-9).

Ao dizer: "Você mandou embora de mãos vazias as viúvas e quebrou a força dos órfãos", no versículo 9, Elifaz está falando que Jó não ajudava os pobres, mas os maltratava.

Elifaz está condenando Jó, dizendo: "Você é um homem de autoridade e tem muitas terras, mas fez muitas maldades." Podemos ver que Elifaz está empilhando maldade sobre maldade com sua inveja e ciúmes. Jó sentia-se acusado injustamente. Ele ajudava os pobres e não tinha o coração ou atitude que Elifaz falava que tinha.

Como Elifaz disse no capítulo 4, Jó ajudava muitas pessoas, ensinava-lhes as coisas e as abraçava com carinho. Jó tinha amizade com muitos de diferentes classes sociais.
Algumas dessas pessoas tinham um senso de discernimento descente, mas outras não. Portanto, alguns rumores eram a favor de Jó e outros contra.

Elifaz primeiro tentou consolar Jó com palavras de bondade, que tinha ouvido falar. Mas, à medida que sua maldade era estimulada, ele começou a dizer más coisas sobre ele.
Os amigos de Jó o louvaram, mas depois vieram a criticá-lo. Devemos saber o porquê disso. O coração dos homens carnais é assim: só gosta daquilo que lhe traz algum benefício.

4. Por que Elifaz Vivia na Escuridão

Por isso está cercado de armadilhas e o perigo repentino o apavora. Também por isso você se vê envolto em escuridão que o cega, e o cobrem as águas, em tremenda inundação (22:10-11).

Elifaz está dizendo que Jó está apavorado e tem problemas com outras pessoas, porque cometeu atos de maldade.
Mas por que Elifaz julgaria e condenaria Jó? É porque só aqueles que fizeram ou sentiram algo é que conseguem falar sobre a coisa por experiência.

Elifaz está falando sobre os atos de maldade de Jó, quando, na verdade, ele não via nenhuma iniquidade em Jó. Só está falando sobre algo que sentia. Isso quer dizer que ele passou pelo que está falando agora.

Como o próprio Elifaz estava em trevas, ele estava aterrorizado. Baseado em sua própria experiência, ele presume que Jó esteja na mesma situação.

O versículo 11 diz: "em escuridão que o cega, e o cobrem as águas em tremenda inundação."

Escuridão aqui significa as trevas do coração. Refere-se a uma situação sem esperanças pelo futuro. Do ponto de vista dos amigos de Jó, a situação dele era irremediável e não tinha nada do que ele pudesse esperar do futuro.

'Tremenda inundação' significa a inundação de rios. Elifaz está dizendo que assim como inundações destroem casas e plantações, os filhos, bens e saúde de Jó haviam sido destruídos e assim ficariam.

Elifaz está concluindo que tais coisas continuariam a vir sobre Jó, porque Jó havia feito muita maldade. Vemos que Elifaz está colocando Jó no buraco só porque suas opiniões eram diferentes.

5. Tendo Conhecimento de Deus, mas Não O Conhecendo

Não está Deus nas alturas dos céus? E em que altura estão as estrelas mais distantes! Contudo, você diz: 'O que sabe Deus? Poderá julgar através de tão grande escuridão? Nuvens espessas o cobrem, e ele não pode ver-nos quando percorre a abóbada dos céus' (22:12-14).

Para Elifaz Deus existia só em seus pensamentos e imaginação, baseado naquilo que havia ouvido falar sobre Ele. Ele não servia a Deus de coração.

Na Bíblia, podemos ver que Deus estava com aqueles que O tinham em seus corações e O serviam.

Jó precisava passar por aquele processo para encontrar Deus. Ele oferecia sacrifícios físicos e carnais a Deus, mas Ele não aceita sacrifícios físicos e carnais. Deus só aceita sacrifícios espirituais, isto é, adoração em espírito e em verdade. É por isso que Deus permitiu que esse tipo de tribulação fosse sobre Jó, para guiá-lo ao Seu encontro. Deus queria que Jó tivesse fé através daquela experiência.

Mas, os amigos de Jó não serviam a Deus e nunca O haviam encontrado ou tido alguma experiência com Ele. Eles se sentiam longe de Deus. Uma vez que Jó sentia como se estivesse coberto por densas nuvens, ele disse que Deus não sabia dos seus sofrimentos direito. Contudo, Elifaz está discordando dessas palavras de Jó.

O que ele dizia era: "Jó, Deus criou as estrelas e está sobre elas. Assim, Ele pode ver todas as coisas aqui embaixo. Você diz: 'Do que Deus sabe?' e 'Seu julgamento é injusto!' Você diz que Ele simplesmente anda no céu sem vê-lo, pois está coberto por densas nuvens."

Aqueles que têm uma fé carnal, isto é, cuja fé é fé como conhecimento, podem achar que, uma vez que existem densas nuvens no céu, Deus não consegue vê-los. Eles acham que está tudo bem pecarem. Deus é o Criador, e não é verdade dizer que Ele não consegue nos ver só por causa das nuvens. Deus é onipresente e onisciente, conhecendo todas as nossas palavras, obras e coração.

Você vai continuar no velho caminho que os perversos palmilharam? Estes foram levados antes da hora; seus alicerces foram arrastados por uma enchente (22:15-16).

Mesmo quando veem ou ouvem falar sobre as obras de Deus, pessoas más só pensam em tirar vantagem das coisas e em seu próprio bem. Os filhos de Israel davam graças e obedeciam a Deus, quando Ele trabalhava por eles, mas quando as coisas não estavam dando certo, segundo seu modo de pensar, eles logo se queixavam e opunham-se a Moisés. Chegaram até a fazer um bezerro de ouro que gerou a ira de Deus. Elifaz está dizendo: "Jó, sei que uma vez na vida você já serviu a Deus, mas agora você se queixa Dele. Você está andando no caminho dos ímpios."

Então, o que o versículo 16 quer dizer? "Estes foram levados antes da hora; seus alicerces foram arrastados por uma enchente."

Em Êxodo, capítulo 14, o faraó e seus oficiais foram engolidos por águas, enquanto perseguiam Moisés e o povo de Israel. Quando os filhos de Israel se queixaram se seu líder Moisés e se opuseram a ele, a maldição de Deus desceu sobre eles e eles pereceram em um terremoto (Números 16:30-31).

Quando Elifaz lembrou de seus ancestrais, aqueles que eram maus morreram antes do tempo e foram levados pela água. Da mesma forma, Elifaz está dizendo que Jó também deve ser um homem mau, já que ele perdeu seus filhos e bens, e sua situação era irremediável.

Contudo, essas palavras não estão de acordo com a verdade. Deus não simplesmente pune os maus imediatamente. O castigo pode se diferenciar, segundo a magnitude dos pecados e os corações das pessoas. Embora cometamos o mesmo pecado, testes podem ou não vir sobre nós, dependendo do tipo de coração que temos.

Eles disseram a Deus: 'Deixa-nos! O que o Todo-poderoso poderá fazer conosco?' Contudo, foi ele que encheu de bens as casas deles; por isso fico longe do conselho dos ímpios (22:17-18).

Quando homens maus falam para Deus: "Afaste-se de nós!" e "O que Tu podes fazer a eles?" significa que eles não têm fé nem temem ou servem a Deus.

Depois que os filhos de Israel saíram do Egito, Deus mostrou-lhes o caminho da vida e salvação e manifestou Suas obras diante deles. No entanto, eles não creram de coração. Quando Deus trabalhava por eles, eles dançavam com ações de graça. Mas quando enfrentavam determinadas situações, logo começavam a se queixar, sentiam-se ofendidos e exprimiam sua maldade por meio de ações. Elifaz está dizendo: "Jó, com a fé que você está trilhando o caminho dos ímpios, você é igual a eles."

Mas, no versículo 18, Elifaz disse: "Contudo, foi Ele que encheu de bens a casa deles." Assim Elifaz está entrando em contradição. O que ele disse antes não está certo. Deus não dá boas coisas aos que não são corretos aos Seus olhos.

O que Elifaz queria dizer era que mesmo quando pessoas más se queixavam, Deus ainda parecia responder-lhes. Essa frase em si pode ser interpretada mal. O que ela realmente está dizendo é que Elifaz havia ouvido a história do Êxodo de seus pais e agora está dizendo que, porque o faraó era mau, Deus permitiu que muitas pragas atingissem a ele e ao Egito. Entretanto, quando o faraó pedia a Moisés para orar a Deus, pedindo que Ele parasse com as pragas e Moisés orava, Deus atendia (Êxodo, capítulo 8-10). Isto é, segundo Elifaz, Deus perdoou a um homem mau e respondeu-lhe.

Deus perdoou o faraó diversas vezes, mas ainda assim ele continuava agindo com maldade. No fim, Deus teve de fazer com que as águas do Mar Vermelho o engolissem, juntamente com seu exército.

Durante o Êxodo, quando a primeira geração da nação de Israel ou homens maus desprezavam a Deus, Deus, às vezes, continuava respondendo a suas orações. Isso era para que eles soubessem que havia um Deus vivo e seus corações endurecidos pudessem ser transformados, possibilitando, assim, que eles cressem em Deus.

Deus diz que suporta mil anos como um dia para que ninguém pereça, mas receba a salvação. Assim é o coração e vontade de Deus. Ele não simplesmente se desfaz de pessoas más, mas lhes perdoa e suporta, a fim de guiá-las.

Depois do Êxodo, quando Moisés subiu ao Monte Sinai para receber os Dez Mandamentos, a nação de Israel fez um bezerro de ouro e o adorou. Deus decidiu destruí-los e fazer uma grande nação, a partir de Moisés. Contudo, quando Moisés pediu intensamente pelo perdão do pecado do seu povo, Deus mudou de ideia e lhes perdoou (Êxodo, capítulo 32).

Em 1 Reis, capítulo 22, o Rei Acabe adorou a ídolos e fez coisas más. Deus lhe disse através do profeta Micaías que desastres o atingiriam.

Ao ouvir isso, Acabe rasgou suas vestes, vestiu-se de pano de saco, jejuou e passou a dormir em panos de saco e a agir com mansidão. Ele buscou a compaixão de Deus com uma atitude humilde. Deus lhe perdoou e disse que mandaria os desastres nos tempos do filho de Acabe. Não é que seu filho seria punido injustamente por causa de seu pai; Deus não o puniria sem razão. É que Ele já sabia que o filho de Acabe faria coisas piores que seu pai e seria castigado com justiça.

Depois que Deus decide fazer algo, ninguém pode fazê-Lo mudar de ideia. Contudo, devemos também saber que Ele pode mudar o castigo através de orações ou obras que podem mover Seu coração. Deus pode permitir punições devido a obras más, que não podem ser perdoadas, mas se a pessoa pedir-Lhe perdão com uma coração cheio de arrependimento e de humildade, Ele lhe perdoa.

Devemos, pois, ter a certeza de que Deus não enche a casa do ímpio de boas coisas.

O versículo 18 diz: "Por isso fico longe dos conselhos dos ímpios." Aqui Elifaz usa 'os ímpios' para indiretamente referir-se a Jó.

Anteriormente, Jó escolheu falar por meio de parábolas, a fim de ensinar seus amigos e atacá-los. Assim, Elifaz também tentou usar toda a sua sabedoria, escolhendo palavras para reprimir Jó, referindo-se a ele indiretamente. Como a discussão só aumenta, sua maldade é revelada.

Antes, Jó havia dito que ele era justo e seus amigos eram maus, mas aqui, Elifaz está dizendo que Jó é mau, mas não ele. Em outras palavras, Elifaz está dizendo: "Jó, você é que é mau, não eu; assim os meus conselhos são diferentes dos seus."

6. Elifaz Tenta Ensinar a Jó Sem Entendimento em Seu Coração

Os justos veem a ruína deles, e se regozijam; os inocentes zombam deles, dizendo: 'Certo é que os nossos inimigos foram destruídos, e o fogo devorou a sua riqueza.' Sujeite-se a Deus, fique em paz com ele, e a prosperidade virá a você (22:19-21).

Elifaz está dizendo que os justos se regozijam quando veem uma pessoa má sofrer, e os inocentes zombam daquele que é mau. Isso é interpretar mal e usar erroneamente a verdade.

O coração do justo vem da bondade, e a bondade pertence a Deus. Mesmo que não tenha fé, o homem com um coração justo não simplesmente julgará ou condenará uma pessoa má, mas tentará entendê-la e perdoar-lhe.

Se quisermos que os maus desapareçam da nossa vista ou se desejarmos que lhes aconteça algo de mau, significa que o nosso coração é mau também. Aqueles, cujo coração é justo, vão entender, ajudar e orar até por quem for mau. A pessoa com bondade em seu coração deseja que os maus se arrependam e se transformem em boas pessoas.

Podemos ver que Elifaz não tem essa bondade de coração, pois ele diz que o inocente zomba dos maus, seus adversários são destruídos e o fogo consome as riquezas dos ímpios. Mas, um homem inocente não teria esse tipo de coração. Ele odiaria o pecado em si, mas não desejaria que o pecador fosse destruído.

O justo não desejaria que o mau enfrentasse más consequências. Ele desejaria que ele mudasse de atitude, entristecendo-se e orando por ele com lágrimas.

No versículo 21, Elifaz diz: "Sujeite-se a Deus, fique em paz com ele e a prosperidade virá a você." Isso é verdade, segundo a palavra de Deus.

Até agora Elifaz criticou a Jó o tanto que quis. Destruiu toda esperança que ele poderia ter, considerando-se um homem justo, mesmo atacando Jó. Agora, todavia, ele aconselha o amigo com boas palavras, tentando consolá-lo.

A verdade é que, se tivermos paz com Deus, receberemos bênçãos. Colossenses 1:19-20 diz: *"Pois foi do agrado de Deus que nele habitasse toda a plenitude, e por meio dele reconciliasse consigo todas as coisas, tanto as que estão na terra quanto as que estão nos céus."*

Os homens vieram a ter inimizade com Deus por causa do pecado, mas Jesus tornou-Se o sacrifício expiatório, ao ser crucificado e derramar o Seu sangue.

Contudo, o coração de Elifaz não continha verdade, mas só maldade. Assim, mesmo se ele dissesse alguma coisa boa, o ouvinte não conseguiria aceitar. Só quando ensinamos cheios de verdade é que podemos fazer bem aos outros e receber as obras do Espírito Santo.

Aceite a instrução que vem da sua boca e ponha no coração as suas palavras. Se você voltar para o Todo-poderoso, voltará ao seu lugar. Se afastar da sua tenda a injustiça... (22:22-23)

Como Jó não deu ouvidos a Elifaz, este agora fala com um tom de imploração. Jó era um homem carnal, assim como seus amigos, e conhecia muito bem a maldade deles. Jó não os escutava, porque eles não praticavam aquilo que aconselhavam.

Quando uma pessoa aconselha alguém sem ela mesma fazer o que diz, se esse alguém for espiritual, obedecerá ao conselho, se ele estiver de acordo com a verdade. Os filhos de Deus têm de ser pessoas espirituais, que buscam a verdade. Ainda que os outros lhes ensinem bondade, sem de fato praticá-la, devemos aceitar a verdade com um 'Amém.'

O versículo 23 diz: "Se você voltar para o Todo-poderoso, voltará ao seu lugar."

A palavra em si aqui é verdade, mas Elifaz a está utilizando sem entender o coração e os pensamentos de Jó. Elifaz acha que Jó deixou, abandonou a Deus, quando, na verdade, ele ainda cria e confiava Nele. É por isso que Jó reclamava e se lamentava diante de Deus. Se Jó não cresse em Deus, ele não faria isso.

Deixe-me explicar os dois aspectos disso:

Primeiro, Jó não abandonou a Deus. Na verdade, Jó ainda O servia como seu Deus e é por isso que ele ficava reclamando Dele. Jó não desprezou Deus.

Jó só pensava que era justo, por não conhecer a verdade de fato. Seus amigos também não conheciam sobre as coisas espirituais e, por isso, julgaram que Jó fora amaldiçoado por Deus por ser muito mau e injusto.

Quando Deus disse que Jó era reto, é porque Jó não tinha nada injusto em si, de um ponto de vista físico (Jó 1:1). Quando uma pessoa bate na outra, é comum se pensar que está certo retribuir a agressão. Assim, de uma perspectiva física, podemos entender por que Jó está se queixando.

É por isso que Jó se considerava mais justo que seus amigos

e não lhes dava ouvidos, quando aconselhado por eles com a verdade que conheciam. E por eles falarem que ele era mau, ele não podia nem concordar nem aceitar tais palavras. Os amigos de Jó só julgaram e condenaram seu coração sem compreendê-lo. De certa forma, eles fizeram papel de Deus e julgaram.

Segundo, se nos despojarmos da injustiça e vivermos na verdade, seremos abençoados. Se nos livrarmos de todos os tipos de maldade e só vivermos na verdade, todas as coisas irão bem para nós, teremos uma boa saúde, e nossa alma prosperará. É promessa de Deus, que se guardarmos a Sua palavra, receberemos bênçãos na nossa entrada e na nossa saída.

Pastores e líderes de igreja que ensinam a palavra de Deus devem seguir a Sua vontade mais do que os outros, para então ensinarem.

Mas os amigos de Jó nem mesmo conheciam bem a verdade, sequer a praticavam; mas estavam tentando ensinar Jó a praticá-la. Portanto, Jó não os escutava e nem se abria para entender as coisas que eles falavam.

...Lançar ao pó as suas pepitas, o seu ouro puro de Ofir às rochas dos vales, o Todo-poderoso será o seu ouro, será para você prata seleta. É certo que você achará prazer no Todo-poderoso e erguerá o rosto para Deus. A ele orará, e ele o ouvirá, e você cumprirá os seus votos (22:24-27).

Elifaz acha que Jó acumulou ouro por meios injustos e, por isso, diz para ele desfazer dele. Neste momento, a única coisa que Jó tem é um corpo doente, que está sendo comido por vermes. Então, o que são o ouro e coisas preciosas de que ele precisa se livrar? Significa que ele tem de se livrar do orgulho e da arrogância.

Ofir era um lugar de produção de ouro. Salomão trouxe ouro de Ofir para usar na construção do Templo de Deus. "Lançar o ouro de Ofir às rochas dos vales" é o mesmo que falar para alguém considerar o ouro como tendo o mesmo valor que simples pedras.

"Ouro" podia ser qualquer coisa que Jó considerava preciosa como família, bens, fama e autoridade. "Pó" se refere ao estado da "ausência das coisas", que não é nada comparado ao ouro. O que Elifaz quer dizer é que Jó tem de considerar todas as coisas boas que tinha como sendo nada, para que, dessa forma, ele pudesse ser liberto das dores e sofrimentos de seu coração.

Consideremos o significado espiritual desse versículo. O que é dito é verdade. No entanto, o próprio Elifaz tem ouro e tentará ter mais e mais por ser ganancioso. Logo, o fato de ele estar dizendo essas coisas não está certo.

> *E todos os que tiverem deixado casas, irmãos, irmãs, pai, mãe e filhos ou campos, por minha causa, receberão cem vezes mais e herdarão a vida eterna* (Mateus 19:29).

Riquezas, fama e autoridade física não são importantes diante de Deus. O importante é temer a Deus e guardar a Sua palavra. Se O amarmos, poderemos receber tudo Dele.

Os versículos 25-26 dizem: "o Todo-poderoso será o seu ouro, será para você prata seleta. É certo que você achará prazer no Todo-poderoso e erguerá o rosto para Deus."

Se Deus é o nosso ouro e prata seleta, nada nos falta. Tudo no universo, inclusive fama, riqueza e autoridade pertence a

Ele, e aquilo que o Pai possui também podemos possuir. Se agradarmos a Deus e tivermos prazer Nele, os desejos do nosso coração serão satisfeitos (Salmo 37:4). Assim, podemos possuir aquilo que Deus possui.

Dessa maneira, temos de abrir mão de tudo. Devemos ser capazes de considerar o ouro como simples pedras e não ter uma mente gananciosa. Se dessem ouro a Jesus, será que Ele teria ambição para com o mesmo? Ele simplesmente o usaria para o reino de Deus e Sua justiça.

O versículo 27 diz: "A ele orará, e ele o ouvirá, e você cumprirá os seus votos."

Se nos livrarmos da maldade e da ganância e confiarmos em Deus, Ele será o nosso ouro. Receberemos bênçãos e os desejos do nosso coração serão satisfeitos. Quando orarmos, Deus responderá e, assim, não será o custo dos nossos votos pago?

Tudo dito nesse versículo é verdade, mas Elifaz não estava qualificado para dizer tal coisa e nem Jó para aceitá-la.

Para Jó, ele nunca deixou ou negou a Deus, e ele jamais fez alguma injustiça. Jó tem o mau entendimento de que Deus abençoa os maus e amaldiçoa os bons. Dessa forma, ele não dá ouvidos à observação de Elifaz.

Também determinarás algum negócio, e ser-te-á firme, e a luz brilhará em teus caminhos. Quando te abaterem, dirás: haja exaltação! E Deus salvará o humilde. E livrará até o que não é inocente, que será libertado pela pureza de tuas mãos (22:28-30).

Elifaz diz que se Jó fizer o que ele está falando para fazer, terá resposta para suas orações, seus planos se cumprirão e a luz iluminará o seu caminho.

Essa palavra em si é verdade, mas Elifaz não fazia as coisas do jeito que falava e, por isso, Jó não conseguia tirar nenhum proveito de suas palavras. Jó só pensava nas más obras de seus amigos, o que o impedia de aceitar o que eles lhe falavam. Portanto, tudo que Elifaz estava falando era insignificante para Jó. Todavia, se ele fosse um homem espiritual, ele teria aceitado os conselhos verdadeiros.

No versículo 29 Elifaz fala para Jó que, quando fosse abatido, seria levantado novamente. Isso quer dizer que ele havia sido humilhado, abatido e que Deus podia levantá-lo.

"O maior entre vocês deverá ser servo. Pois todo aquele que a si mesmo se exaltar será humilhado, e todo aquele que a si mesmo se humilhar será exaltado" (Mateus 23:11-12).

As pessoas encontram todas as formas possíveis para se exaltar nesse mundo. Os filhos de Deus, todavia, não podem ser exaltados dessa maneira. Se exaltarmos a nós mesmos, Deus nos humilhará. Os arrogantes não podem receber a salvação. Provérbios 15:33 diz: *"O temor do SENHOR ensina a sabedoria, e a humildade antecede a honra."* Humildade não é exaltar os outros e humilhar a nós mesmos. Orgulho é nos gabarmos e exibirmos nossas riquezas, fama ou autoridade, com um ar de arrogância.

Provérbios 18:12 diz: *"Antes da sua queda o coração do homem se envaidece, mas a humildade antecede a honra."* Provérbios 22:4 diz: *"A recompensa da humildade e do temor do SENHOR são a riqueza, a honra e a vida."* Aqueles que temem a Deus obedecem à Sua palavra. Esses serão abençoados com riqueza e honra.

No ponto de vista de Elifaz, Jó era um homem arrogante, e é por isso que ele disse o que vinha pensando:

"Jó, você finge ser muito sábio e justo, mas na verdade é bastante arrogante. Saiba, pois, que é motivo de alegria para você que Deus o tenha humilhado. Só assim Ele o levantará e salvará."

Elifaz está ensinando Jó com uma mente e modo de pensar distorcidos. Jó não era arrogante, como dizia seu amigo. Elifaz estava julgando e condenando Jó, sem conhecê-lo direito.

7. O Que é o Pecado que Leva à Morte?

O versículo 30 diz: "E livrará até o que não é inocente, que será libertado pela pureza de tuas mãos."

Elifaz está dizendo que Jó pecou, mas se ele se livrar de sua injustiça e for para diante de Deus, Deus o aceitará e o fará prosperar novamente.

Aqui, 'mãos' não se refere a mãos somente, mas a todas as partes do corpo, isto é, a todo o corpo. Elifaz disse 'mãos' porque podemos trabalhar e adquirir muitas coisas como honra e riqueza com as nossas mãos.

Basicamente quer dizer que, se nos livrarmos da injustiça, mudarmos de atitude, temermos a Deus e Lhe obedecermos, todas as coisas irão bem conosco, teremos uma boa saúde e nossa alma prosperará.

Mas Elifaz não está falando isso, conhecendo seu sentido espiritual. Ele está apenas mencionando algo que ouviu outros falarem: "Jó, Deus não abandona todos os pecadores."

Agora Elifaz está com esse desejo de consolar Jó. Quando Seus filhos pecam, quando se arrependem e mudam de atitude, Deus lhes perdoa. Quer dizer, com exceção dos pecados que levam à morte. Existem muitos tipos de pecado. Alguns levam à morte e não conseguimos nos arrepender e mudar de atitude.

Isso está em 1 João 5:16: *"Se alguém vir seu irmão cometer pecado que não leva à morte, ore, e Deus dará vida ao que pecou. Refiro-me àqueles, cujo pecado não leva à morte. Há pecado que leva à morte; não estou dizendo que se deva orar por este."*

Então, o que é o pecado que leva à morte?

Primeiro, é blasfemar ou falar contra o Espírito Santo.

Mateus, 12:31-32, diz que qualquer pecado e blasfêmia podem ser perdoados, mas que a blasfêmia contra o Espírito Santo não tem perdão. Blasfemar contra o Espírito Santo é criticar as obras do Espírito Santo, considerando-as como obras de Satanás, como registrado em Marcos 3:22-30.

Além disso, Mateus 12:32 diz: *"Todo aquele que disser uma palavra contra o Filho do homem será perdoado, mas quem falar contra o Espírito Santo, não será perdoado, nem nesta era nem na que há de vir."* Lucas 12:10 diz: *"Todo aquele que disser uma palavra contra o Filho do homem será perdoado, mas quem blasfemar contra o Espírito Santo não será perdoado."*

Falar contra o Filho do Homem é não crer em Jesus como

o Salvador, por Ele ter vindo à terra em forma de homem. Isso pode ser perdoado. Mas falar ou blasfemar contra o Espírito Santo é falar e blasfemar contra as obras de Deus, com a maldade de quem fala. Isso não pode ser perdoado.

Logo, devemos entender que blasfemar ou falar contra o Espírito Santo é um pecado tão grave que não pode ser perdoado. Assim, que não venhamos a cometê-lo.

Segundo, é receber o Espírito Santo e depois cair, que é crucificar o Senhor novamente e colocá-Lo à vergonha pública.

Hebreus 6:4-6 diz: *"Ora, para aqueles que uma vez foram iluminados, provaram o dom celestial, tornaram-se participantes do Espírito Santo, experimentaram a bondade da palavra de Deus e os poderes da era que há de vir, e caíram, é impossível que sejam reconduzidos ao arrependimento; pois para si mesmos estão crucificando de novo o Filho de Deus, sujeitando-o à desonra pública."*

Terceiro, é pecar de propósito, conhecendo a verdade.

Hebreus 10:26-27 diz: *"Se continuarmos a pecar deliberadamente depois que recebemos o conhecimento da verdade, já não resta sacrifício pelos pecados, mas tão-somente uma terrível expectativa de juízo e de fogo intenso que consumirá os inimigos de Deus."*

Se conhecermos a verdade e mesmo assim escolhermos continuar pecando, não poderemos entrar no reino celestial.

Quando o Rei Davi cometia um pecado diante de Deus, o profeta Natã lhe mostrava o pecado e ele então se arrependia imediatamente. Mas no caso do rei Saul, ele não se arrependia, mas continuava pecando, mesmo quando o profeta Samuel lhe mostrava seus pecados. Como resultado, Saul foi abandonado por Deus, enquanto Davi, por sua vez, foi abençoado.

Aqueles que dizem crer em Deus, mas escolhem continuar pecando, serão abandonados por Ele e o Espírito Santo neles se apagará. Depois, se esses crentes caem de novo e cometem pecados propositalmente, não conseguem se arrepender, já que o Espírito está apagado. Seus nomes são apagados do livro da vida e eles não serão salvos (Apocalipse 3:5).

Contudo, existem pessoas que sabem sobre Deus, mas apenas como conhecimento – não creem Nele. Quando essas pessoas vêm a ter fé pela graça de Deus, elas podem ser salvas. Ainda que tenham saído da igreja por um tempo, se elas se arrependerem, podem receber uma graça renovada de Deus.

Mesmo quando alguém comete um pecado que leva à morte, Deus não o abandona imediatamente, mas dá-lhe diversas chances para se arrepender. Contudo, se a pessoa não se der conta e continuar pecando, sua consciência será selada como que por ferro quente e ela não poderá ser salva.

Portanto, precisamos entender que não podemos alcançar a salvação, se agirmos contra as leis de Deus e pecarmos, enquanto proferirmos que cremos em Jesus Cristo.

Capítulo 23
Como Encontrar Deus?

1. A Busca de Jó por Deus
2. Tendo um Encontro com Deus
3. Jó Diz que Deus é Incompetente
4. Sacrifício Carnal e Sacrifício Espiritual
5. Jó Acha que Deus é um Ditador

Um Homem Justo e Íntegro se Aproximando de Deus

"Então Jó respondeu: 'Até agora me queixo com amargura; a mão dele é pesada, a despeito de meu gemido. Se tão-somente eu soubesse onde encontrá-Lo e como ir à sua habitação!'" (23:1-3)

1. A Busca de Jó por Deus

Mesmo quando Deus tomou-lhe todos os filhos, posses e riquezas, Jó não expressou sua indignação diretamente a Deus. No entanto, quando a dor das feridas tornou-se insuportável, ele começou a se lamentar e expressar seu ressentimento.

Então Jó respondeu: "Até agora me queixo com amargura; a mão dele é pesada, a despeito de meu gemido. Se tão-somente eu soubesse onde encontrá-Lo e como ir à sua habitação!" (23:1-3)

Até esse momento, Jó estava reclamando de Deus, mas à medida que suas dores pioravam, maldade maior começou a sair dele. Ele diz: "me queixo com amargura." Ele está dizendo que uma vez que os desastres que ele está recebendo são mais pesados que seu gemido, ele não consegue deixar de se queixar de Deus. É parecido com a pessoa está tão doente que prefere morrer a continuar viva.

Ele está expressando como é difícil lidar com aquelas dores insuportáveis que sentia.

E se você estivesse no lugar de Jó? E se Deus não só tivesse tomado seus filhos e tudo que possuía, mas também o tivesse feito sofrer com feridas por todo o seu corpo? Será que você não reclamaria e culparia Deus? Você ficaria indignado com

Deus e sairia da igreja, ou daria graças a Ele em oração, com fé, independente das circunstâncias?

Em Jó 1:1, vemos que Deus disse que Jó era 'íntegro e justo', mas quando testes e provações vieram sobre ele, podemos ver que ele tinha maldade em seu coração.

2. Tendo um Encontro com Deus

No versículo 23:3 Jó diz: "Se tão-somente eu soubesse onde encontrá-Lo."

Nas cruzadas internacionais que já dirigi em vários países, muitos pastores perguntam desesperadamente: "Como podemos de fato ter um encontro com Deus?" Devem estar muito sedentos, pois, apesar de estarem ministrando por muito tempo, ainda não tiveram um encontro com o Deus vivo.

Podemos ver que Jó não servia a Deus de todo o coração e não O mantinha perto de si. Jó servia a Deus, mas mantinha uma certa distância Dele. Vemos que ele oferecia sacrifícios a Deus, mas que não passavam de atos físicos – não eram espirituais. Portanto, Deus então refina Jó de forma que ele possa servi-Lo com um coração verdadeiro, pois Jó era reto e inocente.

Então, como podemos ter um encontro com Deus?

Primeiro, Deus habita na bondade, luz e verdade. Para encontrarmos o presidente de um país, temos de ir ao palácio ou residência presidencial. Da mesma forma, para termos um encontro com Deus, precisamos entrar na bondade, luz e verdade, onde Deus está.

Quanto à bondade, existem a bondade carnal e a espiritual. A bondade carnal não tem bem uma conexão com a vida de Jesus Cristo. Não é eterna e perecerá. Só a bondade de verdade durará para sempre, em nossa vida eterna. Esta é a bondade espiritual que nos permite encontrar Deus e ter experiências com Ele.

Não podemos encontrar Deus com a bondade carnal, mas somente com a espiritual.

Podemos aprender a ter a bondade carnal com nossos pais, irmãos, professores e vizinhos. Podemos aprender sobre ela com pessoas sábias e lendo livros. Podemos desenvolver o conceito do nosso 'eu', à medida que aprendemos, ouvimos, vemos e sentimos muitas coisas na vida com outras pessoas.

Formamos nossa ideia do que é certo, com base nisso também. Colocamos o conceito em nossa memória e no coração, desenvolvendo assim o nosso "eu." O que achamos ser bom é aquilo chamado "consciência", que acaba se tornando nosso padrão de julgamento.

Portanto, podemos ver que a consciência das pessoas diferencia de uma para outra. Essa "bondade", que é nosso padrão de julgamento, é o que chamamos de "bondade carnal." Esse tipo de bondade não tem nada a ver com Deus. Quando Ele diz que o conceito de bondade que nós mesmos construímos não é correto, então é porque não é correto.

Jó e seus amigos estão dizendo que seu conhecimento, opiniões e consciências estão certos e, por isso, não se entendiam. Contudo, aos olhos de Deus, todos eles estavam errados.

Por outro lado, a bondade espiritual é a bondade que vem

de Deus, que é a verdade em si. Para ter bondade espiritual, temos de achar o nosso 'eu', que está cheio de bondade carnal, e quebrá-lo. Precisamos continuar identificando nosso 'eu' e fazê-lo morrer continuamente, para que sejamos cheios de Deus e do Senhor Jesus, a verdade.

Se entendermos a bondade espiritual na palavra de Deus e praticá-la, a verdade entrará e habitará em nós e, consequentemente, o Senhor poderá estar conosco.

Segundo, podemos ter um encontro com Deus se O buscarmos intensamente.

Provérbios 8:17 diz: *"Amo os que me amam, e quem me procura me encontra."* Jeremias 29:12-13 diz: *"Então vocês clamarão a mim, virão orar a mim e eu os ouvirei. Vocês me procurarão e me acharão, quando me procurarem de todo o coração."*

Se formos diante de Deus e clamarmos a Ele em oração, Ele nos ouvirá. Se O buscarmos de todo o nosso coração, Ele virá ao nosso encontro. Logo, precisamos clamar em oração e oferecer-Lhe sacrifícios espirituais, que é a adoração espiritual, de todo o nosso coração, mente, alma, vida e sabedoria; isto é, devemos oferecer-Lhe nosso tudo.

1 João 5:3 diz: *"Porque nisto consiste o amor a Deus: em obedecer aos seus mandamentos. E os seus mandamentos não são pesados."* Há mandamentos na Bíblia que nos dizem o que fazer, outros que nos dizem o que não fazer, outros para guardarmos e outros para nos despojarmos. A palavra de Deus é verdade, luz e bondade. É a mensagem que nos guia à vida eterna.

Se crermos em Deus e O amarmos, guardaremos a Sua palavra e a praticaremos. Se dissermos que cremos, mas não praticarmos a palavra, significa que a nossa fé não é verdadeira, mas é apenas uma fé carnal – nada mais nada menos que apenas conhecimento sobre a palavra de Deus.

Através de Moisés, o povo de Israel viu o poder de Deus nas dez pragas que afligiram o Egito. Eles viram o Mar Vermelho sendo dividido e o maná descendo do céu. Deus estava com eles na nuvem de dia e na coluna de fogo à noite. Eles também ouviam a voz de Deus falada a Moisés, que era como trovão.

Mas, quando eles estavam para entrar na Terra de Canaã, Deus disse que eles não creram e vinham sendo desobedientes a Ele. Eles desobedeciam, porque não criam. Se cressem de todo o coração, eles teriam obedecido e entrado em Canaã.

Em João 14:23 Jesus disse: *"Respondeu Jesus: Se alguém me ama, obedecerá à minha palavra. Meu Pai o amará, nós viremos a ele e faremos morada nele."* Se amarmos Jesus, guardarmos os mandamentos e praticarmos a palavra, Deus nos amará.

Apesar de O buscarmos, existem certos casos em que não podemos encontrá-Lo. Isaías 59:1-3 diz: *"Vejam! O braço do SENHOR não está tão encolhido que não possa salvar, e o seu ouvido tão surdo que não possa ouvir. Mas as suas maldades separaram vocês do seu Deus; os seus pecados esconderam de vocês o rosto dele, e por isso ele não os ouvirá. Pois as suas mãos estão manchadas de sangue, e os seus dedos, de culpa. Os seus lábios falam mentiras, e a sua língua murmura palavras ímpias."*

Quando pecamos, construímos um muro de pecado entre nós e Deus e Ele tem de deixar de olhar por nós. Nessa situação, mesmo se orarmos e jejuarmos, Deus pode não nos ouvir.

Eu lhe apresentaria a minha causa e encheria a minha boca de argumentos. Estudaria o que ele me respondesse e analisaria o que me dissesse (23:4-5).

Jó diz que encheria sua boca de argumentos, pois acha que foi amaldiçoado injustamente. Jó perdeu filhos e riqueza e ainda sofre de terríveis feridas. Até sua esposa e parentes o desprezam e, ao invés de consolá-lo, seus amigos o condenam como sendo um homem mau. Até seus servos zombam dele e não o servem.

Jó achava que era um homem justo e, assim, não conseguia entender por que tinha de passar por tanto sofrimento. Sentia-se muito vitimado e, por isso, está dizendo que, se pudesse encontrar Deus, ele discutiria essa questão com Ele. Com seu jeito de pensar, Jó teve um entendimento errôneo de Deus e continua insistindo em estar certo. Podemos ver que ele não se dá conta de seus erros e más interpretações.

Mas por que Deus deixou Jó sofrer tanto e por tanto tempo?

O versículo 5 diz: "Estudaria o que ele me respondesse e analisaria o que me dissesse." Contudo, se Jó pudesse entender, Deus não falaria com ele e Se revelaria a ele?

Mas, esse simplesmente não foi o caso de Jó. Ele não conseguiria entender as coisas, se Deus lhe explicasse o que estava certo e errado. Deus primeiro precisava revelar a maldade de Jó, para que ele pudesse encontrá-Lo. Depois que Jó se desse conta de seus erros, aí sim, estaria capaz de discernir o bem do mal e se transformar. Uma vez que ele achava que o seu modo de pensar estava certo, ele não podia ser transformado.

Romanos 8:5-6 diz: *"Quem vive segundo a carne tem a mente voltada para o que a carne deseja; mas quem vive de acordo com o Espírito, tem a mente voltada para o que o Espírito deseja. A mentalidade da carne é morte, mas a mentalidade do Espírito é vida e paz."*

A mente voltada para a carne tem sua base em pensamentos carnais. Precisamos quebrar esses pensamentos carnais. Temos de ouvir a voz e receber a direção do Espírito Santo em nossa vida na fé. A menos que quebremos nossa mente carnal, não conseguiremos ouvir a voz do Espírito Santo claramente e não teremos comunicação com Deus.

3. Jó Diz que Deus é Incompetente

Será que ele se oporia a mim com grande poder? Não, ele não me faria acusações. O homem íntegro poderia apresentar-lhe sua causa; eu seria liberto para sempre de quem me julga (23:6-7).

Aqui, 'grande poder' se refere ao incrível poder de Deus, do qual Jó havia ouvido falar de seus ancestrais. Jó desconhece qualquer razão aparente de seu sofrimento. Ele acredita que Deus permitiu que ele fosse castigado, porque não sabia do estado real das coisas de Jó. Em efeito, ele está dizendo que se explicar tudo a Deus detalhadamente, com Seu grande poder, Deus pararia de acusá-lo e não mais teria nada contra ele.

Jó acha que quando ele explicar tudo para Deus, Ele vai

reconhecer que causou os sofrimentos de Jó injustamente. Jó acha que Deus é um Deus incompetente que conseguirá entendê-lo, só se ouvir suas explicações detalhadas!

Jó servia a Deus com toda a sua mente, mas apenas de um modo carnal. Deus agora está refinando Jó, para que ele possa ver a razão de suas provações. Contudo, Jó acha o oposto e agora podemos ver como ele estava longe de Deus. Quando Deus e Jó se encontrarem, depois que Ele lhe revelar todos os seus erros, através das tribulações, Jó poderá se aproximar de Deus.

O versículo 7 diz: "O homem íntegro poderia apresentar-lhe sua causa; eu seria liberto para sempre de quem me julga." Jó tinha certeza de que era um homem justo. Ele pensava que não fazia nada de errado e havia ouvido falar que Deus era justo. Assim, ele achava que seria liberto de seu castigo, se pudesse se apresentar a Deus. Vemos que ele não tinha a mínima ideia da maldade em seu coração, mesmo em meio a provações.

Mas, se vou para o oriente, lá ele não está; se vou para o ocidente, não o encontro. Quando ele está em ação no norte, não o enxergo; quando vai para o sul, nem sombra dele eu vejo! (23:8-9)

Para encontrar Deus, Jó o chamava, implorava a Ele, se queixava Dele e tentava mostrar-Lhe o quanto estava sofrendo. No entanto, como Deus é luz, só conseguimos ouvir a Sua voz e encontrá-Lo, depois que saímos da escuridão e vamos para a luz.

Mas ele conhece o caminho por onde ando; se me puser à prova, aparecerei como o ouro (23:10).

As palavras de Jó parecem estar certas. Ele diz que Deus conhece seu caminho e que depois que Ele o provar, ele aparecerá como ouro.

Jó está tentando dar a entender que ele é justo, não tem culpa nenhuma do que está lhe acontecendo, mas ainda assim Deus o está provando com um plano definitivo. Na verdade, Jó está culpando Deus por tudo. Ele não falava com fé, mas só tentava se confortar com palavras que tinha ouvido falar de seus ancestrais.

Geralmente, testes podem ser divididos em duas categorias.

A primeira é o teste, provação, causada pelos próprios erros da pessoa.

Tiago 1:13-15 diz: *"Quando alguém for tentado, jamais deverá dizer: 'Estou sendo tentado por Deus.' Pois Deus não pode ser tentado pelo mal, e a ninguém tenta. Cada um, porém, é tentado pelo próprio mau desejo, sendo por este arrastado e seduzido. Então esse desejo, tendo concebido, dá à luz o pecado, e o pecado, após ter sido consumado, gera a morte."*

É o caso em que provações vêm através de Satanás, porque a pessoa não vive pela palavra de Deus, na escuridão. Quando abandonamos a verdade, o inimigo pode nos devorar espiritualmente, trazendo-nos testes, provações ou doenças. O desejo do homem concebe o pecado e este gera a morte.

Quando Adão desobedeceu a Deus e comeu da árvore do conhecimento do bem e do mal, Deus amaldiçoou a serpente que tentara a espécie humana 'a comer do pó da terra por todos os dias de sua vida' (Gênesis 3:14). Aqui, serpente espiritualmente se refere ao inimigo, Satanás; e 'pó' refere-se ao ser humano, que é feito do pó da terra. À medida que o homem viola a verdade, que é a palavra de Deus, ele sofre com testes e provações trazidos por Satanás.

A segunda categoria de testes são aqueles pelos quais Deus nos abençoa.

Gênesis 22:1 diz: *"Passado algum tempo, Deus pôs Abraão à prova, dizendo-lhe: 'Abraão!' Ele respondeu: 'Eis-me aqui.'"*
Aqui, a prova não foi causada por algum erro de Abraão, mas era um teste para que ele fosse abençoado. Era para ver se Abraão tinha preparado seu vaso e estava qualificado para receber bênçãos.

Então, como podemos vencer nas provações? Quando jovens prestam vestibular, estarão qualificados para entrar na faculdade, se passarem no exame; caso contrário, não poderão ingressar.
Semelhantemente, de tempos em tempos, Deus permite que testes venham sobre nós e, quando passamos, Ele nos abençoa de acordo. Deus está guiando a nossa alma, para que ela prospere e a nossa fé cresça.

Quando enfrentamos uma prova, se tivermos feito algo de errado, devemos nos arrepender e mudar de atitude. Se uma provação vier, enquanto estivermos vivendo na palavra de Deus, ela irá embora, se nos regozijarmos sempre, orarmos sem cessar e dermos graças em todas as circunstâncias.
Deus permite que testes venham sobre Seus filhos, para que suas almas possam prosperar e os abençoa de acordo. Através das provas permitidas para sermos abençoados, podemos ser refinados e nos tornamos como puro ouro. Portanto, espero que

você não passe por provações, estando na carne como Jó, mas venha se transformar em puro ouro, em espírito.

4. Sacrifício Carnal e Sacrifício Espiritual

Meus pés seguiram de perto as suas pegadas; mantive-me no seu caminho sem desviar-me. Não me afastei dos mandamentos dos seus lábios; dei mais valor às palavras de sua boca do que ao meu pão de cada dia (23:11-12).

Ao falar "Meus pés seguiram de perto as suas pegadas", Jó quer dizer que ele servia a Deus, oferecendo-Lhe sacrifícios e, ao falar, "sem desviar-me", ele quer dizer que não parou de sacrificar a Deus.

Mas será que Deus aceitava os sacrifícios de Jó? Mesmo nos tempos do Velho Testamento, Deus simplesmente não aceitava os atos dos homens incondicionalmente.

O rei Saul queria oferecer sacrifícios a Deus com bons animais, mas por que Deus o abandonou? De uma forma carnal, Saul estava fazendo algo bom. Contudo, o que Deus queria era algo espiritual. Em outras palavras, Deus quer obediência, que é melhor que sacrifício. Deus quer que confiemos Nele e Lhe obedeçamos de coração.

O filho de Adão, Caim, também fez uma oferta a Deus, mas Deus a rejeitou, porque era uma oferta carnal. Por outro lado, Abel ofereceu um sacrifício de sangue, que foi aceito por Deus. Até hoje Deus pode aceitar nossa adoração, quando oferecemos sacrifício de sangue.

O que é o sacrifício de sangue?

Deus não aceita a ação em si de simplesmente ir à igreja e aos cultos de adoração. Se crermos que Jesus derramou o Seu sangue para nos redimir de nossos pecados, recuperaremos a imagem perdida de Deus em nós como Seus filhos. Isso é o sacrifício de sangue, isto é livrarmo-nos da maldade, cultivando paz e bondade dentro de nós

Quando Abraão ofereceu seu filho Isaque como sacrifício, ele acreditava no Deus que podia ressuscitar os mortos e obedeceu a Ele. Elias enfrentou os profetas dos deuses gentios, recebeu a resposta de fogo do céu e obteve vitória.

Quando Abraão e Elias sacrificaram a Deus, sua fé era verdadeira e espiritual. Contudo, Jó só fez a ação em si, a obra, com uma fé que era incompleta.

Jó disse, em Jó 23:12: "Não me afastei dos mandamentos dos seus lábios; dei mais valor às palavras de sua boca do que ao meu pão de cada dia." Também disse: "Até agora me queixo com amargura; a mão dele é pesada, a despeito de meu gemido" (23:2).

Jó vinha se queixando excessivamente de Deus, mas ainda assim diz que guardou e deu grande valor à Sua palavra. Significa claramente que ele não se conhece. Como não se deu conta de sua verdadeira natureza através da verdade, Jó continuava achando que era justo e seu modo de pensar estava certo. Quando ele disse que deu muito valor à palavra de Deus, podemos ver que ele oferecia sacrifícios carnais com diligência, embora não tivesse aprendido sobre as coisas de Deus e não estivesse mudando.

Até hoje, existem alguns crentes que vão diligentemente aos cultos de adoração, oferecem ofertas de gratidão a Deus e parecem viver vidas cheias de entusiasmo na fé. No entanto, eles não têm esperança pelo reino dos céus e, assim, não se despojam da maldade que têm dentro de si como a raiva ou a ganância, seguindo seus próprios desejos. Em outras palavras, esses crentes oferecem apenas sacrifícios carnais, e não de sangue.

Deus só apanha o trigo para o Seu celeiro – o joio fica de fora. Quando o Senhor Jesus voltar para nos levar, Ele não vai colher aqueles que são como o joio, mas somente pessoas espirituais. Se o nosso coração estiver cheio de inverdades e se não praticarmos a palavra, então somos como o joio e homens carnais.

5. Jó Acha que Deus é um Ditador

"Mas ele é ele! Quem poderá fazer-lhe oposição? Ele faz o que quer. Executa o seu decreto contra mim, e tem muitos outros planos semelhantes" (23:13-14).

Podemos ver que o que Jó está dizendo agora não está certo. Deus decide as coisas e cumpre Suas decisões. Todavia, Ele não as faz, segundo Seus próprios sentimentos. As pessoas, às vezes, interpretam mal a parábola do oleiro. Acham que Deus é como um ditador, que faz bons e maus vasos como bem entende.

A verdade diz que o amor não busca os seus próprios interesses. Deus é a verdade em si e Ele não decide as coisas do nada nem Se livra daquilo que não lhe traz benefício.

Ele decide e cumpre tudo para o nosso bem, controlando a vida e a morte, a felicidade e a infelicidade dos homens e o reino celestial. É por isso que Ele suporta mil anos como se fossem um dia e até controla a Si mesmo.

As pessoas fazem mal uso de sua autoridade, segundo seus

próprios sentimentos, quando recebem poder e autoridade. Deus, por Sua vez, tem prazer na justiça e nos guia em Justiça.

Jó diz no versículo 13: "Mas ele é ele! Quem poderá fazer-lhe oposição? Ele faz o que quer." Mas se nos arrependermos e sairmos do pecado, Ele nos perdoa até setenta vezes sete.

Em Jonas, 3:4-10, Deus proferiu através de Jonas que a cidade de Nínive seria destruída depois de quarenta dias. Ao ouvir isso, o rei e todo o povo jejuaram, juntamente com seus animais e deixaram a maldade com arrependimento. Deus viu a humildade do povo e não o destruiu. Deus é um Deus bom, que perdoa àqueles que se arrependem de coração e saem do pecado.

O versículo 14 diz: "Executa o seu decreto contra mim e tem muitos outros planos semelhantes." Jó está dizendo que Deus decidiu tudo e arbitrariamente executou tudo que queria, dando-lhe o sofrimento pelo qual passava, e existem muitos casos assim hoje. Ele está tentando se consolar, culpando a Deus por todas as coisas pelas quais estava passando.

> **Por isso fico apavorado diante dele; pensar nisso me enche de medo. Deus fez desmaiar o meu coração; o Todo-poderoso causou-me pavor. Contudo, não fui silenciado pelas trevas, pelas densas trevas que cobrem o meu rosto (23:15-17).**

Podemos ver o quanto Jó estava enganado na concepção que tinha de Deus. Ele está dizendo que é justo, mas ainda assim Deus decidiu fazer com que ele fosse zombado, perseguido e atacado pela dor.

Jó acha que Deus é um ditador de dar medo, que utiliza mal, como bem quer, sua autoridade e, por isso, estava apavorado diante Dele. Deus arbitrariamente tomou Suas decisões em relação a ele, causando-lhe medo. Com suas opiniões pessoais e padrão de julgamento, chegou às suas próprias conclusões e sofreu ainda mais.

Mesmo antes de seu sofrimento começar, ele já tinha suas concepções erradas de Deus e oferecia-Lhe sacrifícios por medo. Jó 3:25 diz: *"O que eu temia veio sobre mim; o que eu receava me aconteceu."*

Jó não servia a Deus porque O conhecia como um Deus bom, mas porque tinha medo Dele.

Não devemos ter uma má concepção de Deus e julgar as coisas com nosso próprio modo de pensar, pois isso acaba nos fazendo sofrer. Se alguma coisa nos acontecer, devemos ser capazes de discernir a razão pela qual tal coisa aconteceu, com bondade, e entender tudo corretamente. Dessa maneira, não julgaremos Deus nem teremos ideias erradas sobre quem Ele é.

No versículo 16 Jó diz que Deus fez desmaiar o seu coração, fazendo-o sofrer como bem quis, como uma decisão tomada sem base. Assim, Deus é amedrontador. Mas o versículo 10 diz: "Mas ele conhece o caminho por onde ando; se me puser à prova, aparecerei como o ouro." Pelo fato de a mente de Jó ser distorcida, ele se contradiz o tempo todo. Ele diz que não terá mais medo, se Deus tirar-lhe a vida.

No versículo 17, 'trevas' se referem à morte, e 'densas trevas' é descer para o Sheol. O que "desmaiou" Jó foi que Deus não deu um simples fim a tudo, tirando-lhe a vida, mas Ele o manteve vivo, em contínuo sofrimento. Em outras palavras, ele estava dizendo que viver estava doloroso demais – se ele estivesse morto, não estaria passando por nada daquilo.

Jó só conhecia um Deus amedrontador, e por não saber da vida por vir, não tinha esperança pelo reino dos céus.

> *"Aos que anseiam pela morte e esta não vem, e a procuram mais do que a um tesouro oculto, aos que se enchem de alegria e exultam quando vão para a sepultura?"* (1 João 3:21-22)

Deus nos diz para não temermos, mas para sermos confiantes. Se guardarmos os mandamentos de Deus e vivermos na Sua palavra, não teremos nenhum motivo para sermos condenados e receberemos tudo que pedirmos em oração. Podemos ter medo de Deus por não vivermos na Sua palavra.

Não devemos ter medo de Deus, mas sim ser confiantes diante Dele, guardando Seus mandamentos. Assim, receberemos o que pedirmos em oração e O glorificaremos através de nossas vidas.

Capítulo 24
Com um Coração Distorcido, Jó Argumenta que Deus é Mau

1. Jó se Prepara para Culpar Deus
2. Jó Diz que Deus Ignora a Injustiça Praticada pelos Ímpios
3. Jó se Tornou o Juiz
4. Jó Acha que os Maus Têm a Proteção de Deus

"De manhã o assassino se levanta e mata os pobres e os necessitados; de noite age como ladrão. Os olhos do adúltero ficam à espera do crepúsculo; 'Nenhum olho me verá', pensa ele; e mantém oculto o rosto. No escuro os homens invadem casas, mas de dia se enclausuram; não querem saber da luz. Para eles a manhã é tremenda escuridão; eles são amigos dos pavores das trevas" (24:14-17).

1. Jó se Prepara para Culpar Deus

Por que o Todo-poderoso não marca as datas de julgamento? Por que aqueles que o conhecem não chegam a vê-las? Há os que mudam os marcos dos limites e apascentam rebanhos que eles roubaram. Levam o jumento que pertence ao órfão e tomam o boi da viúva como penhor. Forçam os necessitados a sair do caminho e os pobres da terra a esconder-se (24:1-4).

Jó está reclamando, dizendo que Deus o está fazendo sofrer sem limite de tempo. Deus nunca estabelece um prazo para ele nos refinar. Se identificarmos nosso erro e mudarmos de atitude, esse momento será o fim de todas as provações.

"Por que aqueles que conhecem Deus não veem o tempo de sua bênção chegar? Por que aqueles que vivem em provações não veem as obras de Deus?" Jó, na verdade, está falando sobre si mesmo. É óbvio para ele que, se ele falar diretamente sobre si, seus amigos discutirão com ele.

O que significa 'mudar os marcos dos limites'?

Nesse sentido, os limites são placas que designam as fronteiras de um pasto ou área de jurisdição. Mudar os marcos dos limites implica em tirar a terra de alguém de maneira desonesta. Hoje, seria lucrar com transações ilícitas de títulos, investimentos especulativos ou uso inapropriado de autoridade.

"Apascentam rebanhos que eles roubaram." Rebanhos são a base para a sobrevivência de alguém e, se são tomados, como essa pessoa fica miserável! Órfãos são fracos, pois vivem sem os pais e um jumento é tudo que têm.

A viúva tem de viver com suas próprias forças por não ter mais esposo. Ela trabalha duro e compra um boi com seus centavos poupados, pois não tem ninguém com quem possa contar. No interior, o boi é uma indicativa de alguma riqueza. Se o jumento do órfão ou o boi da viúva lhes são tomados, eles caem em desespero.

Se o necessitado é expulso e levado para a beira de estrada, ele se sente totalmente sozinho. Se seus parentes ou vizinhos lhe apontarem o dedo com desprezo, ele sente vergonha e tem o desejo de se esconder.

Como jumentos selvagens no deserto, os pobres vão em busca de comida; da terra deserta a obtêm para os seus filhos (24:5).

Jumentos selvagens não são agrilhoados e saem a perambular em busca de alimento. Semelhantemente, o pobre vai aqui e ali tentando achar algo para comer. "Da terra deserta o obtém para os seus filhos" significa que se ele correr em busca de alimento, conseguirá alimentar seus filhos com a renda advinda dessa atitude.

Por sete anos estive muito doente, esperando apenas pelo dia em que fosse morrer. Mas Deus me encontrou. Fui curado de todas as minhas doenças pela graça de Deus e foi assim que me tornei Cristão. Então, para guardar o sábado e o domingo, escolhi trabalhar como ajudante em uma construção.

Devido às minhas enfermidades, devia muito dinheiro e, nessa época, nasceu a minha terceira filha Soojin. Minha esposa e eu tivemos de levar Soojin, sem ela ter nem mesmo 100 dias de nascida, a um lugar onde eles estavam explodindo montanhas. Tínhamos de coletar pedras, que voavam para todo canto com as explosões.

A área toda era só poeira e não havia uma árvore sequer por perto. Nos dias de verão, sob um sol de rachar, tínhamos de colocar nossa recém-nascida em um canto da construção para coletarmos pedras o dia inteiro. Conseguíamos ganhar apenas $1.50 por dia. Por eu já ter trabalhado coletando pedras em um lugar explodido e trabalhado em construções só para ter o que comer, pude entender o que é trabalho duro.

Quando Jó era rico, ele via os pobres vivendo vidas de miséria e sendo zombados e desprezados pelos ricos e maus. Mas agora é ele quem está em uma situação assim. Ao se recordar do passado, Jó se prepara para culpar Deus.

> Juntam forragem nos campos e respigam nas vinhas dos ímpios. Pela falta de roupas, passam a noite nus; não têm com que cobrir-se no frio. Encharcados pelas chuvas das montanhas, abraçam-se às rochas por falta de abrigo. A criança órfã é arrancada do seio de sua mãe; o recém-nascido do pobre é tomado para pagar uma dívida. Por falta de roupas, andam nus; carregam os feixes, mas continuam famintos. Espremem azeitonas dentro dos seus muros; pisam uvas nos lagares, mas assim mesmo sofrem sede (24:6-11).

Aqueles que não têm seus próprios campos, colherão para

o dono de um, para receber um salário. Jó está falando sobre as pessoas más, que mudam os marcos de lugar, tomam coisas dos pobres e ganham dinheiro de maneira desonesta. Ele está dizendo que os pobres participam da colheita de pessoas más e pisam uvas em seus lagares só para comer.

Jó está explicando sobre as pessoas pobres que não têm com o que se cobrir no frio, se molham quando chove nas montanhas e abraçam a rocha como abrigo.

Como escrito no versículo 9, arrancar a criança órfã do seio da mãe, tirar o recém-nascido ou as roupas do pobre para pagar dívida ou garantir boa fé, eram coisas que aconteciam no passado. Mas até hoje, em alguns países menos desenvolvidos, isso ainda acontece. Credores fazem, inclusive, de crianças, seus escravos ou as vende.

Os pobres não têm com o que se vestir e passam fome, mas produzem azeite e pisam uvas em lagares dos ricos. Há muito tempo atrás, o azeite era muito caro e pessoas ordinárias raramente o viam. Só os ricos podiam ter azeite em casa. Então, o que Jó está falando com todas essas coisas?

2. Jó Diz que Deus Ignora a Injustiça Praticada pelos Ímpios

Sobem da cidade os gemidos dos que estão para morrer, e as almas dos feridos clamam por socorro. Mas Deus não vê mal nisso. Há os que se revoltam contra a luz, não conhecem os caminhos dela e não permanecem em suas veredas (24:12-13).

No versículo 12, vemos por que Jó tem dito todas essas coisas. Jó está concluindo que as pessoas gemem e clamam, mas Deus não olha para elas. Jó não está falando a favor dos pobres com boa intenção, nem está tentando falar contra os maus. Ele só quer dizer que os ricos estão tomando as posses dos pobres e muitas pessoas passam fome. Contudo, Deus só fica lá em pé, assistindo aos maus prosperando. Jó está dizendo que, ainda que o pobre clame, Deus não lhe responde; e que Deus não dá a mínima para as injustiças dos ímpios. Ele conclui que Deus não tem amor nenhum, nem justiça; que Deus é mau.

'A luz', no versículo 13, espiritualmente, quer dizer algo justo. Dizer que alguém ou alguma coisa é justa é dizer que a coisa ou a pessoa é iluminada. Jó diz que aqueles que se rebelam contra a luz são injustos e não conhecem o caminho justo.

Ele está dizendo que essas pessoas más não estão tomando o caminho iluminado da justiça, mas sim o das trevas.

De manhã o assassino se levanta e mata os pobres e os necessitados; de noite age como ladrão. Os olhos do adúltero ficam à espera do crepúsculo; 'Nenhum olho me verá', pensa ele; e mantém oculto o rosto. No escuro os homens invadem casas, mas de dia se enclausuram; não querem saber da luz. Para eles a manhã é tremenda escuridão; eles são amigos dos pavores das trevas (24:14-17).

No crepúsculo, tudo está em silêncio e todos dormem. Os injustos matam os pobres nessa hora. Hoje, pessoas más não se importam muito com dia ou noite, mas nos tempos de Jó, assassinatos geralmente aconteciam, quando não havia ninguém por perto.

O ladrão é injusto e rouba à noite. Assassinos também. Adúlteros esperam o crepúsculo para cometer seus pecados. Esses injustos até se disfarçam, achando que ninguém os reconhecerá, e saem para fazer suas injustiças à noite.
Ladrões sobem pelos muros ou escorregam por portas à noite e simplesmente se escondem da luz durante o dia.

Aqueles que são injustos fazem seu trabalho à noite, considerando a luz como trevas. Mas eles também têm medo das trevas, pois elas são assustadoras. A escuridão pode resultar em um tombo e em um caminho de destruição. Contudo, ao mesmo tempo, essas pessoas também não gostam da luz, já que não podem trabalhar com ela. Como sabem que pecado é morte, elas temem a luz e não gostam dela.

Crentes temem as trevas, e não a luz, mas incrédulos temem a luz, que é a verdade, já que agem com inverdade.

3. Jó se Tornou o Juiz

São, porém, como espuma sobre as águas; sua parte da terra foi amaldiçoada, e por isso ninguém vai às vinhas. Assim como o calor e a seca depressa consomem a neve derretida, assim a sepultura consome os que pecaram. Sua mãe os esquece, os vermes se banqueteiam neles. Ninguém se lembra dos maus; quebram-se como árvores (24:18-20).

Do versículo 18 em diante, Jó se estabelece como juiz e está trazendo condenação para os injustos. Declarou-se justo e, uma vez que acha que Deus não julga os maus, ele começa a julgar e condenar os ímpios e os maus no lugar de Deus.

Jó quer que os injustos sejam varridos pela água. "Sua parte da terra foi amaldiçoada" significa que ele quer que todos os seus bens e tudo que eles possuem seja amaldiçoado e desapareça.

Vinhas podem matar nossa sede e nos dar frutos abundantes. "Ninguém vai às vinhas" significa que eles estão amaldiçoados e não recebem uma porção abundante. Jó está constantemente amaldiçoando-os. Vejamos se éramos assim também antes de aceitar Jesus Cristo.

No versículo 19, 'neve derretida' quer dizer algo, que é muito pequeno. A água advinda da neve derretida logo se seca no calor. Jó quer que a abundância dos injustos desapareça da mesma forma.

O versículo continua dizendo: "assim a sepultura (Sheol) consome os que pecaram." O Sheol é como o estado de morte no qual não há nada senão medo e terror. Jó quer que esse conceito de Sheol prejudique os injustos.

"Sua mãe os esquece", no versículo 20, significa que ninguém reconhece seu nascimento, isto é, Jó deseja, antes de qualquer coisa, que tais pessoas não tivessem nascido. A magnitude das maldições só aumenta.

"Os vermes se banqueteiam neles." Jó usa essa expressão com frequência. Ele está dizendo que, quando os maus morrerem e descerem ao Sheol, as pessoas se esquecerão deles e seus corpos serão consumidos por vermes.

O que Jó está dizendo em "Quebram-se como árvores" é que, quando a injustiça é quebrada como uma árvore, quando cortada ou quebrada, eles serão jogados fora e não mais lembrados.

O que Jó está dizendo, em essência, é tudo isso: "Se Deus está vivo, Ele tem de punir todos os maus, mas não o faz. Isso não está errado? Se eu fosse Deus, eu varreria os maus da terra dessa forma."

Jó está expressando a profundidade de sua intensa amargura e desdém por aqueles que praticam a maldade. Se Jó se tornasse Deus, os maus não sobreviveriam; consequentemente, o ser humano entraria em extinção!

4. Jó Acha que os Maus Têm a Proteção de Deus

Aquele que devora o estéril que não tem filhos, E não faz o bem à viúva. Não! pela sua força Deus prolonga os dias dos valentes: Ei-los de pé, quando desesperavam da vida. Ele lhes concede estar em segurança, e nisso se estribam, E os seus olhos estão sobre os caminhos deles. São exaltados, mas em breve tempo se vão; São abatidos, colhidos como todos os mais, São cortados como as espigas do trigo. Se não é assim, quem me desmentirá, E reduzirá a nada as minhas palavras? (24:21-25). (Sociedade Bíblica Britânica)

Aqui, inicialmente, a terceira pessoa no plural refere-se aos maus. A estéril e a viúva merecem nossa ajuda e nada mais natural que as ajudarmos. Contudo, a pessoa má não as trata bem nem lhes fala com gentileza ou bondade.

Na opinião de Jó, os maus que causam problemas e dificuldades aos fracos e pobres merecem morrer. Ele está dizendo que Deus protege essas pessoas e é por isso que elas se levantam.

> Ele lhes concede estar em segurança, e nisso se estribam, E os seus olhos estão sobre os caminhos deles (24:23).

Aqui, obviamente, 'Ele' se refere a Deus e Jó diz cada vez mais que Deus é mau. Ele diz que os maus vivem em paz, porque Deus os protege.

"Ele lhes concede estar em segurança" significa que Deus não protege os pobres, e é por isso que continuam sofrendo. Aqui, podemos ver que Jó tinha uma intenção específica ao dizer isso.

Ele está implicando que está sofrendo severamente, contudo Deus protege seus amigos maus que, por sua vez, parecem ficar cada vez mais prósperos. Uma vez que seu pensamento é distorcido, sua conclusão também o é.

Quando as pessoas agem com maldade, elas não conseguem ver ou pensar com bondade. Para elas, até as coisas boas parecerão más. Elas só se lembram de coisas más, perdendo, assim, o poder de julgar e discernir as coisas corretamente.

Se aceitarmos as palavras de alguém como palavras maldosas, parecerão cínicas, mesmo se a pessoas as tiver falado em um bom sentido. Quando perdemos o discernimento adequado das coisas, surgem mal-entendidos e passamos a cometer vários pecados com nossas palavras.

Portanto, se virmos tudo com bondade, conseguiremos amar até aqueles que agem de uma forma que faz com que outros não gostem deles. Seremos capazes de ver somente os pontos positivos e ouvir todas as palavras de forma positiva.

E o que quer dizer "E os seus olhos estão sobre os caminhos deles"?

Suponha que duas pessoas tenham discutido e não consigam entrar em acordo. Então, a pessoa que pensa estar certa, mas não consegue vencer a discussão, conclui com uma frase: "Você pode dizer o que quiser, mas a sua consciência lhe mostrará a verdade." Aqui, o locutor implica que Deus dá segurança aos maus, mas os maus têm consciência e devem saber que são maus.

Por um breve instante são exaltados, e depois se vão, colhidos como todos os demais, ceifados como espigas de cereal. "Se não é assim, quem poderá provar que minto e reduzir a nada as minhas palavras?" (24:24-25)

Jó agora está julgando e dando a sentença no lugar de Deus. aqui, 'ser exaltado' tem mais a ver com a atitude agressiva dos maus do que com suas posições sociais, autoridade e riqueza.

Jó diz que apesar de os maus agirem com atitudes agressivas, no fim serão colhidos e desaparecerão como homens ordinários.

O que "ceifados como espigas de cereal" quer dizer? Embora as espigas estejam cheias de grãos, no fim são cortadas pelas pessoas e só acaba restando palha no fim, coisas insignificantes. Da mesma forma, até aqueles com atitudes agressivas serão como a palha.

Quando as pessoas alimentam maus sentimentos contra outra pessoa, revelam os erros da outra e insistem que estão certas em uma discussão, muitas vezes não conseguem chegar a uma conclusão. Então, algumas amaldiçoam a outra pessoa dizendo: "Por causa do mal que você me fez, o seu fim será miserável."

Quando alguém o machuca ou decepciona, você amaldiçoa ou já amaldiçoou a pessoa, mesmo que apenas em pensamento,

"Você cairá um dia"? Não devemos pagar o mal com mal, mas somente com bondade.

No versículo 25, Jó tira sua própria conclusão e confirma estar correta. Aqui, Jó diz: "Se não é assim", por que acha que está certo e, mesmo quando seus amigos pensarem sobre o que ele falou, não haverá nada de errado em seu argumento, pois é obviamente um fato. Em seus pontos de conclusão, Jó está, na verdade, obrigando seus amigos a concordarem com ele.

Capítulo 25
A Visão de Bildade sobre o Senso de Valores do Homem

1. Bildade Reprime as Palavras de Jó
2. Bildade Fala Coisas Contrárias à Verdade

Um Homem Justo e Íntegro se Aproximando de Deus

"Seria possível contar os seus exércitos? E a sua luz, sobre quem não se levanta?" (25:3)

1. Bildade Reprime as Palavras de Jó

Então Bildade, de Suá, respondeu: "O domínio e o temor pertencem a Deus; ele impõe ordem nas alturas, que a ele pertencem. Seria possível contar os seus exércitos? E a sua luz, sobre quem não se levanta?" (25:1-3)

O amigo de Jó, Bildade, o suanita, está dando-lhe uma resposta:

"Jó, Deus tem o domínio e o temor, e Ele impõe ordem das alturas. É por isso que Ele também pode perdoar àqueles que são maus. Como podemos medir o Seu poder, autoridade e majestade? Ele faz brilhar a Sua luz sobre todos, quer bons, quer maus."

Os amigos de Jó o tinham julgado anteriormente, dizendo que Deus o puniu, porque ele era mau e cometeu pecados. No entanto, no capítulo 25, estão mudando o que haviam dito. Suas palavras mudam com a situação.

Até hoje, algo semelhante acontece com frequência, especialmente na política. O partido de oposição, incondicionalmente ao partido da maioria, fazendo automaticamente com que este seja contra aquele. Eles não tentam realmente ver qual opinião é a melhor, mas culpam-se mutuamente pelos problemas enfrentados.

Aqui, Bildade desconsidera com desdém o que Jó diz e insiste que, independente do que Jó acha, Deus generosamente concede paz a tudo.

Os 'exércitos', no versículo 3, se refere ao poder e autoridade de Deus. Bildade está dizendo que esse Deus tem esse poder e autoridade, mas não simplesmente destrói os maus, pois é um Deus de paz. Essa frase vem dar apoio ao que ele já disse.

Quando as pessoas discutem, elas usam toda a sabedoria que têm, fazendo suas maldades aparecerem, à medida que contam inverdades para suportarem suas opiniões. Depois, quando vêm resultados inesperados, elas negam que mentiram.

Bildade está de fato sendo cínico em relação às palavras de Jó. Ele está dizendo que Deus protege os maus, não porque Ele é um Deus mau, como Jó disse, mas porque Ele é o Deus da Paz.

O versículo 3 diz: "E a sua luz, sobre quem não se levanta?" Ao dizer: "Seria possível contar seus exércitos", Bildade está falando que a autoridade e poder de Deus são ilimitados e, em Seu poder e autoridade, Ele faz brilhar a Sua luz sobre todos. Bildade disse isso para responder a Jó na discussão, quando este disse em 24:16: *"No escuro os homens invadem casas, mas de dia se enclausuram; não querem saber da luz."*

Na verdade, Jó se referia à luz espiritual da justiça, mas Bildade não entendeu. Bildade pegou a palavra no literal e está respondendo a Jó dizendo: "Sobre quem não se levanta a luz de Deus?" Bildade está tentando acusar Jó como sendo uma má pessoa, e o está atacando sem mesmo entender o que ele está dizendo.

2. Bildade Fala Coisas Contrárias à Verdade

Como pode então o homem ser justo diante de Deus? Como pode ser puro quem nasce de mulher? Se nem a lua é brilhante e nem as estrelas são puras aos olhos dele, muito menos o será o homem, que não passa de larva, o filho do homem, que não passa de verme! (25:4-6)

Na época de Jó, as mulheres pertenciam a homens e eram consideradas menores na sociedade. Por isso que ele disse: "Como pode ser puro quem nasce de mulher?"

O que Bildade está querendo dizer é: "Jó, você nasceu de mulher, como pode se dizer justo? Como pode ser puro, uma vez que nasceu de mulher?"

Para Bildade, a luz e as estrelas eram coisas maravilhosas, então ele está colocando os homens menores que essas duas coisas, considerando-os seres sem valor, nascidos de mulher, comparando-os com larvas e vermes. Assim, podemos ver que todo esse versículo contradiz a verdade; ele não está certo.

Deus criou os céus e a terra e tudo o que neles há para os seres humanos. Ele nos criou, segundo Sua imagem, e nos ama. Para Ele, uma alma é mais preciosa que o mundo inteiro, mas essa alma é o homem espiritual, e não o homem carnal. Devemos entender que Deus nos ama mais, se vivemos de acordo com a Sua palavra e nos santificamos.

Então, como podem os filhos de Deus ser comparados a algo como a lua e as estrelas? Depois que Deus criou a lua e as estrelas, Ele viu que aquilo era bom. Portanto, dizer: "Se nem a lua é brilhante e nem as estrelas são puras aos olhos dele", também é algo que vai contra a verdade e não está certo.

Capítulo 26
Jó Ouve a Voz do Espírito

1. O Sarcasmo de Jó
2. A Voz do Espírito
3. A Soberania de Deus Vinda da Bondade
4. Jó Chama Deus de Ditador
5. Maus Sentimentos e Exageros

"Com seu poder agitou violentamente o mar; com sua sabedoria despedaçou o Monstro dos Mares" (26:12).

1. O Sarcasmo de Jó

Então Jó respondeu: "Grande foi a ajuda que você deu ao desvalido! Que socorro você prestou ao braço frágil! Belo conselho você ofereceu a quem não é sábio, e que grande sabedoria você revelou! Quem o ajudou a proferir essas palavras, e por meio de que espírito você falou?" (26:1-4)

Jó tinha perdido não apenas seus bens e filhos, mas também as pessoas ao seu redor, que zombavam dele e o ridicularizavam. Além disso, ele estava sofrendo com feridas terríveis e havia perdido todas as suas forças. Aqui, quando Jó fala do desvalido, está se referindo a si mesmo. Jó está sarcasticamente falando com Bildade, embora o que este havia falado são palavras totalmente opostas às suas.

Apesar de Jó ter perdido a força de seu braço, Bildade não o ajudou. Por isso Jó sarcasticamente diz: "Que socorro você prestou ao braço frágil!" – porque ele achava que as palavras de Bildade eram ridículas e Bildade não foi socorro nenhum.

De que vale dizermos ao faminto: "Vai comer"? Temos de dar-lhe algum alimento. Sem obras, palavras não ajudam. Jó sente isso, quando Bildade lhe diz aquelas palavras, e é por isso que está sendo cínico.

O que quer dizer: "Belo conselho você ofereceu a quem não é sábio"?

Jó achava que sua sabedoria era excelente. Assim, ele estava irritado com seus amigos por lhe confrontarem e repreender tudo que dizia, tentando dar-lhe lições. Agora, sua mente estava distorcida e ele dizia que eles ensinavam muito bem a um homem sem sabedoria.

"E que grande sabedoria você revelou!" carrega o mesmo sarcasmo da frase anterior. Jó está sarcasticamente dizendo: "Está bem, você realmente acha que ensinou bem a quem falta tanta sabedoria."

Podemos ver a maldade de Jó aqui. Se alguém discutia com ele, ele não conseguia aguentar. Se alguém lhe batia uma vez, ele descontava em dobro. Ele tentou até discutir com Deus, com toda a sua sabedoria. Ele era inocente e reto, mas quando Deus começou a refiná-lo, a maldade de sua natureza começou a sair.

O versículo 4 diz: "Quem o ajudou a proferir essas palavras, e por meio de que espírito você falou?" Jó está perguntando isso porque seus amigos estavam dizendo coisas ilógicas e insensatas.

2. A Voz do Espírito

Os mortos estão em grande angústia sob as águas, e com eles sofrem os que nelas vivem. Nu está o Sheol diante de Deus, e nada encobre a Destruição (26:5-6).

Jó está falando dos espíritos dos mortos e pensando sobre o

mundo dos demônios. 'As águas e os que nelas vivem' são os seres viventes das águas. Jó está comparando o lugar onde espíritos das trevas ficam ao Sheol e às águas. Ele diz que tudo é revelado diante de Deus. Devemos saber que Deus sabe de todas as coisas, até das que estão no mais profundo do Sheol ou do oceano.

'Destruição' também é 'Abadom', mas aqui não há nenhum significado particular. É apenas uma maneira de sua expressão. Se o homem cai em águas profundas, ele morre. Isso é o que 'destruição' quer dizer no caso.

Por que Jó está dizendo isso? É para falar que diante de Deus até o Sheol é revelado, mas Deus só está assistindo os maus sem puni-los.

Ele estende os céus do norte sobre o espaço vazio; suspende a terra sobre o nada (26:7).

Para explicar que Deus faz o que bem entende, Jó está falando sobre o Seu poder. Entre as quatro direções – norte, sul, leste e oeste – por que Jó fala do norte? Porque ele sentia que o norte é misterioso e não conseguia sondar aquela área.

Ventos frios sopram do norte. No norte também estão estrelas e constelações especiais como: Grande Dipper ou Grande Urso, a Estrela Polar e a North Star, que traduzida, é Estrela do Norte. No modo de pensar do homem, tudo tem um fim, mas o céu do norte parece sem fim e expressa a incrível autoridade e dignidade de Deus.

"Suspende a terra sobre o nada" é de fato uma linda frase. O fato de que a terra está 'suspensa' no espaço só foi descoberto recentemente. Contudo, a Bíblia já dizia isso há muitos milhares de anos. Como Jó entendia isso?

Aqueles que viviam com uma consciência limpa, ouviam a voz do espírito e recebiam inspirações. Esses indivíduos contribuíam grandemente para o desenvolvimento da ciência ou atingiam um alto nível na arte em várias áreas. Essas pessoas também entendiam os princípios do mundo e dos céus e, por isso, podiam profetizar também.

Por exemplo, o Rei Sejong, o Grande da Coréia, inventou o Hangul, o alfabeto coreano; Yool Gok Yi, durante a Dinastia Chosun da Coreia Antiga, profetizou a invasão do Japão no séc. XVI; e o Almirante Soon Shin Yi antecipou a invasão do Japão e fez um navio de guerra chamado "Navio Tartaruga", que foi o primeiro navio de ferro do mundo.

Quando olhamos para o céu, parece que há um fim para ele. Contudo, se formos até aonde parece ser o fim, veremos que nada acaba ali. O céu é sem fim. Enquanto Jó olhava para o céu, ele sentia que o céu cobria a terra de forma infinita. É por isso que ele disse: "Deus suspende a terra sobre o nada." Uma vez que ele também estava ouvindo a voz do espírito, ele viu que a terra era suspensa e sentiu a relatividade entre sua própria posição, o céu e a terra.

Jó disse que Deus suspende a terra sobre o nada a fim de expressar o poder e autoridade de Dele. 1 Coríntios 2:10 diz: *"mas Deus o revelou a nós por meio do Espírito. O Espírito sonda todas as coisas, até mesmo as coisas mais profundas de Deus."* Até hoje, com a inspiração do Espírito Santo, podemos ouvir a voz do espírito e entender o coração e vontade de Deus.

3. A Soberania de Deus Vinda da Bondade

Envolve as águas em suas nuvens, e estas não se rompem sob o peso delas. Ele cobre a face da lua cheia estendendo sobre ela as suas nuvens. Traça o horizonte sobre a superfície das águas, para servir de limite entre a luz e as trevas (26:8-10).

Jó acha que há uma fonte sobre as nuvens, mas que não pode ser vista, porque é encoberta por elas. Como a água sobre as nuvens desce à terra constantemente, ele não para de se impressionar.

Mas, em relação a isso, o amigo de Jó, Eliú, disse: *"Ele atrai as gotas de água, que se dissolvem e descem como chuva para os regatos; as nuvens as despejam em aguaceiros sobre a humanidade"* (Jó 36:27-28). Eliú entendia disso de forma mais precisa e deu explicações com termos mais científicos.

Jó acha que a água vem de fontes sobre as nuvens; que desce sem que as nuvens se rompam. Acha que sua percepção é algo incrível.

No nono versículo vemos: "Ele encobre a face da lua cheia, estendendo sobre ela as suas nuvens. Traça o horizonte sobre a superfície das águas para servir de limite entre a luz e as trevas."

Hoje, muitas pessoas entendem as coisas erroneamente, achando que Deus criou uma barreira entre Ele e os seres humanos e, portanto, os homens não podem vê-Lo ou encontrá-Lo. Jó também pensa assim. Ele acha que Deus cobriu Seu trono e fez uma barreira entre Ele e o homem.

Mas Deus jamais faria isso. Deus criou o homem e o colocou

como senhor de todas as criaturas, para subjugar animais, pássaros, peixes e tudo mais. Deus andava com ele e o ensinava sobre a bondade e a verdade. Como Deus o amava, Ele lhe deu livre arbítrio. Ao mesmo tempo, Ele ensinou ao homem que ele certamente morreria, se comesse da árvore do conhecimento do bem e do mal.

Depois de muito tempo, o homem desobedeceu e cometeu o pecado de comer do fruto proibido. Por isso, as pessoas não podem ver a Deus. O salário do pecado é a morte (Romanos 6:23) e pecadores não podem ver a Deus, pois se o fizerem, morrerão. Foi o homem, não Deus, que fez uma barreira entre ele e Deus.

Entretanto, sabemos que Moisés viu a Deus, viu Sua imagem e ouviu Sua voz diretamente (Números 12:8). Isso porque ele foi o homem mais manso e humilde na face da terra, com santificação completa.

Se o nosso coração for puro, poderemos ver a Deus (Mateus 5:8). Se orarmos com corações puros, poderemos ser respondidos e satisfazer os desejos dos nossos corações.

Deus fez Seu único Filho, Jesus Cristo, como sacrifício expiatório para destruir a muralha de pecado que existia entre Deus e os homens. Todo aquele que aceita Jesus Cristo é redimido de seus pecados. Além disso, Deus opera sinais e maravilhas, para que assim os homens possam crer Nele.

Como Jesus disse em João 4:48: *"Se vocês não virem sinais e maravilhas, nunca crerão"*, as pessoas não conseguem crer no poder de Deus se não virem sinais e maravilhas.

4. Jó Chama Deus de Ditador

A conclusão de Jó é que todas as coisas foram feitas por Deus, mas ele também diz que Deus intencionalmente cobriu o Seu trono e estabeleceu uma barreira.

Ao dizer: "Traça o horizonte sobre a superfície das águas para servir de limite entre a luz e as trevas", Jó quer dizer que Deus fez tudo impulsivamente, como bem quis.

Então, por que Jó está dizendo que Deus é como um ditador?

Anteriormente, Jó disse que Deus abençoa os maus e estima apenas um pouco os justos. Jó pensava que não era uma simples coincidência que, ele, sendo um homem justo, tivesse sido destruído. Ele acha que só Deus podia ter feito isso a ele. Agora ele está bravo com Deus e culpando-O.

No entanto, a soberania de Deus não funciona assim, mas em harmonia com a vontade própria dos homens. Se crermos em Deus com o nosso livre arbítrio, seremos salvos; se não, seguiremos para a destruição. Deus, com a Sua soberania, não nos obriga fazer nada.

Quando Deus usa a Sua soberania, Ele o faz seguindo a verdade e a bondade. Ele nos deu o livre arbítrio em bondade e usa a Sua autoridade também em bondade.

Ao criar todas as coisas, Deus estabeleceu limites. Ele fez o dia e a noite, os limites das águas, nuvens, chuva e as direções norte, sul, leste e oeste.

Antes do desenvolvimento da ciência, as pessoas não tinham como saber o que era norte, sul, leste e oeste. Contudo, Deus deu aos homens a Grande Urso, a North Star e a Polar e eles puderam identificar o norte, consequentemente identificando as outras direções. Era assim que as pessoas conseguiam migrar e se espalhar pela terra. Logo, tudo que Deus estabeleceu foi para a humanidade, para nós. Sem o dia e a noite, como poderíamos achar descanso? Sem as direções, como poderíamos nos localizar? Deus criou tudo e estabeleceu limites, porque eles são necessários para nós.

Entretanto, Jó está tentando dizer que Deus é mau com seus sentimentos negativos. Se temos excessivos maus sentimentos, entendemos mal as coisas e pecamos.

Deixe-me explicar sobre os sentimentos do homem. Maus sentimentos como a raiva e a reclamação só nos prejudicam e, portanto, temos de nos despojar deles completamente com orações fervorosas.

As pessoas têm sentimentos que não provêm da verdade como a raiva, inveja, ciúmes, mentes adúlteras, ódio, etc. Se não nos livrarmos deles, perderemos o controle sobre eles e, dependendo da circunstância, perderemos a cabeça.

Quando crianças são punidas por seus pais, elas também experimentam más emoções ou até mesmo o ódio. Se elas sentirem que estão sendo punidas, não porque fizeram algo errado, mas porque seus pais as odeiam, elas acumularão maus sentimentos e um dia se vingarão.

Quando entendemos sobre sentimentos, entendemos também sobre como os nossos pensamentos podem nos levar a uma direção errada e ao pecado. Satanás tenta controlar o nosso coração através de pensamentos sem verdades, colocando-nos contra Deus e amigos do mundo. Portanto, devemos sempre nos examinar com a verdade, para que não caiamos nas armadilhas e ciladas do inimigo.

5. Maus Sentimentos e Exageros

As colunas dos céus estremecem e ficam perplexas diante da sua repreensão. Com seu poder agitou violentamente o mar; com sua sabedoria despedaçou o Monstro dos Mares. Com seu sopro os céus ficaram límpidos; sua mão feriu a serpente arisca (26:11-13).

Depois que Jó acaba sua explicação sobre a soberania de Deus, ele começa a explicar sobre o Seu terror. Ao falar: "As colunas dos céus estremecem e ficam perplexas diante da sua repreensão", podemos ver que Jó está exagerando com seus maus sentimentos. Ele estava completamente enganado, achando que Deus o havia castigado, apesar de ser inocente. Logo, com sua perplexidade, ele está usando expressões exageradas em sua explicação.

Não devemos exagerar em nossas expressões ou darmos uma impressão mais forte, para falar que alguém é uma má pessoa ou contarmos algo de forma diferente. Isso também é feito por Satanás, através dos pensamentos.

O versículo 12 diz: "Com seu poder agitou violentamente o mar."

Que tipo de coisa você imagina, quando pensa sobre o mar? As pessoas em geral podem pensar no sol, na areia da praia, na grandeza do mar, gaivotas sobre barcos, no horizonte e no lindo mundo além do horizonte.
Entretanto, aqueles que temem ou não gostam do mar, podem pensar em bravas ondas, fortes ventos e águas engolindo navios.

Com esse medo e maus sentimentos, Jó, ao falar sobre o mar, tem a concepção de Deus como um Deus aterrorizante. Ele diz, inclusive, que até a agitação do mar é feita pelo poder de Deus. Deus fez o mar, mas não o agita ou acalma como bem quer. Ele estabeleceu leis naturais e o mar se movimenta de acordo com essas leis, com o vento e as nuvens. Não devemos considerar os resultados do funcionamento das leis da natureza como sendo a autoridade de Deus e reclamar deles.

Hoje, existem muitas condições climáticas incomuns e desastres naturais em massa, devido ao desenvolvimento econômico e das civilizações. Contudo, algumas pessoas culpam Deus pelos desastres naturais. Estas não deviam fazer isso, pois eles são causados pelos próprios seres humanos.

Agora, o que quer dizer: "Com sua sabedoria despedaçou o Monstro dos Mares"?

O Monstro dos Mares, ou Raabe, simboliza a sabedoria, esquemas e todos os tipos de táticas e estratégias do mundo. Jó diz que a sabedoria de Deus despedaça tudo isso.

Jó diz isso porque ele acha que ele é justo e sábio. Ele quer dizer que a sabedoria de Deus despedaça Raabe, e Ele despedaçou a sabedoria de Jó.

Ele diz que o que disse até agora é apenas o começo e que o que ouviu falar de Deus são só palavras fracas. Ele quer dizer: "Se palavras fracas já são isso tudo, como poderia expressar as coisas grandes?"

Podemos ver que ele está exagerando o que ele mal ouviu. Para nós, devemos sempre tentar falar somente aquilo que temos certeza.

Temos de ser muito claros, deixando que o nosso "Sim" seja "Sim" e "Não" seja "Não, pois qualquer coisa além disso vem do Maligno (Mateus 5:37). Não devemos passar para a frente o que ouvimos misturado com nossos pensamentos ou julgamentos; mas devemos ser perfeitamente claros e exatos sobre o que falamos.

Os filhos de Deus devem falar e ouvir somente coisas boas; não devem ver, ouvir ou falar nada de mal. Dessa forma, podem ser pessoas cheias de verdade. Devemos ter uma fé verdadeira, para que não precisemos ser refinados como Jó.

Capítulo 27
Quem é Verdadeiramente Justo?

1. Não Havia Nenhuma Retidão no Coração de Jó
2. Justiça é Crer e Agir
3. Jó Enfatiza Sua Integridade
4. A Inculpabilidade Carnal de Jó
5. O Coração Vingativo de Jó
6. Jó Ensina no Lugar do Todo-Poderoso
7. Mentes Incomplacentes

Um Homem Justo e Íntegro se Aproximando de Deus

"Ou, qual é a mulher que, possuindo dez dracmas e, perdendo uma delas, não acende uma candeia, varre a casa e procura atentamente, até encontrá-la? E quando a encontra, reúne suas amigas e vizinhas e diz: 'Alegrem-se comigo, pois encontrei minha moeda perdida.' Eu lhes digo que, da mesma forma, há alegria na presença dos anjos de Deus por um pecador que se arrepende" (Lucas 15:8-10).

1. Não Havia Nenhuma Retidão no Coração de Jó

E Jó prosseguiu em seu discurso: "Pelo Deus vivo, que me negou justiça, pelo Todo-poderoso, que deu amargura à minha alma" (27:1-2).

Na versão de King James, o versículo 1 diz: "Jó prosseguiu sua parábola, e disse...." Jó está usando uma parábola para explicar que ele foi colocado naquela miséria e lugar de humilhação por causa de Deus, expressando o desespero de seu coração. Se ele tivesse falado dos seus sentimentos diretamente, seus amigos o teriam repreendido. Por isso ele está falando por meio de parábola.

Jó diz que Deus lhe tirou os direitos. Quando uma pessoa, com autoridade e poder, tira os bens de alguém, vê-se obviamente que ela é má. Jó está dizendo que Deus tirou a sua justiça, algo que ele considera precioso como sua própria vida.

Jó também diz que Deus deu amargura à sua alma, e a alma de alguém é a sua vida. Por que ele diz que Deus lhe tirou os direitos? Ele acha que viveu uma vida reta seguindo sua consciência, mas Deus o amaldiçoou e castigou. Ele está falando o quanto esse fato lhe dói.

Jó considerava dignidade e sabedoria como justiça. Portanto, uma vez que Deus tirou tais coisas dele, ele diz que agora ele é como qualquer homem mau.

2. Justiça é Crer e Agir

Então, o que é a verdadeira justiça?

Certa vez recebi uma carta de um membro da igreja dizendo: "Meus pais são bons. Eles não cometem pecados e vivem vidas justas." Os pais dela não eram cristãos e essa irmã dizia aquilo, porque não entendia o significado de justiça.

Moisés, Jeremias, Pedro e Paulo só fizeram coisas boas, mas, ainda assim, houve vezes em que foram perseguidos. No entanto, eles não expressaram nenhuma maldade.

Quando Estêvão pregou o evangelho, as pessoas o apedrejaram. Se ele tivesse agido como Jó, ele teria dito: "Deus, como pode o Senhor deixar isso me acontecer? Preguei as boas novas e Tu sequer me protegeste! Por que ser apedrejado por essas pessoas más? Isso é justo?" Mas Estêvão nunca disse nada parecido; apenas orou sobre seus joelhos dizendo: "Por favor, perdoe-lhes", e morreu.

Deus diz que não há nenhum justo na terra. Ninguém nasce justo. Entretanto, quando cremos, aceitamos Jesus como nosso Salvador, e recebemos o Espírito Santo. Então a vida espiritual nos é concedida e podemos ficar cada vez mais espirituais, deixando o espírito nascer através do Espírito Santo. Isso quer dizer que, através do processo de santificação, nos livramos dos atributos da carne e nos tornamos espiritualmente bons e justos. É por isso que a Bíblia: *"Pois com o coração se crê para a justiça, e com a boca se confessa para a salvação"* (Romanos 10:10).

Os justos não odeiam, amaldiçoam ou reclamam; mas

perdoam e amam. Isso em si se torna a justiça. Justiça é crer na palavra de Deus e praticá-la como ela é.

A justiça que Jó conhecia era a justiça sem ação. Olho por olho e dente por dente, que é o que a Lei do Velho Testamento ensina, e essa não pode ser a verdadeira justiça.

Se alguém o esbofetear no lado direito do rosto, a verdadeira vontade e justiça de Deus é que você ofereça o outro lado. Se alguém o obrigar a andar uma milha com ele, vá duas. A vontade e justiça de Deus é que perdoemos, entendamos e até mesmo ofereçamos nossas próprias vidas a favor dos outros. Essa é a verdadeira justiça.

Considerando Jó espiritualmente, ele não tinha justiça. Apesar de seus amigos o aconselharem com boas palavras, ele não conseguia suportá-las e acabava discutindo. Isso não é justiça, mas maldade.

Aqueles que não creem em Deus não têm a qualificação básica para conseguir discutir sobre justiça. Uma vez que Deus nos deu o Seu único Filho para nos redimir de nossos pecados e nos levar à salvação, o maior pecado de todos é não aceitar o Senhor Jesus. Já a partir daí, aqueles que não creem em Jesus Cristo não conseguem viver em justiça e bondade.

Suponha que alguém entregou a vida por você. Então, mesmo que não dê para você entregar sua vida por essa pessoa, você, no mínimo, ser-lhe-á muito grato. Mas existem muitos que ignoram esse fato e continuam se dizendo bons. Se aqueles que não aceitaram Jesus Cristo acham que estão vivendo vidas justas e boas, seus pensamentos são como os dessas pessoas ingratas.

Quando Jó diz: "Tão certo como vive Deus, que me tirou o direito, que me negou justiça, e o Todo-Poderoso, que amargurou a minha alma", aqui 'alma' refere-se ao coração de Jó. Sua dor física era insuportável, mas a do seu coração não era menor. É por isso que ele está se queixando de Deus dizendo que Deus amargou sua alma. Jó está dizendo que mesmo tendo vivido uma vida justa, Deus lhe negou justiça e o fez sofrer no corpo e no coração.

Quando Jó usa a expressão 'Todo-Poderoso' ele está falando cinicamente de Deus. Os homens são criaturas emotivas. Quando Jó diz que Deus lhe negou justiça e amargou sua alma, essas expressões na verdade nos falam de seus sentimentos.

3. Jó Enfatiza Sua Integridade

Enquanto eu tiver vida em mim, o sopro de Deus em minhas narinas, meus lábios não falarão maldade, e minha língua não proferirá nada que seja falso (27:3-4).

"Enquanto eu tiver vida em mim, o sopro de Deus em minhas narinas." Por que Jó, de repente, diz algo assim? Ele quer mostrar que não está morrendo e consegue falar com força. Ele diz que o sopro de Deus ainda está nele.

Quando uma pessoa fala absurdos, outros podem dizer: "Você perdeu o juízo. Ficou completamente louco" e, assim, param de dar-lhe ouvidos.

Nesse ponto, Jó sente que está na mesma situação, pois seus amigos querem cada vez mais parar de dar-lhe ouvidos. É por isso que ele quer enfatizar que ainda está em perfeito juízo. Uma vez que ele já tinha falado que Deus lhe negou justiça e está amargurando seu coração, quanto ainda seus amigos podiam se opor a ele?

Jó quer continuar falando sobre como Deus é mau, mas se seus amigos não ouvirem, de nada adiantará. Assim, antes de Jó começar com sua tempestade de críticas contra Deus, ele enfatiza que está em juízo perfeito para obter a atenção de seus amigos.
Jó diz: "Meus lábios não proferirão maldade e minha língua não proferirá nada que seja falso." Ser mau é algo injusto; proferir algo falso é trapacear, enganar ou iludir os outros. Ser injusto, na opinião de Jó, é falar algo que não é fiel à verdade, isto é, é falar mentira. Falar algo falso é fabricar a verdade para fazer algo mau, sendo, portanto, algo pior do que ser injusto, proferindo maldade.

Jó diz que nunca falou injustamente, porque nunca havia passado ninguém para trás. A verdade, todavia, é que ele falava muitas coisas injustas e achava que estava apenas respondendo ao que seus amigos diziam. Se seus amigos o tivessem deixado sozinho, ele não teria dito aquelas coisas. É por isso que ele acha que as coisas que falou não foram injustas. A situação toda se dá, porque Jó era um homem carnal.

Espiritualmente, não suportar e odiar alguém é injustiça. Jó achava que não era injustiça odiar quem o odiava. No Velho Testamento, de acordo com a Lei, era justo retribuir olho por olho e dente por dente.
Deus deu esse tipo de Lei por causa do mau coração e mente das pessoas. No entanto, nos tempos do Velho Testamento, as pessoas não conseguiam circuncidar seus corações com suas próprias forças, mas nos tempos do Novo, o Espírito Santo veio e podemos fazê-lo com a Sua ajuda. Assim, podemos amar nossos inimigos.

4. A Inculpabilidade Carnal de Jó

Nunca darei razão a vocês! Minha integridade não negarei jamais, até a morte. Manterei minha retidão, e nunca a deixarei; enquanto eu viver, a minha consciência não me repreenderá (27:5-6).

Na verdade, Jó acha que ele não foi injusto em nada na sua vida, quando muito do que ele tem dito seja injustiça. Ele continua achando que é a única pessoa que é justa e fala a verdade ali. Além do mais, seus amigos lhe falaram que ele era mau, e ele jamais concordou com eles.

Como homem carnal, Jó não enganava as pessoas. Tentava falar só a verdade e foi reconhecido por Deus por não trapacear ou enganar os outros. Podemos ver que sua integridade na frase "até a morte" é falha, pois ele não diz: "Ainda que eu morra."

Se você fosse dizer algo parecido, você não diria: "Mesmo que eu morra, não abrirei mão da minha integridade"? O que poderemos fazer depois que morrermos, sem sabermos sobre a vida após a morte? Não teremos nenhum poder para fazermos o que quisermos, depois que morrermos.

Jó diz que tem integridade. O que ele quer dizer é que ele tem um coração perfeito e habita na verdade. Ele insiste em que está certo, pois pensa que 'olho por olho e dente por dente' já é uma boa atitude, já que está de acordo com a Lei.

Mas a verdadeira integridade aos olhos de Deus é não reagir com maldade, independente das circunstâncias, mas regozijar sempre e agradecer. Jó era um homem inocente e reto entre os homens. Espiritualmente, ele era mau, mas de um modo carnal, não tinha engano dentro de si, e assim nunca havia enganado nem trapaceado ninguém.

No entanto, aos olhos de Deus, Jó não era inocente. Deus ainda considerava suas obras como justas e, por isso, Deus permitiu as provações, para refinar Jó e fazê-lo ser perfeito. Isso é, Deus permitiu que a provação fizesse de Jó um homem espiritual. Não podemos ter a perfeita inocência ou justiça sem a paz com os outros. Precisamos nos livrar das coisas do nosso coração, que nos fazem pensar que somos justos e certos. Só quando temos paz com os outros, sem julgar ou condenar ninguém, e servimos as pessoas, de acordo com a palavra de Deus, é que podemos nos tornar pessoas espirituais.

Todos sabem que as pessoas se diferenciam no contexto de vida, educação e conhecimento; sem falar nas culturas e valores sociais que variam de país para país. É por isso que nunca devemos dizer que, se temos mais educação e conhecimento, a outra pessoa está errada.

Se a pessoa só fez o ensino fundamental e não tem habilidade suficiente para se expressar, devemos entender essas pessoas a partir do seu ponto de vista e jamais desprezá-la. Precisamos nos despojar desse tipo de arrogância. Quando formos para o céu, não seremos avaliados com base no conhecimento que acumulamos na terra, mas no tanto que cultivamos nosso espírito em nosso coração.

No capítulo 27, versículo 6, Jó diz: "Manterei minha retidão e nunca a deixarei; enquanto eu viver, a minha consciência não me repreenderá."

Jó diz que não vai abrir mão do que tem falado nas discussões. O seu ego é que está em jogo. A partir disso, podemos ver a sua persistência e convicção. Ele continua insistindo em estar certo. Quando alguém entra numa situação desconfortável, na maioria das vezes, a pessoa cede. Jó, entretanto, jamais cede.

Esse tipo de coração que não balança é bom. Quando alguém assim crê que algo está certo, a pessoa crê até o fim, sem balançar. Mas aqueles que não têm raízes profundas em sua crença, mudam seu modo de pensar frequentemente, dependendo das situações, pois suas mentes são enganosas e mutáveis.

Jó está falando corajosamente de sua vida e não se arrependerá de nenhum de seus dias, pois se apegou à justiça até a morte. Ele tinha um coração que guardava o que acreditava ser verdade, ainda que isso arriscasse sua própria vida. Ele nunca havia prejudicado ninguém, ajudava os pobres e dava força aos fracos.

Todavia, o que Deus realmente quer não é o que aparece, que é o corpo, mas é o coração, que é o âmago do espírito. É por isso que Ele permitiu que Jó passasse por provação.

5. O Coração Vingativo de Jó

Sejam os meus inimigos como os ímpios, e os meus adversários como os injustos! Pois, qual é a esperança do ímpio, quando é eliminado, quando Deus lhe tira a vida? (27:7-9)

No modo de pensar de Jó, ele era perfeito; mas nesses versículos podemos ver muitas palavras de inverdade saindo continuamente de sua boca. Jó diz que qualquer que se opuser a ele é mau e deseja que essa pessoa seja como os injustos.

Aqui, os 'injustos' está se referindo a algo que não pode e não deve acontecer, mas acontece. Para Jó, a repreensão e condenação de seus amigos era algo que não devia ter acontecido. Ele diz que é injusto se opor a ele, pois é uma coisa que nunca pode acontecer. Jó diz que é justo e que, quem se opõe a ele é mau. Contudo, uma vez que ele contradiz aqueles que se opõem a ele, ele também é injusto. Seus amigos não podiam deixar de ficar mais agressivos com ele. Inicialmente, haviam ido consolá-lo, mas com a atitude de Jó, suas atitudes começaram a mudar para pior. Jó também ficou pior por causa da atitude de seus amigos. A situação estava como um jogo empatado. Todos estavam na mesma e por isso estavam discutindo.

Para aquela discussão ter um fim, eles precisavam da verdade, para discernir entre o certo e o errado. Entretanto, eles não tinham o discernimento pela verdade, cada um insistia em que estava certo, exprimindo mais e mais maldade.

No versículo 8 vemos: "Pois, qual é a esperança do hipócrita [incrédulo], ainda que possa ganhar muito." Jó está começando a atacar seus amigos de forma indireta através da utilização da parábola. Ele não era hipócrita, mas agora se tornou um homem inútil.

Ele está insinuando que seus amigos eram hipócritas e que ganhavam muito. Se Jó tivesse dito isso diretamente, seus amigos se oporiam a ele fortemente; por isso ele está falando mal deles indiretamente com a parábola.

Jó tenta fazer com que seus amigos entendam que ninguém tem esperança, quando Deus lhe tira a vida.

Na essência, eis o que Jó está dizendo: "Sou justo, mas mesmo assim o Deus mau me fez ficar assim. Vocês são hipócritas e incrédulos, mas ganham muito. Mas vamos ver o que vai acontecer no final. Vocês e eu um dia vamos morrer. Todos seremos a mesma coisa no dia da morte."

Jó diz que tudo será a mesma coisa com todas as pessoas que morrerem, mas a morte da pessoa que tem vida e a morte da pessoa hipócrita serão diferentes, pois haverá céu ou inferno para o espírito. Em geral, aqueles que prezam pela justiça, aceitam sua morte corajosamente e com alegria, mas os incrédulos e hipócritas lidam com a morte com grande sofrimento. Aqueles que vivem, na justiça, não têm nada a temer antes da morte, enquanto aqueles que vivem vidas injustas a temem.

O versículo 9 diz: "Ouvirá Deus o seu clamor, quando vier sobre ele a aflição?"
Jó não está falando com base na verdade, mas em sua própria opinião. Deus diz em Salmo 50:15: *"e clame a mim no dia da angústia; eu o livrarei, e você me honrará."* Em outras palavras, se o pecador se arrepender de seus pecados, Deus lhe responderá.
Entretanto, a conclusão de Jó é que, como ele clamou a Deus e não obteve resposta, então o mesmo acontecerá com os outros também.

6. Jó Ensina no Lugar do Todo-Poderoso

Terá ele prazer no Todo-poderoso? Chamará a Deus a cada instante? Eu os instruirei sobre o poder de Deus; não esconderei de vocês os caminhos do Todo-poderoso (27:10-11).

Jó está dizendo que uma pessoa tão justa como ele não

conseguiu agradar a Deus e estava passando por tribulações. Assim, como seus amigos poderiam agradar o Todo-Poderoso? Jó nunca tinha tido um encontro com Deus e também não sabia por que estava passando por aquelas provações. Ainda assim, ele está dizendo que ia instruir seus amigos!

Agora ele se tornou como Deus, ao dizer que ensinará a vontade do Todo-Poderoso. Podemos ter uma ideia de como essa discussão deve ter sido ridícula. Jó dizendo que ensinaria seus amigos sobre a vontade de Deus, baseado no que aprendeu de suas próprias experiências.

Hoje, muitas pessoas acham que aquilo que aprendem com livros e educação na escola sejam 'palavras de Deus' e, com esse conhecimento, julgam e condenam outros, seguindo 'as tradições dos mais velhos.' Até no tempo de Jesus, aqueles que conheciam a Lei muito bem, como o sumo-sacerdote, o sacerdote, escribas e fariseus, crucificaram Jesus.

Hoje, pastores e professores precisam entender claramente a palavra de Deus e pregá-la cuidadosamente. Se tiverem más interpretações e ensinarem algo errado, os crentes aprenderão algo errado e, consequentemente, se terá um cego guiando outro cego.

7. Mentes Incomplacentes

Eis que todos vós [já] vistes isso; por que pois vos desvaneceis na [vossa] vaidade? Eis qual será da parte de Deus a porção do homem ímpio, e a herança, [que] os tiranos receberão do Todo-poderoso: Se os seus filhos se multiplicarem, [será] para a espada, e os seus renovos

não se fartarão de pão. Os que ficarem dele, na morte serão enterrados, e as suas viúvas não chorarão (27:12-15) (Versão Almeida Revista e Corrigida 1969).

O que Jó está dizendo é: "Será que não veem que eu sou uma pessoa inocente e que Deus me atingiu com isso tudo sem motivo, fazendo-me sofrer e ser desprezado? E ainda me dizem para me arrepender e buscar a Deus! Vocês são tolos, não são não?"

Jó tentou entender Deus de uma maneira carnal. É por isso que ele reclama Dele, dizendo que Ele é um mau ditador. Por favor, não tenha o impulso de pensar que você não faria uma coisa dessas, mas examine-se.

Tiranos são pessoas muito violentas e cruéis. Por que Jó diz que os ímpios e tiranos têm de receber tais castigos de Deus?

Quando você vê pessoas más ou violentas, por um acaso pensa: "Espero que ele sofra um acidente ou algum tipo de desastre lhe ocorra"? As pessoas geralmente pensam que os maus têm de ser punidos pela sua maldade.

Jó tinha esse mesmo tipo de coração. Já expliquei que aqueles que não têm a verdade em seus corações pensam assim.

Os versículos 14-15 dizem: "Se os seus filhos se multiplicarem, [será] para a espada, e os seus renovos não se fartarão de pão. Os que ficarem dele, na morte serão enterrados, e as suas viúvas não chorarão."

Podemos ver a raiva de Jó. Mesmo os filhos dos ímpios e tiranos sendo muitos, ele os amaldiçoa dizendo que serão mortos pela espada e passarão fome. Jó tem o desejo até mesmo de destruir os filhos dos maus.

Aqui podemos ver o mau coração de Jó. Podemos entender suas dores severas e sofrimentos também, mas será que desejaríamos amaldiçoar os outros? Na verdade, esse é o caso da maioria das pessoas. Se as coisas dão errado para elas, elas desejam que os outros também sofram. A palavra de Deus nos diz para desejarmos o bem aos outros, mesmo se estivermos mal.

Na cabeça de Jó, ele está sofrendo, mesmo sendo justo. Assim, os ímpios deveriam sofrer muito mais! Ele está ensinando isso, enquanto tenta imaginar os possíveis sofrimentos dessas pessoas.

Ele diz que os que ficarem, os sobreviventes dos ímpios, morrerão e suas viúvas não chorarão. Jó não tem perdão. Ele está amaldiçoando todos os ímpios, desejando que sejam completamente destruídos.

No entanto, não é só o coração de Jó que é assim, mas também o profundo do coração da maioria das pessoas. Se um homem, tão honesto e reto como Jó, tinha esse tipo de coração, podemos imaginar que tipos de maldade podem ser expressas, se pessoas ordinárias enfrentarem as coisas que Jó enfrentou.

Ainda que ele acumule prata como pó e amontoe roupas como barro, o que ele armazenar ficará para os justos, e os inocentes dividirão sua prata (27:16-17).

Segundo seu próprio modo de pensar, Jó está dizendo que a prata e as roupas dos ímpios acumuladas devem ser dadas aos justos e inocentes.

Frequentemente ouvimos as pessoas dizerem coisas assim sobre quem é muito rico: "Ele deve ter explorado os pobres e acumulado essa riqueza. Ele deve ter conseguido isso tudo por meios ilegais. Portanto, é certo que distribua seus bens aos pobres."

Mas não é bem assim. Existem pessoas ricas que antes eram pobres, mas trabalharam duro e se tornaram ricas. Entre os ricos, também existem pessoas boas que gastam dinheiro com trabalhos sociais e de caridade.

Se nossas mentes realmente forem justas, jamais desejaremos algum mal aos outros, ainda que estejamos passando fome. Devemos querer receber somente por aquilo que trabalhamos para conquistar. Podemos ver que Jó não tinha um grande entendimento sobre a justiça e a retidão.

A casa que ele constrói é como casulo de traça, como cabana feita pela sentinela. Rico ele se deita, mas nunca mais o será! Quando abre os olhos, tudo se foi (27:18-19).

Jó está dizendo que a casa dos ímpios logo será destruída e desaparecerá. A cabana da sentinela é simplesmente um abrigo para uma estadia temporária. Pode ser derrubado por um simples vento mais forte.

Jó quer que a casa do rico caia rapidamente como a cabana da sentinela. É como dizer: "O invejoso se consome diante da prosperidade do seu vizinho." Ele não quer ver o ímpio rico, mas sim no chão.

Hoje, existem crentes que criticam e julgam os ricos, mas isso é maldade.

Pessoas boas que não desejam o sofrimento dos outros, vivem felizes. Para elas, ver pessoas más vivendo em pobreza e caminhando para o inferno é uma lástima. Assim, aqueles que são bons desejam que pessoas más tenham uma vida boa, pelo menos aqui na terra.

Lucas 15:8-10 diz: *"Ou, qual é a mulher que, possuindo dez dracmas e, perdendo uma delas, não acende uma candeia, varre a casa e procura atentamente, até encontrá-la? E quando a encontra, reúne suas amigas e vizinhas e diz: 'Alegrem-se comigo, pois encontrei minha moeda perdida.' Eu lhes digo que, da mesma forma, há alegria na presença dos anjos de Deus por um pecador que se arrepende."*

Assim como essa mulher procurou pela sua moeda de prata, quando diante de um homem mau, não devemos odiá-lo, mas ter amor por ele e orar para que ele possa se arrepender.

Deus não quer que (nem mesmo) os ímpios sofram como Jó está dizendo. Ele é compassivo e amoroso para com eles também.

Ele quer que retribuamos o mal com o bem, a fim de que a dor e o sofrimento desapareçam. Ainda que ou outros sejam muito maus, devemos pensar no fato de que irão para o inferno, se assim continuarem, amando-os ainda mais para salvá-los.

Pavores vêm sobre ele como uma enchente; de noite a tempestade o leva de roldão. O vento oriental o leva, e ele desaparece; arranca-o do seu lugar. Atira-se contra ele sem piedade, enquanto ele foge às do seu poder. Bate palmas contra ele e com assobios o expele do seu lugar (27:20-23).

Quando chove pesado ou há uma tempestade, podemos ver coisas serem destruídas de uma hora para outra. Jó está expressando o terror que virá repentinamente sobre os ímpios.

Quando as pessoas falam sobre os ímpios, elas dizem: "Os céus não vão deixar tal pessoa em paz. Quem poderia perdoar uma pessoa assim?" Já expliquei como esse tipo de conversa é maldoso. Deus não ataca e pune simplesmente todas as pessoas más.

Deus é paciente até com os maus, para que possam se arrepender. Mesmo aqueles filhos que creem em Deus, se viverem em injustiça, Deus lhes dará oportunidades, para se darem conta de seus atos e mudarem de atitude, através de castigos de refinamento.

O versículo 23 diz: "Bate palma contra ele e com assobios o expele do seu lugar." Jó está dizendo que as pessoas se regozijarão, quando os maus enfrentarem desastres e sofrerem.

Contudo, esse tipo de coração é mau e não é o coração de alguém justo. Se gostamos de ver algo ruim e nos alegramos, não temos nada que nos diferencie das pessoas más. O coração do bondoso e justo é o perdão. No livro de Gênesis, José, o décimo primeiro filho de Jacó, perdoou e serviu seus irmãos, que o tinham vendido como escravo.

José, o noivo de Maria, também tinha um coração bom, que perdoava. Quando sua noiva se engravidou, ele, obviamente, só podia pensar que ela houvesse cometido adultério, pois nunca havia se deitado com ela.

Pela Lei, era para ela ser apedrejada até a morte. No entanto, José não discutiu isso com outras pessoas, nem quis apedrejá-la. José tinha um coração bom e puro; e simplesmente perdoou-lhe, querendo apenas deixá-la, sem alarde.

Capítulo 28
O Discurso Metafórico de Jó para Explicar a Sabedoria de Deus

1. A Diferença Entre o Questionamento Espiritual e o Físico
2. Chamas Ardentes Sob o Chão
3. O Propósito de Jó ao Falar Sobre a Origem da Sabedoria e Entendimento
4. Jó Defende Sua Inocência

"Existem minas de prata e locais onde se refina ouro. O ferro é extraído da terra, e do minério se funde o cobre. O homem dá fim à escuridão e vasculha os recônditos mais remotos em busca de minério, nas mais escuras trevas" (Jó 28:1-3).

1. A Diferença Entre o Questionamento Espiritual e o Físico

> Existem minas de prata e locais onde se refina ouro. O ferro é extraído da terra, e do minério se funde o cobre. O homem dá fim à escuridão e vasculha os recônditos mais remotos em busca de minério, nas mais escuras trevas. Longe das moradias ele cava um poço, em local esquecido pelos pés dos homens; longe de todos, ele se pendura e balança (28:1-4).

Até agora, Jó tem explicado que os ímpios devem ser amaldiçoados. Então, por que ele começa de repente a falar sobre prata, ouro, ferro e cobre?

Ele fez o que pôde para explicar as coisas que queria aos seus amigos, mas sentiu que não deu muito certo – eles simplesmente não lhe deram ouvidos. Uma vez que ele viu que seus amigos não respondiam ao que ele falava, ele começou com um monólogo. Ele simplesmente fala, quer os outros o estejam ouvindo, quer não.

Prata, ouro, ferro e cobre são de fato muito importantes na vida humana. São produzidos pelo homem, não por animais.

Para entendermos o significado desses versículos, temos de entender por que Jó está falando isso.

Na cabeça de Jó, as coisas que mais estão associadas aos seres humanos são a prata, o ouro, o ferro e o cobre, usados por eles para fazer as coisas. Obviamente, para serem usados pelas pessoas, esses minerais têm de vir de algum lugar.

Com a prata, ouro, ferro e cobre, Jó pretende falar sobre origem. Como há um lugar de onde esses minerais se originam, e como os homens cavam e os retiram da terra, o ser humano precisa continuar o desenvolvimento da ciência e civilização.

Se o homem não tivesse desenvolvido materiais que fossem úteis a ele, o avanço da civilização, que vivemos hoje, não teria sido possível. Da mesma forma, devemos conhecer a Deus, que é a nossa origem. Como senhores de todas as criaturas, temos de pensar a respeito de onde viemos, para que vivemos e para onde estamos indo.

O versículo 3 diz: "O homem dá fim à escuridão e vasculha os recônditos mais remotos em busca de minério, nas mais escuras trevas [e na escuridão]." Ao dizer que o homem vasculha os recônditos mais remotos, ele quer dizer que o homem investiga continuamente, procura e estuda as coisas. Ele tem sido capaz de caminhar para frente, desenvolvendo as ciências de hoje.

'Escuridão' é a ausência de luz na noite, com céus nublados. Refere-se a um lugar ou condição sombria. E 'escuras trevas' refere-se às coisas profundas e obscuras das trevas.

Ao categorizar as trevas em escuridão e escuras trevas, Jó faz distinção entre as duas coisas, pois é um homem sábio e quer que seus amigos saibam dessa diferença.

"Trevas" em inglês é um termo genérico para vários graus de ausência de luz. Aqui, no entanto, trevas é chamada de 'escuridão' sobre o chão, e sob o chão é chamada de escuras trevas.

Jó está falando sobre o processo de produção da prata, ouro, ferro e cobre. As pessoas têm de achar os metais em meio às trevas e escuras trevas e, com a fusão dos minérios, é que obtêm a prata, ouro, ferro e cobre.

Mesmo com o desenvolvimento da ciência hoje, ainda precisamos nos esforçar muito para conseguir esses metais. Os metais de que precisamos podem ser encontrados na escuridão, mas se quisermos encontrar Deus, só na luz. Só O podemos achar, se estivermos na bondade da palavra da verdade.

Precisamos de muita mão-de-obra para obter certas coisas físicas como metais. Para obtermos as coisas espirituais, devemos ser capazes de aceitar nosso refinamento com alegria.

O versículo 4 diz: "Longe das moradias ele cava um poço, em local esquecido pelos pés dos homens; longe de todos, ele se pendura e balança."

Há muito tempo atrás, para se obter prata e ouro das minas, as pessoas tinham de ir para lugares distantes de suas casas. Precisamos cavar fundo na terra para conseguir carvão e ir às profundezas para conseguir petróleo no mar. Enquanto os mineradores vão descendo pelas minas, eles se balançam pra lá e pra cá.

Nos tempos de Jó, as pessoas não tinham bons recursos como hoje. Muitas vezes ficavam suspensas nas minas e elas desmoronavam. Até hoje, com tecnologia tão sofisticada e instrumentos, precisa-se enfrentar diversos perigos nas minas.

2. Chamas Ardentes Sob o Chão

A terra, da qual vem o alimento, é revolvida embaixo como que pelo fogo (28:5).

A superfície da terra possui vegetação que brota, cresce,

floresce e dá fruto. Mas debaixo da crosta, dentro da terra, está cheio de fogo. Jó era um homem muito sábio para entender esse fato, há milhares de anos. Foi só nos tempos modernos que a ciência veio a descobrir que há fogo no interior da terra.

A ciência de hoje descobriu a crosta terrestre, o manto superior e o manto inferior, e o núcleo exterior e inferior. A crosta é a superfície da terra e possui uma espessura média de 35 km. É relativamente leve e é a camada rochosa. Os 2.900 km do manto ficam entre a crosta e o núcleo exterior, e ele é composto por rocha de silicato derretida, que é rica em ferro e magnésio, tornando o manto relativamente denso em comparação à crosta acima dele. É a camada mais grossa da terra e compõe cerca de 80% do volume total do planeta.

Abaixo do manto está o núcleo. Medidas sísmicas mostram que o núcleo é dividido em duas partes: a interior, que é sólida e possui raio de 1220 km; a exterior, que é como o plástico e possui um raio de 3400 km. A parte sólida foi descoberta em 1936 por Lehmann e acredita-se que ela é composta por principalmente ferro e níquel.

A temperatura do núcleo interior é de aproximadamente 6.000°C, que é aproximadamente a temperatura da superfície do sol. Mas devido à alta pressão, sua forma é sólida. O núcleo exterior possui temperatura semelhante, mas uma pressão menor possibilita que esteja em estado líquido. No geral, às vezes vemos erupções vulcânicas e lava com mais de 1000°C sendo cuspida.

Todas essas coisas juntas formam a terra e viabilizam o melhor ambiente possível, para que os seres vivos deem continuidade à sua existência.

Da mesma forma, podemos ter vida e ir para o reino dos céus, graças ao Espírito Santo em nós. Quando aceitamos Jesus Cristo, Deus nos dá o dom do Espírito Santo. Quando Ele entra em nós, nosso espírito, que havia morrido por causa do pecado de Adão, é revivificado.

Uma vez que o Espírito Santo nos convence do pecado, da justiça e do juízo, conseguimos nos despojar de pecados, viver em justiça e ir para o reino celestial.

Costumamos falar do 'Fogo do Espírito Santo.' Falamos até que recebemos esse 'fogo.' Isso quer dizer que quando recebemos o Espírito Santo e seguimos Seus desejos, podemos ter vida digna e seguir o caminho da vida eterna.

Das suas rochas saem safiras, e seu pó contém pepitas de ouro. Nenhuma ave de rapina conhece aquele caminho oculto, e os olhos de nenhum falcão o viram. Os animais altivos não põem os pés nele, e nenhum leão ronda por ali (28:6-8).

Algumas rochas contêm ouro. Quando trituramos essas rochas e as colocamos na água, o ouro afunda. Para encontrar ouro, precisamos primeiro achar sua mina. Nas minas também encontram-se safiras.

Os olhos do falcão são atentos e eficazes, e eles podem ver até mesmo pequenos animais de grandes alturas. Quando o falcão voa alto e vê uma presa, rapidamente desce e a captura com suas garras.

Mas nem esses temerosos pássaros podem ver as pedras preciosas nas rochas. Espiritualmente, significa que ainda que tenhamos olhos, não conseguimos ver o caminho da salvação, a menos que o Espírito Santo abra nossos olhos espirituais. Existem histórias de bênçãos tremendas na Bíblia, mas não as conseguimos de fato entender se tivermos ganância.

Até os animais majestosos como tigres, leões, elefantes e ursos não veem que há ouro no pó. Mesmo se virem o ouro, jamais saberão que os homens o têm como precioso.

É o mesmo com o ser humano. Ainda que tenham fama, conhecimento e autoridade social, não conseguem ver o tesouro na Bíblia. Nunca poderemos ser salvos através do conhecimento, riqueza ou fama. Só recebemos a salvação, quando abrimos a porta do nosso coração e aceitamos a verdade, com a ajuda do Espírito Santo.

O gavião e o falcão no ar, mesmo majestosos como são, não conseguem vivenciar ou ter alguma ideia do que seja a beleza.

O homem tem espírito, alma e corpo; e os animais têm apenas alma e corpo. Só os seres humanos têm espírito. Através do espírito podemos encontrar Deus e ter experiências com Ele.

> **As mãos dos homens atacam a dura rocha e transtornam as raízes das montanhas. Fazem túneis através da rocha, e os seus olhos enxergam todos os tesouros dali. Eles vasculham as nascentes dos rios e trazem à luz coisas ocultas (28:9-11).**

Com o conhecimento que têm, o homem pode derrubar rochas e até remover montanhas e montes, a fim de construir estradas. Ele leva pedras da montanha para preencher o mar e dali faz surgir terra firme. Ele pode represar rios e riachos para formar lagos. Os humanos são diferentes das bestas, pois, com conhecimento, podemos fazer todas as coisas.

Assim, o que acontece é que quando Deus, que é a origem do conhecimento e sabedoria, está conosco, podemos fazer qualquer coisa. Os homens sabem como extrair ouro e pedras preciosas, mas o que realmente precisamos extrair é a verdade. As pedras dessa terra, no fim das contas, são insignificantes. Precisamos extrair as coisas mais preciosas: as gemas eternas da Bíblia, fazendo dela nosso pão espiritual vital.

3. O Propósito de Jó ao Falar Sobre a Origem da Sabedoria e Entendimento

Onde, porém, se poderá achar a sabedoria? Onde habita o entendimento? O homem não percebe o valor da sabedoria; ela não se encontra na terra dos viventes. O abismo diz: 'Em mim não está'; o mar diz: 'Não está comigo' (28:12-14).

Jó tem acusado Deus de mau, mas de repente parece estar glorificando-O. Contudo, ao lermos a passagem completamente, podemos entender o propósito atrás da fala de exaltação de Jó a Deus. Suas palavras não são bem para glorificar a Deus, mas são parte de sua estratégia para forçar seus amigos a admitirem que ele está certo.

Jó tem tentado persuadir seus amigos, discutindo com eles com todo o conhecimento que tinha, mas eles não aceitavam o que ele dizia. Assim, Jó está dando um tempo para perguntar sobre a origem da sabedoria e do entendimento.

O dicionário *The Cambridge Advanced Learner's Dictionary* define sabedoria como "a habilidade de usar seu conhecimento e experiência para tomar boas decisões e fazer bons julgamentos." É o profundo conhecimento para entender as coisas com inteligência, juízo e discernimento corretos. A origem da sabedoria e do entendimento é Deus. Existem dois tipos de sabedoria: a sabedoria carnal, que vem do homem, e a sabedoria espiritual, que se origina e é dada por Deus.

Aqueles com temor reverente a Deus podem receber a sabedoria espiritual. Exemplos de tais pessoas são Abraão, José, Davi, Salomão e Daniel. Eles serviram a Deus com bons corações e governaram sobre suas nações, guiando o povo com a sabedoria dada por Deus.

A sabedoria de Deus pode transformar as pessoas. Pode derreter o coração endurecido e transformar maldições em bênçãos e alegria.

Embora Jó fosse um homem sábio, temos visto que, devido aos seus sofrimentos, estava sendo impossível ele persuadir seus amigos de qualquer coisa que dissesse. Não apenas seus amigos, mas sua esposa, servos e vizinhos zombavam dele e o tratavam com desprezo. O fim da sabedoria humana é trágico como vemos na vida de Jó.

O versículo 13 diz: "O homem não percebe o valor da sabedoria; ela não se encontra na terra dos viventes."

Jó era sábio e conseguia entender as coisas rapidamente. Ele era um homem rico, amável e generoso. Basicamente, não lhe faltava nada. Era uma pessoa que podia confiar em sua sabedoria. Ele também entendia a origem da sabedoria, sabendo que ela tinha um valor maior que a riqueza, fama ou autoridade social. Ele entendia que, com a sabedoria original, ele podia ter o que quisesse.

Mas a sabedoria de Jó era carnal, e ele não conseguiu resolver seus problemas pessoais com ela. Ele pensava que ninguém era mais sábio do que ele: "O homem não percebe o valor da sabedoria; ela não se encontra na terra dos viventes."

Quando o fundo do mar se move e há uma grande onda, ela pode destruir o quebra-mar ou fazer prédios desmoronarem. Seu poder é tremendo. Mas mesmo neste mar com águas abundantes e profundas não conseguimos achar sabedoria.

A sabedoria de Deus não pode ser comprada. Não há conhecimento, dinheiro, fama ou autoridade social que a podem reivindicar. Ela só pode ser obtida através da fé verdadeira.

Jó também tinha esse tipo de pensamento. Ele achava que era um homem sábio e que persuadir seus amigos seria algo fácil. Contudo, ninguém lhe deu ouvidos. Até seus servos o trataram com desprezo e o deixaram. Jó contemplou todas as coisas que lhe aconteceram. Eventualmente, se perguntou de onde a sabedoria vem e chegou à conclusão de que a origem da sabedoria é Deus.

Não pode ser comprada, mesmo com o ouro mais puro, nem se pode pesar o seu preço em prata. Não pode ser comprada nem com o ouro puro de Ofir, nem com o precioso ônix, nem com safiras. O ouro e o cristal não se comparam com ela, e é impossível tê-la em troca de joias de ouro. O coral e o jaspe nem merecem menção; o preço da sabedoria ultrapassa o dos rubis. O topázio da Etiópia não se compara com ela; não se compra a sabedoria nem com ouro puro! De onde vem, então, a sabedoria? Onde habita o entendimento? (28:15-20)

Jó faz menção de muitas preciosidades. O cristal também

custava caro naquele tempo. Ele está fazendo uma lista de pedras preciosas e comparando-as com o valor da sabedoria. Ele quer dizer que aquelas pedras preciosas não podem ser comparadas com o valor da sabedoria. Pedras preciosas mostram os luxos e prosperidade valorizados pelas pessoas. Os ricos se adornam com joias assim.

Mas, as gemas mais preciosas são as espirituais. Isso ocorre se nos despojarmos de todas as formas de maldade, se nos santificarmos e sermos abençoados na saúde e em todas as áreas da vida. Se a nossa alma prospera, nós também prosperamos.

Os versículos 19-20 dizem: "O topázio da Etiópia não se compara com ela; não se compra a sabedoria nem com ouro puro! De onde vem, então, a sabedoria? Onde habita o entendimento?"

Com a repetição, Jó está enfatizando o que já disse antes. São muitas as coisas que não conseguimos fazer com dinheiro, mas se nos santificarmos e recebermos a sabedoria de Deus, então nada nos será impossível.

Se nos livrarmos de toda forma de maldade e seguirmos os desejos do Espírito Santo, seremos santificados. Teremos um coração cheio de paz, mansidão, moderado e cheio de misericórdia e bons frutos. Coração que não oscila e sem hipocrisia (Tiago 3:17). Assim, o Espírito Santo pode controlar o nosso coração cheio de verdade. Nosso coração se transforma em um coração como o do Senhor, cheio dos frutos do Espírito. Agora Ele pode controlar nosso coração.

Então, se pedirmos a Deus sabedoria, o Espírito Santo, que sonda até as coisas mais profundas de Deus, moverá a verdade em nosso coração e assim poderemos ter a sabedoria do alto.

4. Jó Defende Sua Inocência

Escondida está dos olhos de toda criatura viva, até das aves dos céus. A Destruição e a Morte dizem: 'Aos nossos ouvidos só chegou um leve rumor dela.' Deus conhece o caminho; só ele sabe onde ela habita, pois ele enxerga os confins da terra e vê tudo o que há debaixo dos céus (28:21-24).

'Toda criatura viva' é uma referência a todas as plantas e animais. Jó disse: "escondida está dos olhos de toda criatura viva, até das aves dos céus" porque assim expressaria a autoridade de Deus. Ele quer dizer que Deus predestinou e estabeleceu limites para todas as coisas.

'Destruição (Abadon) e Morte' aqui não se referem apenas à morte em si. Quando a pessoa perde tudo que tem, é como se tivesse morrido. É por isso que Jó diz que o seu caso é também de Destruição e Morte.

Jó ainda respirava, mas tudo que possuía foi destruído e ele, inclusive, também ia andando para a morte. É por esse motivo que ele disse: 'Destruição e Morte.' Ele quer dizer que ele não pode escapar do caminho da morte, pois Deus o predestinou assim.

Os versículos 23-24 dizem: "Deus conhece o caminho; só ele sabe onde ela habita, pois ele enxerga os confins da terra e vê tudo o que há debaixo dos céus." Jó quer dizer que Deus é o dono de todas as coisas, que Ele também conhece o caminho delas e decide tudo.

'Caminho' significa o caminho pelo qual a sabedoria vem. 'Ele enxerga os confins da terra' significa que Deus sabe de todas as coisas, pois destinou tudo. Jó fala de uma soberania dogmática, mas o que ele diz não é verdade.

Quando ele determinou a força do vento e estabeleceu a medida exata para as águas, quando fez um decreto para a chuva e o caminho para a tempestade trovejante (28:25-26).

Jó está dizendo que trovões e relâmpagos estão todos dentro da predestinação de Deus. Ele quer dizer que, embora fosse um homem justo, estava sofrendo por causa da predestinação de Deus.

Ao contrário do que Jó falou, Deus conhece todas as necessidades do homem e nos deu o melhor ambiente para vivermos na Terra. Ele estabeleceu limites, para que todas as coisas do universo se movam em perfeita harmonia, a fim de dar ao ser humano as melhores condições de vida. Ele estabeleceu limites no tanto de água, na força dos ventos e para tudo mais que existe.

Deus estabeleceu os trovões e relâmpagos, e estas são as leis par que a chuva seja produzida. Esta é a lei natural para os homens.

Jó está dizendo que Deus estabeleceu tudo segundo Seu próprio querer e para seu próprio benefício. Ele está dizendo que Deus controla tudo como bem entende – mais uma vez está dizendo que Deus é mau e ele é bom.

A natureza está sendo destruída e poluentes surgiram com o desenvolvimento da ciência, indústria e tecnologia. Através dos homens maus, o clima do planeta tem mudado. Quando uma explosão nuclear acontece, por exemplo, a direção dos ventos e deslocamento de nuvens são alterados, interferindo na ordem natural das coisas. Ocorrências naturais não são mais as mesmas do passado, e a ordem natural parece estar sendo forçada a ir além dos limites criados por Deus.

Mas, mesmo todas essas coisas acontecendo dentro dos limites permitidos por Deus, jamais poderão sair dos moldes criados por Ele, isto é, não conseguimos exceder esses moldes completamente, porque Deus estabeleceu limites para tudo na existência do homem.

...Ele olhou para a sabedoria e a avaliou; confirmou-a e a pôs à prova. Disse então ao homem: "No temor do Senhor está a sabedoria, e evitar o mal é ter entendimento" (28:27-28).

No temor do SENHOR está a sabedoria, pois o próprio Deus é a origem dela. Se temermos a Deus, Ele nos inspirará e guiará.

Provérbios 8:13 diz: *"Temer o SENHOR é odiar o mal; odeio o orgulho e a arrogância, o mau comportamento e o falar perverso."* E Provérbios 9:10 diz: *"O temor do SENHOR é o princípio da sabedoria, e o conhecimento do Santo é entendimento."*

Temer é obedecer. Se temermos a Deus, então obedecemos à Sua palavra. À medida que vivemos pela Sua palavra, nos despojamos do que ela diz para nos despojarmos, guardamos o que ela diz para guardarmos, fazemos o que ela diz para fazermos e não fazemos o que ela diz para não fazermos. Dessa forma, naturalmente nos afastamos da maldade e nossas almas prosperam.

Deus sempre esteve com aqueles que tinham temor Dele

como Davi, José e Daniel, guiando-os à prosperidade em todas as coisas.

Enfim, evitar o mal é ter entendimento. Se nos afastarmos da maldade, teremos a boa sabedoria e bons pensamentos, que nos farão ter uma compreensão clara de todas as coisas.

Capítulo 29
Jó Rememora Seu Passado

1. Recordando a Felicidade do Passado
2. Bondade Carnal e Bondade Espiritual
3. Jó Fala Sobre Estar em uma Alta Posição
4. Jó era Estimado como um Rei

Um Homem Justo e Íntegro se Aproximando de Deus

"Eu pensava: 'Morrerei em casa, e os meus dias serão numerosos como os grãos de areia. Minhas raízes chegarão até as águas, e o orvalho passará a noite nos meus ramos. Minha glória se renovará em mim, e novo será o meu arco em minha mão'" (29:18-20).

1. Recordando a Felicidade do Passado

Jó prosseguiu sua fala: "Como tenho saudade dos meses que se passaram, dos dias em que Deus cuidava de mim, quando a sua lâmpada brilhava sobre a minha cabeça e por sua luz eu caminhava em meio às trevas!" (29:1-3)

Jó está se lembrando do passado, quando Deus estava com ele. 'Meses que se passaram' quer dizer muito tempo. Quando as pessoas sofrem elas reclamam, mas, quando param de reclamar por um momento, lembram-se de seu passado.

'Quando a sua lâmpada brilhava sobre a minha cabeça' quer dizer que, antes, mesmo quando Jó estava no vale da morte e na escuridão, Deus estava com ele e nada eram trevas. Significa que ele era tão confiante que não tinha medo da escuridão.

Como tenho saudade dos dias do meu vigor, quando a amizade de Deus abençoava a minha casa, quando o Todo-poderoso ainda estava comigo e meus filhos estavam ao meu redor, quando as minhas veredas se embebiam em nata e a rocha me despejava torrentes de azeite (29:4-6).

'Dias do meu vigor' é quando ele era forte, próspero e tinha tudo em abundância. Ele diz que naqueles tempos tinha a amizade de Deus sobre si, sua família e seu trabalho.

Amizade é compartilhar o nosso coração e amor em uma relação prazerosa. Jó está se lembrando de quando ele estava perto de Deus, oferecendo-Lhe sacrifícios e tendo um sentimento de amizade para com Ele.

Ao mesmo tempo que Jó agora reclamava de Deus e O acusava de ser um Deus mau, ele reconhecia que suas bênçãos do passado tinham sido dadas por Ele. Mesmo com todo o sofrimento pelo qual estava passando, ele não se esqueceu disso, mas ainda reconhecia a soberania de Deus.

No versículo 5, Jó diz que Deus estava com ele no passado e uma prova disso é que seus filhos viviam com ele. Contudo, agora, uma vez que Deus o deixou, tanto sua riqueza como seus filhos também desapareceram.

No versículo 6, Jó fala sobre a prosperidade que tinha, quando Deus estava com ele. Quando ele fala como sua vida era abundante, ao dizer que 'suas veredas se embebiam em nata', quer dizer que sua riqueza era tanta, que transbordava como o jorrar de petróleo.

Jó está rememorando, mas devemos entender que jamais dizemos que um passado em que não acreditávamos em Deus era melhor. Deus não provê só coisas boas para aqueles que creem e anseiam por Ele; mas às vezes nos guia em meio a provações de refinamento, para que possamos ser respondidos, tenhamos nossa fé fortalecida e sejamos levados à perfeição. Se simplesmente dermos aos nossos filhos o que pedirem e aceitarmos qualquer comportamento que tiverem, porque os amamos, eles crescerão egoístas, ingratos e incontroláveis. Não terão disciplina e não saberão o que é serviço ou o que é servir aos pais. Devemos elogiar nossos filhos, quando merecerem, mas, quando tivermos de repreendê-los, que o façamos, para que os disciplinemos apropriadamente e eles possam crescer bem.

> **Quando eu ia à porta da cidade e tomava assento na praça pública; quando, ao me verem, os jovens saíam do caminho, e os idosos ficavam em pé; os líderes se abstinham de falar e com a mão cobriam a boca. As vozes dos nobres silenciavam, e suas línguas colavam-se ao céu da boca (29:7-10).**

Jó está falando da posição social que tinha, quando era rico, e sua vida prosperava em todas as áreas. Ele tinha grande autoridade e abundantes riquezas. Tinha tanto poder, influência e autoridade que podia ter um assento só para ele na praça.

Podemos ver como sua autoridade era grande, quando ele diz: "os jovens saíam do caminho, e os idosos ficavam em pé." Suponha que o presidente de um país esteja passando em uma cidade. As crianças podem tentar vê-lo, mas tentando se esconder de suas vistas. Já com um mendigo, elas devem segui-lo abertamente e zombar dele. Ao vermos que os jovens saíam do caminho (se escondiam), entendemos que a posição de Jó era alta e nobre. Os idosos se levantando significa que eles também o reconheciam, lhe davam boas vindas e o serviam.

No versículo 9, Jó nostalgicamente diz que até os líderes ficavam calados diante dele e os nobres se silenciavam com suas línguas, colando-as no céu da boca. Jó está dizendo que ele era um exemplo, seguido pelas pessoas, e que era muito respeitado.

No entanto, Jó, que outrora era respeitado e tão estimado, veio a cair em um estado tão miserável e tornou-se objeto de perseguição. Ele também começou a lamentar e se queixar muito de seus sofrimentos e dores causados pelas feridas em seu corpo. Agora, está sendo revelado que, embora ele ajudasse os outros e vivesse uma boa vida antes, ele não era bem diferente de seus amigos. Não sendo diferente de seus amigos, os atos de bondade e gentileza que Jó exibia não eram perfeitos como pareciam.

Nós, que somos crentes em Deus, não devemos respeitar os outros só considerando coisas como honra, autoridade ou conhecimento. O que mais devemos valorizar é a verdade de suas almas. O verdadeiro valor é a verdade em si. A verdade nunca muda. Portanto, devemos amar e dar valor àqueles cujos corações não oscilam, independente da provação ou circunstância.

2. Bondade Carnal e Bondade Espiritual

Pois o ouvido que me ouvia, chamava-me bem-aventurado; E o olho que me via, dava testemunho de mim, Porque eu livrava ao pobre que gritava, E ao órfão que não tinha quem o socorresse. A bênção do que estava a perecer vinha sobre mim, E eu fazia que o coração da viúva cantasse de alegria (29:11-13) (Sociedade Bíblica Britânica).

No passado, Jó havia sido louvado, amado e respeitado pelos outros. Eles o abençoavam. Mas agora sua situação era completamente o oposto. Assim, você pode começar a ter uma ideia de como ele devia estar triste e amargurado!

Não devemos apontar o dedo para aqueles que estão tristes, mas sim dar-lhes conforto, conselho e esperança. Não quero dizer, todavia, que temos de confortar quem peca, mas devemos ajudar e confortar aquele que já se arrependeu de seus pecados.

Certa vez, Jó ajudava os pobres e se importava com os órfãos diligentemente. "A bênção do que estava a perecer vinha sobre mim" significa que pessoas que estavam perecendo sabiam que Jó iria ajudá-las. É por isso que elas o abençoavam. Jó diz: "E eu fazia que o coração da viúva cantasse de alegria", porque ele resolvia os problemas financeiros e dificuldades das viúvas.

Para crentes, o trabalho de verdade não está apenas na ajuda aos pobres, órfãos e viúvas. Isso é algo óbvio, o que todo filho de Deus deve fazer. Se é um mandamento de Deus, como podemos dizer que o simples fato de obedecer-lhe é fazer 'boas obras'? Atos de bondade e verdadeiro amor espiritual são perdoar até nossos inimigos e ajudá-los. O simples fato de ajudar os pobres não implica bem em demonstrar amor verdadeiro e fazer boas obras, mas é um dever dos crentes, algo que eles têm de fazer por obrigação.

Jó não ajudava as viúvas e pobres espiritualmente, mas só fisicamente. As pessoas ficavam gratas naquele momento, pela ajuda física, mas se a ajuda não tivesse continuidade, eventualmente reclamariam de quem as ajudou.

Além do mais, aqueles que ajudam os outros devem ajudar apenas com suas boas consciências. Não devem criticar quem ajudou no passado como Jó, dizendo: "Quando eu tinha uma boa posição, eles me respeitavam, mas agora me desprezam."

Algumas pessoas recebem ajuda só se elas forem beneficiadas, mas se as coisas se tornarem desfavoráveis a elas, passam a odiar e trair quem as ajudou. Jamais podemos ser como essas pessoas. Os filhos de Deus precisam se livrar desse tipo de mente e de coração enganoso e oscilante. Temos de nos despojar da busca dos nossos próprios desejos e mentes, que variam de acordo com a vantagem que podemos ou não receber. Com mentes assim, como podemos estar diante do nosso Noivo, Jesus Cristo, que é inocente e sem pecado?

> **A retidão era a minha roupa; a justiça era o meu manto e o meu turbante. Eu era os olhos do cego e os pés do aleijado. Eu era o pai dos necessitados, e me interessava pela defesa de desconhecidos. Eu quebrava as presas dos ímpios e dos seus dentes arrancava as suas vítimas (29:14-17).**

Usar roupas é algo natural para as pessoas. Aqui, defendendo o seu lado, Jó explica que viviam em justiça, de tal forma que era como se a sua roupa fosse a retidão. Ele está se recordando de como ele agia justamente.

Jó diz que a sua justiça era como o seu manto e turbante – o que isso quer dizer?

O manto, ou túnica, é algo usado com propósitos oficiais ou quando as pessoas visitam umas às outras. Portanto, sua justiça ser o seu manto significa que ele sempre seguiu o caminho certo. É certo que filhos honrem seus pais e é certo que irmãos se amem. Da mesma forma, Jó está dizendo que seguia o caminho que era certo.

O turbante aqui se refere ao objetivo que a pessoa tem e deseja cumprir. Em outras palavras, o objetivo de Jó era a justiça e suas atitudes contribuíam, para que ele fosse cumprido.

O versículo 15 diz: "Eu era os olhos do cego e os pés do aleijado."

Cegos geralmente são pobres, por não conseguirem enxergar. Como isso deve ser desconfortável! Aleijados também vivem, em sua maioria, sendo zombados e maltratados – como isso lhes deve doer! Jó havia se tornado auxílio e conforto para essas pessoas.

Ele também era um pai para os necessitados. "Eu era o pai dos necessitados, e me interessava pela defesa de desconhecidos" significa que ele cuidava das coisas de pessoas que não conhecia bem, como se fossem suas. Podemos ver aqui como Jó agia de forma justa visivelmente.

Ele não ajudava só quem gostava, mas tornou-se conforto e auxílio mesmo para aqueles a quem não conhecia bem. E como isso é lindo! Jó certamente tinha de ser um homem honrado e respeitado. Quantas pessoas, como ele, existiriam no mundo?

No entanto, até Jó, esse mesmo Jó, foi zombado e desprezado, quando sua vida havia sido devastada. Podemos, pois, ver como o homem é um ser traiçoeiro!

O versículo 17 diz: "Eu quebrava as presas dos ímpios e dos seus dentes arrancava as suas vítimas." Se quebrarmos o maxilar de um leão, ele vai morrer, já que não mais conseguirá comer. Fazer coisas injustas é mais fácil para aquele que tem poder e autoridade. Agora Jó está dizendo que ele quebrava as presas de homens maus, destruía sua habilidade de se alimentar dos fracos e ajudava tais vítimas.

É como no caso de Salomão, que julgou muito sabiamente diante de uma situação em que duas mulheres afirmavam ser a mãe de uma criança (1 Reis 3:16-28).

Ao ver que Jó ajudava quase todo mundo, que passava por necessidades, podemos imaginar quantos ele já ajudou.

3. Jó Fala Sobre Estar em uma Alta Posição

Eu pensava: Morrerei em casa, e os meus dias serão numerosos como os grãos de areia. Minhas raízes chegarão até as águas, e o orvalho passará a noite nos meus ramos. Minha glória se renovará em mim, e novo será o meu arco em minha mão (29:18-20).

"Morrerei em casa" não significa simplesmente morrer, mas tem também outro significado. É a condição de ser livre da culpa ou acusação na hora da morte, isto é, 'morrer sem pecado.' Mas dizer, 'morrer sem pecado' e 'meus dias serão numerosos como os grãos de areia', nesse contexto, parece não ter nenhuma ligação.

Morrer 'em casa' significa ter um fim, enquanto se seguia a bondade e faziam-se boas obras. Casa significa conforto ou lugar ou situação de conforto. Jó está falando que fez muitas boas obras no passado e está se abençoando, dizendo que seus dias serão numerosos como grãos de areia.

Em certo momento de sua vida, ele já havia tido grande autoconfiança e desfrutado de paz, prosperidade e conforto. Até que numa manhã, tudo foi destruído e se foi. Você tem ideia do choque e da dor que Jó deve ter sentido?

Não podemos saber o futuro, mas se construirmos nossa casa sobre a rocha, acreditaremos que ela não cairá. Jó não havia construído sua casa sobre a rocha, mas sobre a areia. É por isso que Deus agora está refinando-o, para dar-lhe a rocha e para ele não fracassar.

O versículo 19 diz: "Minhas raízes chegarão até as águas, e o orvalho passará a noite nos meus ramos." 'Raízes chegando até as águas' significa abundância e prosperidade constante, assim como o fluxo de leite e mel.

"O orvalho passará a noite nos meus ramos" quer dizer que ele, Jó, tinha uma vida cheia de frescor todos os dias, já que era molhado pelo orvalho da noite. Ele estava sempre pronto para enfrentar mais um dia em paz. Como ele fazia muitas coisas boas, ele achava que sua vida cheia de paz e frescor continuaria.

O versículo 20 diz: "Minha glória se renovará em mim, e novo será o meu arco em minha mão."

Jó achava que sua glória era renovada a cada dia, pois ouvia elogios das pessoas o tempo todo por suas boas obras. Seus louvores o colocavam em uma posição ainda maior, fortalecendo seu coração e fazendo-o capaz de continuar seguindo em frente.

Jó pensava que sua força só aumentaria. Se ele tivesse armazenado os elogios que ouvia em seu espírito, não teria caído, mas como os armazenou na carne, tudo desmoronou em sua vida.

Os homens me escutavam em ansiosa expectativa, aguardando em silêncio o meu conselho. Depois que eu falava, eles nada diziam; minhas palavras caíam suavemente em seus ouvidos (29:21-22).

Jó está dizendo que as pessoas consideravam cada palavra que saía da sua boca preciosa como a vida. Sua posição era tão alta que as pessoas ficavam de boca fechada, quando perto dele.

Mas, ao invés de ouvir as palavras de Jó, agora as pessoas falavam mais que ele próprio, tentando atacá-lo com palavras.

Jó está falando com o mesmo conhecimento e modo de pensar de antes, mas agora as pessoas não estão lhe dando ouvidos, nem tentando entendê-lo, mas só discutindo e dando-lhe respostas. É por isso que Jó está se lembrando dos tempos, quando as pessoas faziam de tudo para não deixar de ouvir suas palavras. Ele está dizendo que seus pensamentos e palavras se tornaram sem valor.

Esperavam por mim como quem espera por uma chuvarada, e bebiam minhas palavras como quem bebe a chuva da primavera. Quando eu lhes sorria, mal acreditavam; a luz do meu rosto lhes era preciosa (29:23-24).

Na seca, os agricultores aguardavam ansiosamente pela chuva. "Chuvarada" simboliza o ato de esperar. Para que as plantações crescessem, era necessário que chovesse. A chuva é muito importante para o agricultor, pois traz conforto e abundância de produtos. Da mesma maneira, Jó ajudava as pessoas e elas passavam a ter vidas mais abundantes; o que fazia com que esperassem por Jó como se estivessem esperando pela chuva. Assim com a chuva carregava grande importância para os agricultores, cada palavra de Jó era ansiosamente aguardada.

"...eu lhes sorria" mostra que Jó ajudava os outros não de forma relutante, mas com alegria. Apesar de estar ajudando-os, considerava sua ajuda pequena e os auxiliava com um coração misericordioso.

Às vezes, quando tentamos ajudar as pessoas, existem algumas que dizem: "Não quero que tenha dó de mim." Contudo, quando Jó oferecia seu apoio, ninguém se sentia mal de aceitá-lo, pois Jó ajudava com alegria, em bondade e amor. Todos, sendo ajudados, podiam aceitar a ajuda com alegria.

4. Jó era Estimado como um Rei

Era eu que escolhia o caminho para eles, e me assentava como seu líder; instalava-me como um rei no meio das suas tropas; eu era como um consolador dos que choram (29:25).

Jó está esclarecendo sobre a posição que já tinha ocupado na vida. Ele se assentava com um líder e vivia como um rei. Como ele fazia as coisas com bondade, ele era respeitado, honrado e amado pelas pessoas. Nada mais que justo, não é mesmo?

Mas, por ser exaltado e respeitado, ele acabou ficando orgulhoso e tinha prazer no orgulho. Ele ajudava os outros por ter um bom coração, mas também tinha prazer em ser elogiado e exaltado. Esse que era o problema. A arrogância brotou dentro do seu ser; e a verdade não tem nada a ver com um coração assim.

Suponha que você tenha ajudado alguém e que a pessoa a quem ajudou passa a servi-lo e honrá-lo. Se o seu coração se encher de orgulho ou se você tiver prazer em ser honrado, isso é sinal de arrogância. Se aceitar ser exaltado, porque acha que mereceu, eventualmente poderá passar por refinamento.

Mesmo que ajudemos muito os outros, isso não é motivo de sermos exaltados, pois não estamos fazendo nada mais nada menos que nossa obrigação como filhos de Deus. Teremos muita paz se nos humilharmos, honrarmos e louvarmos uns aos outros!
A Bíblia nos fala para não deixarmos a nossa mão esquerda saber o que a direita está fazendo. Ainda que ajudemos muito os outros e as pessoas nos louvem e honrem, temos de nos humilhar

e nos sacrificar cada vez mais. É isso que a verdade nos ensina.

Jesus se sacrificou por nós e fez não apenas boas obras, como também não teve prazer ou orgulho ao ser servido por outros. Ele nos respeitou e amou com uma atitude humilde, chegando até ao ponto de lavar os pés de Seus discípulos.

Nessa terra, Ele nos serviu e morreu na cruz, mas no céu se tornou Rei dos reis e Senhor dos senhores. Só poderemos ser grandes no reino dos céus se nos humilharmos e considerarmos os outros melhores do que nós mesmos.

Capítulo 30
Retidão Carnal

1. Coração que Discrimina e Desrespeita
2. Jó se Queixa de Deus
3. A Maldade de Jó Continuamente Revelada
4. Jó Coloca Sua Confiança nos Homens

"Clamo a ti, ó Deus, mas não me respondes; fico em pé, mas apenas olhas para mim" (30:20).

1. Coração que Discrimina e Desrespeita

Mas agora eles zombam de mim, homens mais jovens que eu, homens cujos pais eu teria rejeitado, não lhes permitindo sequer estar com os cães de guarda do rebanho (30:1).

Jó tem falado que era um homem nobre no passado. Agora ele voltou à realidade. Ele está dizendo que homens mais jovens que ele estão tratando-o com zombaria.

Ele ainda diz que os pais desses jovens merecem menos respeito que os cães de guarda de seu rebanho. Eram aqueles jovens, com esses pais, que estavam zombando dele, causando-lhe dor no coração. Então, por que Jó não conseguia evitar ser zombado por aqueles jovens?

Primeiro, por que Jó os tratava sem verdade.

A verdade nos fala para perdoarmos até aqueles que nos perseguirem. Se Jó tivesse agido em verdade como o Rei Davi, ele não teria sido zombado.

Enquanto Davi fugia da rebelião de seu filho Absalão, um homem chamado Simei o amaldiçoou e atirou-lhe pedras.

Então Abisai, filho de Zeruia, disse ao rei: "Por que esse cão morto amaldiçoa o rei, meu senhor? Permite que eu lhe corte a cabeça." Mas o rei disse: "Que é que vocês têm com isso, filhos de Zeruia? Ele me amaldiçoa porque o SENHOR lhe disse que amaldiçoasse Davi. Portanto, quem poderá questioná-lo?" Disse então Davi a Abisai e a todos os seus conselheiros: "Até meu filho, sangue do meu sangue, procura matar-me. Quanto mais este benjamita! Deixem-no em paz! Que amaldiçoe, pois foi o SENHOR que mandou fazer isso. Talvez o SENHOR considere a minha aflição e me retribua com o bem a maldição que hoje recebo" (2 Samuel 16:9-12).

Alguém do próprio povo de Davi o havia amaldiçoado, mas Davi lhe perdoou. Ele simplesmente deixou que Deus cuidasse de tudo e não mais lidou com a situação por conta própria. Quando agimos em verdade, o inimigo sai e as provações acabam.

Segundo, Jó tinha discriminação em seu coração.

Ele olhava para as pessoas como se elas fossem menos que ele e basicamente foi o que pensou também daqueles a quem já tinha ajudado.

Apesar de não demonstrar de forma visível, ele sempre teve arrogância dentro de si, ao olhar para os outros achando que era maior e ao discriminar as pessoas. Todos querem crescer dentro de um ambiente descente e em boas circunstâncias. Todos querem receber a educação devida. No entanto, como as circunstâncias de cada pessoa variam de uma para outra, a educação e as maneiras de cada uma também se diferenciam.

Logo, devemos ter compaixão, compreensão e aceitabilidade em nossos corações. Será que Jesus ou os profetas discriminariam

alguém?
Quer rico ou pobre, com ou sem educação, Jesus tratou a todos da mesma forma, sem preconceitos. Quando Ele lavou os pés de Pedro, vemos que todos são iguais.

De que me serviria a força de suas mãos, já que desapareceu o seu vigor? Desfigurados de tanta necessidade e fome, perambulavam pela terra ressequida, em sombrios e devastados desertos. Nos campos de mato rasteiro colhiam ervas, e a raiz da giesta era a sua comida. Da companhia dos amigos foram expulsos aos gritos, como se fossem ladrões. Foram forçados a morar nos leitos secos dos rios, entre as rochas e nos buracos da terra. Rugiam entre os arbustos e se encolhiam sob a vegetação. Prole desprezível e sem nome, foram expulsos da terra (30:2-8).

Jó diz que os pais daqueles jovens não tinham vitalidade, força; eram incompetentes e inúteis para ele. "A raiz da giesta era a sua comida" significa que eles morriam de fome; e "devastados" quer dizer um estado de total desamparo. Depois ele continua dizendo como se sente superior a eles: "Foram forçados a morar nos leitos secos dos rios, entre as rochas e nos buracos da terra."

Tudo que ele quer dizer é que como era detestável ter os filhos de pessoas tão deploráveis zombando dele.

No versículo 7, ele diz: "Rugiam entre os arbustos e se encolhiam sob a vegetação." Ele explica como suas vidas eram pobres e, ao falar de como eram abatidos, ele quer mostrar como a situação de ser zombado por seus filhos era injusta e imerecida.

No versículo 8, uma vez que eles "Foram expulsos da terra", eles tinham de viver em cavernas ou debaixo da ponte, como pessoas sem tetos. Assim, deve haver gritos, quando se reúnem.

Mas, mesmo pessoas assim não devemos julgar sem cuidados. Elas estão vivendo um certo tipo de vida e não devemos apontar-lhes os dedos. Quando vemos pessoas em situações deploráveis, devemos lamentar juntamente com elas e fazer brilhar nossa luz, aproximando-nos delas. Devemos entender como são grandes as suas dores. Como não têm sonhos, esperança, motivação ou confiança, suas vidas podem se tornar cada vez mais miseráveis, fazendo com que elas exprimam cada vez mais maldade. Mas será que é porque elas querem viver assim?

Uma vez que a palavra de Deus nos fala para amarmos o nosso próximo, devemos ser capazes de ter compaixão de qualquer pessoa da terra. Se estivéssemos em seus lugares, quais seriam nossas atitudes e o que esperaríamos? Não gostaríamos que alguém nos ajudasse, fortalecesse, orasse por nós e nos salvasse?

Devemos ter essa compaixão por todas as pessoas do mundo; até por aquelas que têm dinheiro, poder, fama e estão seguindo um caminho para o inferno, por não crerem. Mesmo por aqueles que só fazem maldade, devemos nos lamentar por seus atos maus. Devemos ser capazes de ter misericórdia mesmo daqueles que perderam sua esperança e confiança na vida e vagam bêbados pelas ruas.

2. Jó se Queixa de Deus

E agora os filhos deles zombam de mim com suas canções; tornei-me um provérbio entre eles. Eles me detestam e se mantêm à distância; não hesitam em cuspir em meu rosto. Agora que Deus afrouxou a corda do meu arco e me afligiu, eles ficam sem freios na minha presença (30:9-11).

Jó se tornou objeto de zombaria e um provérbio para aquelas pessoas deploráveis. Elas o odiavam e cuspiam em seu rosto. Se aquelas mesmas pessoas que antes recebiam a ajuda de Jó agora estavam lhe apontando o dedo e zombando dele, quanto mais as que não haviam recebido sua ajuda. Jó estava muito triste.

O versículo 11 diz: "Agora que Deus afrouxou a corda do meu arco." Aqui "corda do arco" significa fonte de bênçãos. As pessoas desse mundo dizem: "Eu tenho uma conexão com tal e tal pessoa." Quando elas têm algum tipo de relacionamento com alguém com fama, autoridade social e dinheiro, elas dizem que têm uma 'conexão.'

Semelhantemente, quando Jó estava conectado com Deus, todas aquelas pessoas se importavam com ele e estavam em suas mãos. Contudo, quando Deus afrouxou a corda, ele perdeu tudo e agora está sendo zombado. Até quem já tinha sido abençoado por ele e que tinha prazer em sua companhia não tinha mais conexão com ele. Estão fora de suas mãos, e ele está culpando Deus por tudo, dizendo que Ele o abandonou e que é por isso que está sofrendo assim.

À direita os embrutecidos me atacam; preparam armadilhas para os meus pés e constroem rampas de cerco contra mim. Destroem o meu caminho; conseguem destruir-me sem a ajuda de ninguém. Avançam como através de uma grande brecha; arrojam-se entre as ruínas (30:12-14).

Jó está afirmando que aquelas pessoas embrutecidas

preparam armadilhas para seus pés, para fazê-lo sofrer ainda mais. Como ele feria os sentimentos daqueles jovens mais e mais, eles começaram a amaldiçoá-lo, tentando colocá-lo para baixo. Isso não teria acontecido, se Jó não tivesse discutido, desejando vencer a discussão.

Jó tinha sua personalidade, fé e fundação. Entretanto, todas essas coisas foram destruídas por eles. Jó sofria, porque outras pessoas estavam destruindo absolutamente tudo que tinha.

Ele se queixa dizendo que tudo aquilo foi causado por Deus, porque Ele 'afrouxou a corda do arco'; mas a verdade é que aquilo estava acontecendo porque Jó havia ferido os sentimentos dos outros, nos argumentos que havia utilizado.

Geralmente, as pessoas têm grandes sonhos, quando são jovens, mas à medida que ficam mais velhas, elas vão diminuindo devido às circunstâncias da vida. Quer tenham educação ou não, sejam ricas ou pobres, todos têm suas próprias preocupações e passam por algum tipo de insucesso. Algumas pessoas se fortalecem e continuam com suas vidas, mesmo em tempos de tribulações, enquanto outras simplesmente desistem. Jó se encaixa no segundo grupo. Ele desistiu e permitiu que a destruição o tomasse.

> Pavores apoderam-se de mim; a minha dignidade é levada como pelo vento, a minha segurança se desfaz como nuvem. E agora esvai-se a minha vida; estou preso a dias de sofrimento. A noite penetra os meus ossos; minhas dores me corroem sem cessar. Em seu grande poder, Deus é como a minha roupa; ele me envolve como a gola da minha veste. Lança-me na lama, e sou reduzido a pó e cinza (30:15-19).

As palavras de Jó têm profundos significados entre símiles e metáforas em frases curtas como em um poema. Ele diz: "A minha segurança se desfaz como nuvem." Quando uma nuvem é soprada pelo vento, ela é levada e eventualmente se desfaz. Ao se lembrar do passado, Jó está dizendo que seus bons dias passaram rápido e foram pouco vividos.

No versículo 16, ele diz: "E agora esvai-se a minha vida; estou preso a dias de sofrimento." Ele está clamando por causa da insuportável dor que sente com seu coração apertado e angustiado, sem ter para onde ir.

"Esvai-se a minha vida" aqui nos mostra a dor e o sofrimento de Jó advindo da zombaria das pessoas ao seu redor. Durante o dia ele se concentrava nos argumentos para usar nas discussões com seus amigos e se esquecia das dores. Mas à noite, tinha de ficar sozinho e na solidão o seu sofrimento era grande.

O que o versículo 18 quer dizer? "Em seu grande poder, Deus é como a minha roupa; ele me envolve como a gola da minha veste."

Jó está dizendo que todos esses sofrimentos foram causados pelo grande poder de Deus. O pus e sangue das feridas brotavam em todo o seu corpo e as cascas dos machucados secavam, fazendo com que suas vestes grudassem em sua pele. Nem trocar de roupa ele podia mais.

No versículo 19, Jó diz: "Lança-me na lama." Se uma pessoa é lançada na lama, não é fácil sair, pois o chão é escorregadio e absorve como uma esponja. Jó está falando sobre os últimos momentos de uma vida em que a pessoa cambaleia. E "e sou reduzido a pó e cinza" refere-se à posição a que ele foi rebaixado.

Jó não estava passando por aquelas dificuldades por culpa dele, mas aquilo era uma provação por que tinha de passar para receber a bênção de Deus. Quando Deus testa Jó, podemos ver a maldade que ele tinha dentro de si, indo para fora. Ele só poderia ter um coração espiritual, cheio de verdade, quando se livrasse de todas aquelas naturezas más.

Enquanto ele tivesse tanta maldade dentro de si, ele não poderia se tornar um homem espiritual. Suponha que peguemos um copo d'água de um rio. Depois de um dia, provavelmente, observaremos sedimentos no fundo. Não podemos dizer que está tudo limpo só porque a água acima dos sedimentos está clara.

3. A Maldade de Jó Continuamente Revelada

Clamo a ti, ó Deus, mas não me respondes; fico em pé, mas apenas olhas para mim. Contra mim te voltas com dureza e me atacas com a força de tua mão. Tu me apanhas e me levas contra o vento, e me jogas de um lado a outro na tempestade (30:20-22).

No versículo 20, Jó diz: "Clamo a ti, ó Deus, mas não me respondes." No entanto, Jesus disse em Mateus 7:7: *"Peçam, e lhes será dado; busquem, e encontrarão; batam, e a porta lhes será aberta."* Além disso, Deus nos promete em Provérbios, 8:17: *"Amo os que me amam, e quem me procura me encontra."*

Jeremias, 29:12-13 diz: *"Então vocês clamarão a mim, virão orar a mim, e eu os ouvirei. Vocês me procurarão e me acharão quando me procurarem de todo o coração."* Deus nos diz que se O buscarmos com todo o nosso coração, teremos um encontro com Ele.

Jó clamou a Deus, mas não obteve resposta de Sua parte. Ele diz que Deus não respondeu. Então, por que Deus não respondeu a Jó? É porque Deus só pode nos responder de acordo com a verdade. Se a coisa está de acordo com Sua providência, Ele pode nos responder toda hora.
A situação de Jó não era um tipo de situação para Deus lhe responder, pois sua maldade tinha de ser mais revelada. Contudo, como, no fundo do coração, Jó era bom, Deus fez com que sua maldade saísse toda de uma só vez. Se Deus fizesse Jó entender essas coisas, depois que toda a maldade dentro dele lhe fosse revelada, ele conseguiria se livrar dela completamente e se santificaria.

Quando Jó diz que Deus só lhe dá atenção negativamente, vemos que ele ainda O reconhece. Apesar de estar se queixando contra Deus, ele não abandonou sua fé Nele; e apesar de nunca ter tido um encontro ou experiência com Ele, na bondade de sua consciência, ele crê em Deus no fundo de seu coração. Em tribulações tão extremas, ele não abandonou Deus.

E se estivéssemos na mesma situação que Jó? Será que negaríamos a Deus ou continuaríamos a servi-Lo até o fim? Hoje estamos no tempo da graça, em que o Espírito Santo habita em nós. Se estivermos na mesma situação de Jó, não podemos negar a Deus ou reclamar Dele, mas sim regozijar e dar graças em oração.
Se tivermos esse tipo de coração, Deus não precisará nos testar; mas se ainda assim Ele o fizer, é porque Ele tem uma bênção maior para nos entregar. Logo, devemos sempre dar graças, independente das circunstâncias.

Nos versículos 21-22 vemos: "Contra mim te voltas com dureza e me atacas com a força de tua mão. Tu me apanhas e me levas contra o vento, e me jogas de um lado para o outro na tempestade."

A dor de Jó não era só física, mas ele também estava sofrendo mentalmente. À medida que reclamava de Deus e O culpava, seu coração se machucava muito e ele não mais conseguia dizer nada bom de Deus.

Deus é amor. Ele nunca é cruel com ninguém. Jó não entendia o coração de Deus e nada lhe parecia justo. Está bem óbvio que os pensamentos de Jó eram tão diferentes quanto a verdade é da inverdade.

Deus diz que "Obedecer é melhor do que sacrificar." Ele nos fala para obedecermos à Sua palavra e não seguirmos as ideias e entendimentos dos homens. Na Bíblia, podemos ver que os profetas recebiam respostas às suas orações e glorificavam a Deus, obedecendo-Lhe incondicionalmente, desconsiderando suas próprias opiniões.

Na opinião de uma pessoa, ela às vezes pode achar que a sua ideia é melhor do que o que Deus diz para ela fazer em determinada situação. Contudo, se entendermos a verdade, podemos ver que não é Deus que é tolo, e sim o homem.

Precisamos entender que só a verdade de Deus é que é verdadeira. Assim podemos entender a Sua vontade e obedecer a ela com fé.

Jó diz que Deus "o apanha e o leva contra o vento, e o joga de um lado para o outro na tempestade." Ele está falando isso porque tudo desmoronou ao seu redor. É como se ele tivesse sido varrido por uma forte ventania.

4. Jó Coloca Sua Confiança nos Homens

Sei que me farás descer até a morte, ao lugar destinado a todos os viventes. A verdade é que ninguém dá a mão ao homem arruinado, quando este, em sua aflição, grita por socorro. Não é certo que chorei por causa dos que passavam dificuldade? E que a minha alma se entristeceu por causa dos pobres? (30:23-25)

Antes de lhe sobrevirem as provações, Jó achava que sua vida tinha valor. Entretanto, agora ele diz que está morrendo como todos os viventes. Ele quer dizer que está morrendo como qualquer outro ser vivo, sem mérito, sem ter valido a pena ter vivido.

Todos os seres vivos seguem seu próprio caminho, de acordo com as leis da natureza. Quando Jó diz: "sei", ele não entende que é apenas a sua ideia que ele está expressando. Devemos saber que é tolice julgar e chegar a conclusões com o nosso próprio entendimento.

No versículo 24 ele diz: "A verdade é que ninguém dá a mão ao homem arruinado, quando este, em sua aflição, grita por socorro."

Nada mais natural para alguém que está caindo, erguer a mão e clamar por socorro, quando se encontra em necessidade. Jó está dizendo isso porque está sofrendo muito e não há nada mais natural para ele do que gritar. Portanto, seus argumentos estavam certos.

No versículo 25, Jó diz que chorou por aqueles que passavam dificuldade. Ele ajudava os necessitados, só que agora é ele que está necessitado e passando por dificuldade, podendo, pois, clamar. Ele quer dizer que não há nada de errado em ele clamar nesse tipo de situação de sofrimento.

Mesmo assim, quando eu esperava o bem, veio o mal; quando eu procurava luz, vieram trevas. Nunca para a agitação dentro de mim; dias de sofrimento me confrontam. Perambulo escurecido, mas não pelo sol; levanto-me na assembleia e clamo por ajuda (30:26-28).

Uma vez que Jó já tinha oferecido a Deus muitos sacrifícios, ele queria receber Suas bênçãos. Ele queria bênçãos, mas o que recebeu foi destruição e sofrimento. Ele esperava por luz, mas só trevas vieram sobre ele. Cria que tinha uma vida justa, mas o resultado dela foi o oposto daquilo que esperava receber.

Como Jó não entendia a vontade de Deus, ele não se dava conta da distância que estava da verdade. Ele não conseguia entender que Deus havia permitido que tal tribulação lhe sobreviesse, para que ele entendesse a verdade. É por isso que ele continua a falar com desespero.

A cabeça de Jó ficou muito confusa com as tribulações que lhe sobrevieram. "Nunca para a agitação dentro de mim" significa que não havia ninguém para cuidar dele. As feridas em sua pele se abriam com pus e sangue e a pele se escurecia devido à decomposição da carne. Levantar e gritar por ajuda era algo excruciante para Jó!

O que precisamos entender é que a ajuda que devemos pedir, quando estamos em situações difíceis, não é a de outras pessoas. Devemos ser capazes de confiar em Deus e ser guiados por Ele para resolvermos nossos problemas. Quando Jó colocou sua confiança nos homens, sua situação foi deplorável. Havia gente que, ao passar por ele, simplesmente apontava o dedo! Devemos pedir as coisas a Deus e receber a Sua resposta.

Tornei-me irmão dos chacais, companheiro dos avestruzes. Minha pele escurece e cai; meu corpo queima de febre. Minha harpa está afinada para cantos fúnebres, e minha flauta para o som de pranto (30:29-31).

O chacal é um animal que procura a oportunidade nas coisas ao seu redor. Quando tenta capturar sua presa, ele é zeloso em relação a animais mais fortes que ele e também com toda a situação em que se encontra. Ao observá-lo, podemos ver sua esperteza. Jó gritava por causa de suas provações, mas as pessoas eram muito más para se tornarem suas amigas. Elas só lhe apontavam os dedos.

Jó está lamentando, dizendo que ele só pode ser irmão de chacais e companheiro de avestruzes.

Ele compara seus amigos com chacais, que são animais bem ferozes. Ele diz isso porque, para ele, seus amigos o haviam amaldiçoado e estavam sendo opressivos com ele. Avestruzes são geralmente tranquilos, mas, ocasionalmente, de uma hora para outra, disparam a correr. Jó achava que só animais assim podiam ser seus amigos.

Os versículos 30-31 nos falam da dor, sofrimento e desespero de Jó. A flauta e a harpa expressam alegria, mas para aqueles que estão em desespero, até a música pode soar triste.

Antes das provações, os sons da flauta e da harpa eram alegria para Jó, mas agora são sons de choro e lamento.

Capítulo 31
Jó Defende Sua Retidão

1. Jó Cumpriu a Promessa que Havia Feito Consigo Mesmo
2. Jó Guardou o Caminho da Justiça
3. Um Homem de Mente Limitada
4. Jó Amava o Próximo como a Si Mesmo
5. Jó Insiste em Sua Inocência e Retidão

"Não vê ele os meus caminhos, e não considera cada um de meus passos? Se me conduzi com falsidade, ou se meus pés se apressaram a enganar, – Deus me pese em balança justa, e saberá que não tenho culpa –" (31:4-6).

1. Jó Cumpriu a Promessa que Havia Feito Consigo Mesmo

Fiz acordo com os meus olhos de não olhar com cobiça para as moças. Pois qual é a porção que o homem recebe de Deus lá de cima? Qual a sua herança do Todo-poderoso, que habita nas alturas? Não é ruína para os ímpios, desgraça para os que fazem o mal? (31:1-3)

Jó está expressando o credo de seu coração ao dizer que fez um acordo, uma aliança, com seus olhos. Geralmente, quando as pessoas fazem uma aliança, algumas mostram o polegar e outras falam sobre suas consciências. Algumas fazem votos em nome de seus ancestrais, família ou sua própria honra. Votam em algo que já alcançaram na vida e naquilo em que podem confiar.

Uma dessas coisas para Jó eram seus olhos. Nada lhe faltava. Ele tinha dinheiro, fama, autoridade e saúde, mas nunca havia desfrutado dos prazeres do mundo que, geralmente, as pessoas com autoridade desfrutam, pois sabia que não eram certos diante de Deus. Além disso, ele nunca havia sido adúltero. Jó era um homem puro.

Jó cumpria todas as suas promessas, até as que fazia consigo mesmo. Ele fez um acordo consigo mesmo de que não cobiçaria as moças. Prestar atenção demais nas moças é algo que vem de uma mente adúltera; e Jó não tinha esse desejo. Como o seu coração era puro!

'Porção' é uma parte de algo retirado de um todo. Os frutos abundantes que você produz, com base na porção que lhe foi repartida, são sua herança futura. Jó está dizendo que Deus não lhe teria dado nada, se ele não tivesse cumprido as promessas que fez consigo mesmo. Ele estava falando sobre o seu caráter e integridade, baseado em tudo o que tinha recebido.

Se você orar a Deus e não obtiver respostas, por favor, veja se cumpriu as promessas de seu coração. Se orar a Deus sem cumprir as promessas que você fez a si mesmo e a Deus, você não será respondido. Por você ainda estar em pecado e inimizade com Deus, primeiro precisa se arrepender e mudar de atitude, para que o muro de pecados entre você e Deus venha a cair por terra. Só então é que você será respondido. Jó mantinha sua consciência limpa o máximo que podia, porque temia a Deus.

O versículo 3 diz: "Não é ruína para os ímpios, desgraça para os que fazem mal?" Jó achava que todo mundo tinha de pagar um preço por seus erros e transgressões. Jó tinha esse tipo de bom coração e, assim, mesmo quando Deus lhe tirou todos os bens e até filhos, ele continuou grato.

Hoje, as pessoas não querem enfrentar as consequências de seus atos maus. Só querem escondê-los e evitar aquilo que podem colher. Não conseguem se controlar. Nós, todavia, precisamos nos livrar dessa astúcia e fraqueza.

No entanto, como pôde o mal ter sido despertado em Jó, uma pessoa com tanta integridade? Jó cumpria todos os deveres que os homens devem cumprir e, ainda assim, estava sofrendo. Em seu modo de pensar, ele não conseguia entender o porquê daquilo e não conseguia deixar de reclamar de Deus. Na sua cabeça, ele até podia aguentar ter visto seus bens e filhos desaparecerem, mas nada além daquele sofrimento. Como Deus não queria apenas o cumprimento físico dos deveres, mas também o espiritual, Ele precisou refinar Jó.

Quando Deus ordenou a Abraão oferecer o seu único filho, Isaque, ele não discutiu com Ele, dizendo coisas como: "Deus, por que me mandas fazer uma coisa dessas? Tu me prometeste dar descendentes como as estrelas do céu e as areias do mar, através de Isaque! Como me dizes agora para oferecê-lo como sacrifício vivo? Isso não faz sentido!" Ele simplesmente obedeceu, sem dizer uma só palavra. Para ter essa fé verdadeira e ser capaz de agradecer sob qualquer circunstância, Jó precisava ser refinado através de tribulações.

> Não vê ele os meus caminhos, e não considera cada um de meus passos? Se me conduzi com falsidade, ou se meus pés se apressaram a enganar, – Deus me pese em balança justa, e saberá que não tenho culpa – (31:4-6).

Jó aprendeu com seus ancestrais e sabia que Deus sabe de todas as coisas e sonda tudo. Todavia, ele continuava reclamando contra Ele, pois não conhecia o plano e a vontade que Deus tinha para ele. Jó diz que ele não tinha nenhuma falsidade ou engano dentro de si, e nunca tinha passado ninguém para trás.

Se caluniamos os outros ou afastamos as pessoas umas das outras, dizendo coisas ruins, isso também é enganar. Deus detesta palavras enganosas. Só os ímpios gostam delas e, portanto, precisamos arrancá-las de nossos corações pela raiz.

Jó diz: "Deus me pese em balança justa." Ele está dizendo que viveu uma vida reta e podia dizê-lo com segurança, já que nunca tinha feito nada de injusto.

2. Jó Guardou o Caminho da Justiça

Se meus passos desviaram-se do caminho, se o meu coração foi conduzido por meus olhos, ou se minhas mãos foram contaminadas, que outros comam o que semeei, e que as minhas plantações sejam arrancadas pelas raízes (31:7-8).

Jó está dizendo que ele nunca se afastou ou abandonou o caminho da justiça. Quando ele disse: "se o meu coração foi conduzido por meus olhos", o que queria dizer era: "Se eu tivesse saído do caminho certo." Com o crescimento do materialismo, as tentações pelos olhos aumentam mais a cada dia. Muitas pessoas fazem coisas luxuriosas que começaram com os olhos. Jó diz que controlava seu coração e não caía em tentações.

A coisa mais fácil é pecar com as mãos. Ao mencionar suas mãos daquela forma, Jó estava dizendo que era inocente de qualquer pecado. Com toda confiança, ele diz que nunca pecou com suas mãos. Além disso, ele diz que, mesmo se os outros arrancassem suas plantações por causa de alguma injustiça que ele cometeu, ele não diria nada.

Então, por que os amigos de Jó ficaram bravos com ele por dizer isso? Os bens de Jó já lhe tinham sido arrancados. Seus amigos diziam que aquilo aconteceu porque ele era injusto. Ao mesmo tempo, Jó reclamava de Deus, dizendo que, embora não tivesse feito nada, todos os seus bens lhe tinham sido tirados.

O que precisamos entender aqui é que o ponto de vista de Deus, de Jó e o de seus amigos eram diferentes. Entre esses três pontos de vista, qual está certo? Só o de Deus. Certo, verdadeiro e correto.

Se o meu coração foi seduzido por mulher, ou se fiquei à espreita junto à porta do meu próximo, que a minha esposa moa cereal de outro homem, e que outros durmam com ela. Pois fazê-lo seria vergonhoso, crime merecedor de julgamento. Isso é um fogo que consome até a Destruição; teria extirpado a minha colheita (31:9-12).

Jó está falando da integridade de seu coração. Quando os homens têm segurança e abundância, tendem a seguir seus desejos luxuriosos e mentes adúlteras. Até o rei Davi e o rei Salomão enfrentaram grandes tribulações por causa de mulheres. Contudo, Jó não caiu em tentações de mulheres, mas guardou seu puro e inocente coração.

Confiantemente, ele fala de sua inocência, dizendo: "que a minha esposa moa cereal de outro homem, e que outros durmam com ela", se ele tivesse injustiça em sua mente em relação a mulheres.

Jó também está usando algumas palavras de dar medo, como por exemplo: 'crime merecedor de julgamento' e 'fogo que consome até a Destruição/Abadom.' Ele está dizendo que pelo fato de a punição pelo pecado de adultério ser tão grande, ele fez com que seu coração fosse puro e inocente.

O apóstolo Paulo confessou: *"todos os dias enfrento a morte"* (1 Coríntios 15:31), e nos fala para lutarmos contra os pecados a ponto de derramarmos sangue (Hebreus 12:4). Quando nos livramos de inverdades e quebramos pensamentos carnais diariamente, a verdade habita em nós e nos tornamos filhos de Deus, cujos corações são como o do Senhor.

3. Um Homem de Mente Limitada

Se neguei justiça aos meus servos e servas, quando reclamaram contra mim, que farei quando Deus me confrontar? Que responderei, quando chamado a prestar contas? (31:13-14)

Jó continua falando de sua bondade. Servos e servas daquela época não podiam se libertar de seus mestres ou ser insubordinados, mas tinham de ser sempre submissos e obedientes. Mas, se os servos de Jó podiam confrontá-lo e se queixar dele, vemos que eles não agiam como servos. Podemos ver que Jó os tratava com muita bondade.

Jó não maltratava seus servos e servas, mas os tratava com respeito e amor. Mesmo se eles o confrontassem ou desobedecessem, ele lhes teria perdoado como a seus próprios irmãos e irmãs. Assim, eles, às vezes, se esqueciam de que eram servos e consideravam Jó como um de seus amigos. É por isso que eles podiam reclamar e discutir com ele.

Jó não maltratava seus servos só porque eles eram seus servos, mas dava-lhes liberdade para falar e os ouvia.

Você alguma vez já ficou arrogante ou desobediente só porque é pastor, ancião ou diácono na igreja? Quando nos tornamos líderes, temos de abaixar nossas cabeças ainda mais. É assim que nos tornamos grandes homens e mulheres, e não pessoas de mentes limitadas.

A pessoa que tem a mente limitada é uma pessoa trivial que pensa ser mais do que deveria ser. É a pessoa que se gaba em sua arrogância e acha que seu conhecimento é o melhor, causando assim muitas discussões. Essa pessoa não consegue entender os outros, não perdoa, nem serve. Ela pensa que só ela está certa e, assim, não consegue enxergar seus próprios erros. E ainda que os enxergue, escolhe não se livrar deles. Geralmente, ela tem pavio curto também.

Se uma pessoa da casa tem o pavio curto, a paz de toda a família pode ser quebrada e todos sofrem com isso. A pessoa que age assim é uma pessoa de mente limitada.
Pessoas de mentes limitadas não têm amor ou generosidade. Elas não suportam as mínimas coisas, e coisas pequenas as irritam. Elas não escutam os outros e facilmente intrometem-se na vida de terceiros. E aqueles que julgam e condenam, ou caluniam os outros, também são pessoas de mentes limitadas. São geralmente bons em fazer os outros se sentirem especiais, mas insistem em seu orgulho, quando diante de seus subordinados.

Mas existem também pessoas de mentes limitadas que agem com orgulho e indignidade, mesmo com seus líderes, devido à sua arrogância. Homens de mentes limitadas mentem, traem facilmente e só procuram seus próprios benefícios.
Se alguma dessas características ou modos de agir faz parte de nós, devemos entender que estamos perto de ser pessoas de mentes limitadas. Deus conhece a mente, o coração e os pensamentos de todas as pessoas da terra. Temos de entender a profundidade do coração de Deus e parecer com Ele.

Jó está dizendo: "se desprezei meus servos, o que direi, quando Deus me perguntar por que agi assim?" Podemos ver que ele tinha um grande caráter, pois pensou até em quando Deus lhe perguntaria sobre como tratou seus servos. Se ele considerava tanto assim os seus servos, quanto mais as outras pessoas!

4. Jó Amava o Próximo como a Si Mesmo

Aquele que me fez no ventre materno não os fez também? Não foi ele que nos formou, a mim e a eles, no interior de nossas mães? Se não atendi os desejos do pobre, ou se fatiguei os olhos da viúva, se comi meu pão sozinho, sem compartilhá-lo com o órfão, sendo que desde a minha juventude o criei como se fosse seu pai, e desde o nascimento guiei a viúva (31:15-18).

Jó diz que Aquele que o criou também criou seus servos; e que Aquele é o único e verdadeiro Deus. Ele está dizendo que todos são iguais. Jó não discriminava as pessoas, mas era justo com todo mundo.

No restaurante, se falarmos com menos respeito com o garçom ou garçonete, ou se falarmos como que dando ordens para eles trazerem nossa comida rápido, estamos tratando-os como servos. Esse tipo de atitude é bem diferente da que o Senhor teria.

O desejo do pobre e da viúva é serem ajudados; e Jó cuidava dessas pessoas. Ele não só desfrutava de sua vida, mas alimentava e vestia os órfãos.

Ele diz que, desde jovem, criou e cuidou de órfãos com o amor de um pai, e que conhece a dor das mulheres, pois ele também nasceu de mulher. Prestava cuidado dobrado às viúvas, pois sabia o que era viver sozinha como mulher.

Se vi alguém morrendo por falta de roupa, ou um necessitado sem cobertor, e o seu coração não me abençoou porque o aqueci com a lã de minhas ovelhas, se levantei a mão contra o órfão, ciente da minha influência no tribunal, que o meu braço descaia do

ombro, e se quebre nas juntas (31:19-22).

Há muito tempo era comum as pessoas morrerem de frio no inverno, por falta de roupa. Jó diz que deu roupas aos que não tinham e amou o próximo como a ele mesmo, a ponto de dar-lhe suas próprias roupas. Quando ele dava amor às pessoas daquele jeito, elas desejavam que ele fosse ainda mais abençoado.

Do versículo 21 em diante, ele diz que não tinha se tornado arrogante, mesmo quando pessoas de influência o apoiaram. E ele ainda diz que, se tivesse cometido alguma injustiça, usando de certo poder social, que o seu braço caísse de seu ombro e se quebrasse nas juntas.

Os homens se gabam de sua força com seus ombros e braços. Se seus braços caírem do ombro e se quebrarem nas juntas, de nada valerão e não terão mais poder algum. Uma coisa dessas acontecer é uma maldição! Jó está tão certo de sua inocência, que chega até a falar isso.

Jó achava que fazer boas obras não era motivo para se gabar, mas que era simplesmente sua obrigação. As pessoas querem ser reconhecidas por suas conquistas e se gabar. Querem elogios e louvores dos outros.

Mas em relação a esse dever do homem, como Jesus disse, quando não deixamos nossa mão esquerda saber o que a direita está fazendo, então somos reconhecidos por Deus.

Pois eu tinha medo que Deus me destruísse, e, temendo o seu esplendor, não podia fazer tais coisas. Se pus no ouro a minha confiança e disse ao ouro puro: Você é a minha garantia, se me regozijei por ter grande riqueza, pela

fortuna que as minhas mãos obtiveram, se contemplei sol em seu fulgor e a lua a mover-se esplêndida, e em segredo o meu coração foi seduzido e a minha mão lhes ofereceu beijos de veneração, esses também seriam pecados merecedores de condenação, pois eu teria sido infiel a Deus, que está nas alturas (31:23-28).

A esse ponto da vida de Jó, sua condição seria considerada uma emergência médica. Além do mais, ele ainda sofria por causa das atitudes e palavras de seus amigos, servos e das circunstâncias. Jó tinha grande medo devido às calamidades pelas quais já tinha passado. Como ele acreditava que todas elas vinham de Deus, ele tinha medo Dele. Como ele pensava que Deus o havia amaldiçoado sem motivo, você consegue imaginar o tamanho de seu medo? Quando não entendemos a vontade e providência de Deus, não conseguimos evitar sentir medo Dele.

Então, qual é a razão real dos desastres que acontecem na vida das pessoas? Eles acontecem na vida daqueles que vivem em inverdade ou que viviam na verdade, mas voltaram a caminhos de inverdade. Se vivemos na verdade, desastres ou testes não vêm sobre nós, já que Deus nos protege.

Se enfrentamos uma tribulação, que é consequência de algo que fizemos ou por causa de nossos próprios erros, geralmente conseguimos nos dar conta da realidade. Dessa maneira, podemos nos arrepender e mudar de atitude ou de caminho.

Mas se enfrentamos calamidades sem ter feito nada de errado, e não há nenhuma acusação contra nós, precisamos entender que esse tipo de provação vem para recebermos bênçãos. Assim, podemos vencer como Daniel e como seus três amigos e glorificar a Deus. Se entendermos a verdade, nunca teremos o pensamento de que Deus é um Deus de dar medo, mas sim um Deus bom, um Deus de amor.

Jó não considerava o ouro ou a riqueza importantes. Apesar de ele não ter nada disso agora, ele não se entristece com esse fato.

O que ele considerava mais precioso do que riquezas e influência era ter um temor reverente de Deus e estar com todo o seu coração Nele.

Do versículo 26 em diante, Jó diz que ele não foi tentado pelas coisas do mundo ou seus próprios sentimentos. Ele diz que nem a lua com seu esplendor poderia tentá-lo, pois ele manteria sua retidão diante de Deus.

No versículo 28, Jó fala sobre sua pureza e inocência. Jó confiava e cria em Deus, e tentou purificar-se para refletir o puro e santo Deus. Ele também fala sobre o julgamento que receberia, se tivesse feito alguma coisa impura. Aqui, "ser infiel a Deus" é abandonar os deveres que se têm como homm.

Podemos ver que Jó também fala da punição que receberia, se fizesse algo de errado. Se fazemos algo de errado, não devemos apenas tentar evitar suas consequências e resultados. Devemos também tentar ser obedientes, nos purificar e ser mais completos.

Muitas pessoas só querem ser elogiadas e ter seus erros esquecidos. Jó queria pagar o preço por suas transgressões. Se formos pessoas cheias da verdade, quando fizermos algo de errado, teremos vontade de pagar o preço pelo que fizemos. Só assim poderemos nos arrepender e não voltar a repetir o mesmo erro depois. Se simplesmente tentarmos esconder nossa culpa, continuaremos fazendo a mesma coisa. Se ficarmos tropeçando na mesma situação e repetindo os mesmos erros, perderemos a força de vontade de nossos corações; e se nos tornarmos pessoas que perderam a vontade de controlar nossos corações, seremos incapazes de controlar a nossa carne.

Desde quando eu era recém-convertido, se eu me atrasasse um minuto para uma reunião ou culto, eu jejuava por três dias ou até sete dias para me punir, e não cometia o mesmo erro depois.

Se a desgraça do meu inimigo me alegrou, ou se os problemas que teve me deram prazer; eu, que nunca deixei minha boca pecar, lançando maldição sobre ele; se os que moram em minha casa nunca tivessem dito: 'Quem não recebeu de Jó um pedaço de carne?' (31:29-31)

Jó diz que não se alegrava com a dor ou sofrimentos daqueles que o odiavam, e nem queria que sofressem.

Contudo, no capítulo anterior, Jó amaldiçoou aqueles que lhe apontavam o dedo. Jó, 30:1-8 diz: *"Mas agora eles zombam de mim, homens mais jovens que eu, homens cujos pais eu teria rejeitado, não lhes permitindo sequer estar com os cães de guarda do rebanho. De que me serviria a força de suas mãos, já que desapareceu o seu vigor? Desfigurados de tanta necessidade e fome, perambulavam pela terra ressequida, em sombrios e devastados desertos. Nos campos de mato rasteiro colhiam ervas, e a raiz da giesta era a sua comida. Da companhia dos amigos foram expulsos aos gritos, como se fossem ladrões. Foram forçados a morar nos leitos secos dos rios, entre as rochas e nos buracos da terra. Rugiam entre os arbustos e se encolhiam sob a vegetação. Prole desprezível e sem nome, foram expulsos da terra."*

Já sabemos que Jó ajudava os órfãos, viúvas e os necessitados, e que ele era cheio de amor e perdão para com eles. Entretanto, ele só fazia isso, quando eles não podiam prejudicá-lo. Se Jó demonstrasse perdão e misericórdia, mesmo àqueles que lhe incomodavam e apontavam os dedos com desprezo, ele não estaria sofrendo dessa maneira agora.

Mas Jó não conhecia esse nível de retidão. Ele tinha bondade em seu coração, mas era uma bondade carnal. Deus permitiu que tribulações lhe sobreviessem, para que ele pudesse obter um coração espiritualmente reto, isto é, o coração que ama verdadeiramente os seus inimigos.

Jó não maltratava nem os seus servos, mas os alimentava bem e os amava como a ele mesmo. Ele demonstrava amor aos seus próximos. Podemos ver a sua generosidade.

Não devemos desejar que os outros sofram ou tenham maus momentos em seus negócios ou qualquer outra área de suas vidas. Não devemos maltratar nenhum de nossos subordinados, mas valorizá-los como a nós mesmos. Será que alguém de nós já olhou com desprezo para aqueles que vivem em favelas ou até mesmo para nossos subordinados, por serem o que são? Devemos ter mais compaixão e amor por essas pessoas, orando e nos importando mais com elas.

5. Jó Insiste em Sua Inocência e Retidão

...sendo que nenhum estrangeiro teve que passar a noite na rua, pois a minha porta sempre esteve aberta para o viajante; se escondi o meu pecado, como outros fazem, acobertando no coração a minha culpa, com tanto medo da multidão e do desprezo dos familiares que me calei e não saí de casa... (31:32-34)

Jó fala de ter deixado estranhos entrarem em sua casa e ter servido viajantes. Hoje é raro encontrar pessoas como Jó, pois não podemos mais confiar bem em estranhos. Que pena!

Antes de abrir essa igreja, tínhamos uma livraria. Naquela época, havia algumas pessoas com problemas mentais e sem teto perto da loja. Quando algumas delas iam dormir na frente da livraria, nós as convidávamos para entrar e dormir lá dentro. Elas, entretanto, não aceitavam, então lhes dávamos cobertores. Atitudes como essa não são bem atitudes de bondade, mas dever do homem.

No versículo 33 e 34, Jó diz que, mesmo quando uma multidão de pessoas lhe pedia ajuda, ele nunca se escondia delas. Ele considerava essa atitude como um grave pecado; e ele diz que não fazer a coisa certa é pecado. Logo, vemos que ele tinha um coração lindo e verdadeiro, a ponto de considerar a si mesmo um pecador, se ele não fizesse aquilo que era certo.

Não devemos ser astutos ou covardes. Hoje, muitas pessoas hesitam em testemunhar algo que viram ou sabem. Sabem o que é certo fazer, mas têm medo de enfrentar alguma perda mais tarde.

Suponha que vejamos um ato injusto na igreja. Se simplesmente o ignorarmos, mesmo sabendo que não está certo, é como permitir que as obras de Satanás aconteçam. Se conhecemos a justiça, não devemos ser espectadores em situações assim, mas devemos aconselhar os pecadores a se converterem de seus pecados e orar por eles. Se, contudo, mesmo assim eles não nos ouvirem, devemos então informar os líderes da igreja o que está acontecendo. Isso é amor verdadeiro.

Ah, se alguém me ouvisse! Agora assino a minha

defesa. Que o Todo-poderoso me responda; que o meu acusador faça a denúncia por escrito. Eu bem que a levaria nos ombros e a usaria como coroa. Eu lhe falaria sobre todos os meus passos; como um príncipe eu me aproximaria dele (31:35-37).

Jó continua insistindo em sua inocência. Depois de falar de como ele é justo, ele diz que quer que Deus o responda.

Fisicamente, a retidão de Jó era única, ninguém se igualara a ele. Ele tinha bondade de coração. No entanto, seus amigos zombavam dele, dizendo que Deus o estava punindo por causa de seus pecados.

Jó está dizendo desejar que Deus lhe responda, porque Ele sabe de tudo e sabe que ele é reto.

Entretanto, de acordo com a verdade, nem essas palavras de Jó são humildes, mas arrogantes e incompletas. Uma vez que somos criaturas, como podemos discutir com o Criador? O que Jó fazia, na verdade era errado; e ele insistia em que tinha uma vida justa e reta.

Jó diz: "Que o meu acusador faça a denúncia por escrito. Eu bem que a levaria nos ombros e a usaria como coroa. Eu lhe falaria sobre todos os meus passos; como um príncipe eu me aproximaria dele." Ele quer dizer que ele não tinha feito nada de errado diante de Deus, e que, portanto, se houvesse alguém que conseguisse apontar-lhe o dedo, consideraria suas palavras como uma coroa e se aproximaria da pessoa como que a um príncipe.

Como ele disse, devemos ser gratos, quando alguém aponta erros ou transgressões nossos dos quais não tínhamos ciência. Aqueles que são bons gostam de ouvir conselhos, mas aqueles que são maus têm o orgulho ferido. Eles não gostam de ouvir conselho e dizem: "E você não erra? Vá tomar conta da sua vida!" Se nos sentimos machucados, quando nossos erros são apontados, devemos quebrar nosso orgulho, pois a dor que sentimos é devida a ele. Assim, se simplesmente nos livrarmos do orgulho, não teremos nada no coração que nos irritará ou nos causará dor.

> "Se a minha terra se queixar de mim e todos os seus sulcos chorarem, se consumi os seus produtos sem nada pagar, ou se causei desânimo aos seus ocupantes, que me venham espinhos em lugar de trigo e ervas daninhas em lugar de cevada." Aqui terminam as palavras de Jó (31:38-40).

Jó está explicando que ele sempre foi honesto nas transações comerciais. Como seus amigos disseram que a sua terra e todos os seus frutos tinham sido destruídos por causa de suas transgressões, ele está dizendo que ele, na verdade, era íntegro com os outros.

Jó diz que, se ele tiver feito algo de errado, "que venham espinhos em lugar de trigo e ervas daninhas em lugar de cevada." Ele insiste em se justificar por nunca ter agido inapropriadamente ou injustamente. Ainda assim, ele estava passando por sofrimentos tão terríveis e, para ele, sem razão.

Jó só tinha feito coisas boas com seu bom coração, carnalmente. É por isso que ele insiste em ser justo e não se dá conta da maldade em seu coração.

Capítulo 32
O Jovem Eliú

1. Por que Eliú se Enfureceu?
2. Eliú Tenta Refutar Jó

Um Homem Justo e Íntegro se Aproximando de Deus

"Por dentro estou como vinho arrolhado, como odres novos prestes a romper. Tenho que falar; isso me aliviará. Tenho que abrir os lábios e responder. Não serei parcial com ninguém, e a ninguém bajularei, porque não sou bom em bajular; se fosse, o meu Criador em breve me levaria" (32:19-22).

1. Por que Eliú se Enfureceu?

Então esses três homens pararam de responder a Jó, pois este se julgava justo. Mas Eliú, filho de Baraquel, de Buz, da família de Rão, indignou-se muito contra Jó, porque este se justificava a si mesmo iante de Deus. Também se indignou contra os três amigos, pois não encontraram meios de refutar a Jó, e mesmo assim o tinham condenado (32:1-3).

Nessa passagem, um jovem chamado Eliú aparece, e vem indignado contra Jó e seus três amigos. O que o havia deixado assim era que Jó disse que era mais justo do que o próprio Deus. Eliú achava que Jó era arrogante e não estava certo ele se dizer justo. O jovem chegou à conclusão de que a retidão de Jó não era perfeita, pois se ele não tivesse pecado, não estaria sofrendo tanto como estava.

Além disso, Eliú também se enfureceu com os três amigos de Jó por eles não terem conseguido aconselhá-lo adequadamente e fazê-lo parar de falar do jeito como estava falando; mas só o condenado. Eliú estava indignado com o fato de que os três amigos só estava discutindo com Jó, sem serem capazes de refutá-lo.

Os três amigos de Jó não ensinavam nada a Jó, mas em vez disso, passaram a considerá-lo simplesmente um homem tolo. Eliú está expressando o seu sentimento de indignação sobre essa situação.

Eliú tinha ficado esperando para falar a Jó porque eles eram mais velhos que ele. Mas, quando viu que os três não tinham mais nada a dizer, indignou-se. Então Eliú, filho de Baraquel, de Buz, falou: "Eu sou jovem, vocês tem idade. Por isso tive receio e não ousei dizer-lhes o que sei" (32:4-6).

Eliú tinha um temperamento forte, mas como Jó e seus três amigos eram mais velhos que ele, ele não podia simplesmente entrar no debate. Entretanto, agora, muito nervoso, não consegue mais se conter.

Os que têm idade é que devem falar, pensava eu, os anos avançados é que devem ensinar sabedoria. Mas é o espírito dentro do homem que lhe dá entendimento; o sopro do Todo-poderoso. Não são só os mais velhos, os sábios, não são só os de idade que entendem o que é certo (32:7-9).

"Os que tem idade é que devem falar" e "os anos avançados é que devem ensinar sabedoria" se referem ao peso da experiência de vida e à abundância de sabedoria adquiridos à medida que a pessoa fica velha.

Eliú entendia que os homens tem um espírito dentro de si e o sopro do Todo-poderoso lhes dá entendimento. Eliú conhecia de Deus e cria Nele.

O homem consiste de espírito, alma, e corpo. Gênesis 2:7 diz, *"Então o SENHOR Deus formou o homem do pó da terra e soprou em suas narinas o fôlego de vida, e o homem se tornou um ser vivente."* Assim, o homem tem o sopro de Deus. No fundo do espírito humano, nós reconhecemos a existência de Deus, e é por isso que sentimos medo quando cometemos pecados e quando ouvimos sobre o inferno.

O versículo 9 diz, "Não só os mais velhos, os sábios, não só os de idade entendem o que é certo." Podemos inferir que Eliú chegou a uma conclusão rapidamente. Ele havia se contido só porque as outras pessoas envolvidas eram mais velhas. Se elas fossem de sua idade ou mais novas, não teria ficado calado.

Embora algumas das palavras de Eliú estejam certas, muitas estão erradas. O importante é que precisamos entender o temperamento forte e características desfavoráveis de Eliú, e tirá-las de nós. As células do cérebro humano geralmente morrem ao ficarem velhas e a memória tende a piorar. Davi já era mais sábio que o seu rei ou ministros quando era apenas um pastor de ovelhas. Sua fé era enorme – suficiente até mesmo para matar Golias. Ele era jovem, mas havia recebido grande sabedoria, pois amava e temia a Deus. Assim, as palavra de Eliú estão parcialmente corretas.

Contudo, Moisés ficou cada vez mais sábio com o passar dos anos, e, além disso, sua visão ainda foi preservada.

2. Eliú Tenta Refutar Jó

Por isso digo: Escutem-me; também vou dizer o que sei. Enquanto vocês estavam falando, esperei; fiquei ouvindo os seus arrazoados; enquanto vocês estavam procurando palavras, dei-lhes total atenção. Mas nenhum de vocês demonstrou que Jó está errado. Nenhum de vocês respondeu aos seus argumentos. Não digam: 'Encontramos a sabedoria; que Deus o refute, não o homem' (32:10-13).

Eliú assistiu o debate entre Jó e seus amigos a fim de achar uma oportunidade de refutar Jó. Ele achava que Jó estava errado e esperava que seus amigos o refutassem.
Ao ouvir a discussão como alguém de fora, percebeu que os três amigos de Jó não haviam conseguido refutá-lo e acabar com o debate. Assim, Eliú falou (como quem admoestava) aos amigos para não chegarem à conclusão de que só Deus poderia dar um fim naquela discussão. Ele está expressando aqui a sua auto-confiança e que pode fazer Jó ceder.
No entanto, Eliú também não conseguiu fazer com que Jó entendesse nada. Aos padrões humanos, Jó havia tido uma vida exemplar com o melhor modelo de bondade. Ninguém podia ensiná-lo nada com palavras humanas.

Nem Eliú nem nenhum dos três amigos de Jó tem mais amor, generosidade e bondade que ele. Eles não tinham mais conhecimento que ele. Logo, como poderiam tentar ensiná-lo?

Ora ele não dirigiu contra mim palavra alguma, nem lhe responderei com as vossas palavras. Estão pasmados, não respondem mais, faltam-lhes as palavras. Esperei, pois, mas não falam; porque já pararam, e não respondem mais. Também eu responderei pela minha parte; também eu declararei a minha opinião. Porque estou cheio de palavras; o meu espírito me constrange [Almeida Corrigida e Revisada Fiel – Ed. 1994] (32:14-18).

Eliú diz que não deveria falar antes de Jó falar com ele. Ele está dizendo que não deveria iniciar a conversa e conversar com

Jó, pois ele não estava falando com ele. Eliú foi moderado ao segurar seu modo de pensar e ser educado até agora.

Os amigos de Jó não conseguiriam dizer nada porque estavam surpresos demais em ter Eliú lhes repreendendo e argumentando com Jó. Como não disseram nada, Eliú começa a falar de novo.

No versículo 17 ele diz, "Também eu responderei pela minha parte" Elií está simplesmente dizendo que vai tentar expressar sua opinião da melhor forma possível.

Aqui, no versículo 18, Eliú diz, "Porque estou cheio de palavras; o meu espírito me constrange." Ele se sente constrangido de certa forma, pois tem muitas coisas para falar mas não pode dizer tudo. Ele se sente assim porque tem maldade em seu coração. Sentimo-nos como quando queremos apontar algo, mas não podemos.

Isso vem de uma mente má. Não precisamos dizer nada a menos que seja necessário. Aqueles que são cheios da verdade, não se sentem constrangidos, mas movem o coração dos outros com a sabedoria do alto. Portanto, podemos ver aqui como Eliú está longed a verdade.

Por dentro estou como vinho arrolhado, como odres novos prestes a romper. Tenho que falar; isso me aliviará. Tenho que abrir os lábios e responder. Não serei parcial com ninguém, e a ninguém bajularei, porque não sou bom em bajular; se fosse, o meu Criador em breve me levaria (32:19-22).

O vinho arrolhado é algo de muito valor. Quanto mais velho for, mais caro é.

Eliú diz que ele é como o vinho arrolhado porque tem muitas coisas para falar. Ele está o quanto se sente reprimido por ter permanecido com a boca fechada até agora.

Ele diz que está prestes a se romper como odres novos. Na verdade, é difícil que odres novos se rompam. Assim, vemos que ele quer muito interferir na conversa. Eliú quer muito renegar a Jó com as suas palavras, e acha que está certo e é bom. Todavia, segundo à verdade, isso tudo é maldade.

Bajular alguém é falar bem da pessoa com o desejo de ter algo em troca. Só o fato de ceder, no entanto, não é bajular. A verdadeira justiça não é confrontar o mal, mas é nos humilharmos e servirmos os outros. Eliú está expressando apenas a sua própria justiça.

Capítulo 33
Conheça Você Mesmo

1. Eliú Condena Jó
2. Corações Obstinados
3. Eliú Fala Coisas Erradas sobre Deus

"Pois a verdade é que Deus fala, ora de um modo, ora de outro, mesmo que o homem não o perceba. Em sonho ou em visão durante a noite, quando o sono profundo cai sobre os homens e eles dormem em suas camas, ele pode falar aos ouvidos deles e aterrorizá-los com advertências, para prevenir o homem das suas más ações e livrá-lo do orgulho, para preservar da cova a sua alma e a sua vida da espada" (33:14-18).

1. Eliú Condena Jó

Mas agora, Jó, escute as minhas palavras; preste atenção a tudo o que vou dizer. Estou prestes a abrir a boca; minhas palavras estão na ponta da língua. Minhas palavras procedem de um coração íntegro; meus lábios falam com sinceridade o que eu sei (33:1-3).

Até agora, Eliú não tinha falado, mas agora ele tem a chance de dizer o que queria. Jó está cansado, pois tem discutido com seus amigos. Eliú está chamando a atenção de Jó, porque ele acredita que Jó precisa ouvi-lo cuidadosamente e aprender a lição que ele quer dar.

Eliú tinha muitas coisas para falar, as quais surgiram enquanto assistia ao debate entre Jó e seus amigos. É por isso que ele diz: "Minhas palavras estão na ponta da língua." Ele tem tanto a dizer e está tão ansioso para falar, que está prestes a soltar tudo, sem pensar.

Podemos ver três pontos negativos na atitude de Eliú. Primeiro, julgar tudo rápido demais; segundo, não ter domínio próprio; terceiro, achar que é certo e apropriado dizer o que bem quer.

Ao criticar Jó, Eliú diz que está falando com sinceridade daquilo que sabe, com um coração íntegro. Eliú não tinha a mínima ideia de Jó ter dito aquelas coisas até então. Mesmo assim, ao ouvi-lo, Eliú chega a uma conclusão, julga e agora critica Jó.

Eliú também achava que Jó estava passando por tudo aquilo porque ele era mau. Ele havia ouvido suas palavras, mas com seu modo de pensar preconceituoso, considerou Jó como sendo uma má pessoa e um mentiroso.

O Espírito de Deus me fez; o sopro do Todo-Poderoso me dá vida. Responda-me, então, se puder; prepare-se para enfrentar-me. Sou igual a você diante de Deus; eu também fui feito do barro. Por isso não lhe devo inspirar temor, e a minha mão não há de ser pesada sobre você (33:4-7).

Eliú crê no Deus Criador e reconhece o Seu poder. Ele também tinha uma consciência boa para seguir a verdade e reconhecia Deus. Achou que tinha começado a responder ao que Jó tinha dito tão sabiamente, que certamente Jó ficaria em silêncio. Então, confiadamente pede a Jó para refutá-lo, se pudesse.

Em primeiro lugar, um homem cheio de verdade não tem a necessidade de dizer muita coisa. Quando os fariseus, os mestres da Lei ou os escribas tentavam acusar Jesus, Ele simplesmente falava palavras com autoridade e dava um fim à conversa, de modo que não houvesse discussão. Ele nunca disse algo como: "Responda-me, se for capaz!"

Segundo a verdade, se ajudarmos os outros e os fizermos entender as coisas, isso já é o bastante. Mas, se machucarmos os outros, fazendo-os sofrer ou armarmos contra eles, isso vem de um coração mau. É bom levar os outros ao arrependimento, mas, querer que eles cedam, provém de um coração com maldade.

O homem é criado do pó. Eliú diz que tanto ele como Jó foram feitos do pó, mas que a autoridade e dignidade de Jó eram maiores. Aqui, dignidade é uma característica que Jó adquiriu com seu conhecimento e educação, assim como sua autoridade e inflência. Ambos foram formados do pó, por Deus, mas o conhecimento e riquezas de Jó eram bem maiores do que as de Eliú.

Mas você disse ao meu alcance; eu ouvi bem as palavras: 'Estou limpo e sem pecado; estou puro e sem culpa. Contudo, Deus procurou em mim motivos para inimizade; ele me considera seu inimigo. Ele acorrenta os meus pés; vigia de perto todos os meus caminhos.' Mas eu lhe digo que você não está certo, porquanto Deus é maior do que o homem (33:8-12).

Eliú está dizendo: "Jó, tenho certeza de que o ouvi dizendo que é puro, sem transgressões e sem culpa."

Aqui, Eliú quer ter a certeza de que Jó sabe que ele o ouviu dizer essas coisas, para que depois não possa negar.

Vamos falar um pouco sobre transgressão, culpa e injustiça. O desejo de roubar, em si, é uma transgressão, mas quando colocado em ação, a pessoa é culpada. Isso, em si, é injustiça. Os injustos não são diferentes dos animais, pois não cumprem com os deveres do homem.

Jó podia dizer que era inocente, porque, quando refletia sobre a sua vida e se autoexaminava, ele achava que não tinha nenhum pecado.

Além disso, Jó não cometia nenhum pecado em ação. Hoje, as pessoas geralmente olham para as outras de alto a baixo e pensam ser melhores que elas. Jó já havia sido o homem mais rico do leste, possuindo conhecimento e muitos bens; mas, ainda assim, tratava bem os outros.

Contudo, mesmo assim, enfrentou todos aqueles desastres e doença. É por isso que ele disse que Deus 'pôs seus pés no tronco.' Ele estava dizendo que Deus estava observando todos os seus caminhos.

O que Eliú está dizendo é: "Você diz que Deus está errado e você está certo, então você acha que é maior que Deus? Você não está condenando Deus?"

No sentido físico e humano, as palavras de Jó estavam certas. Ele era reto e sincero. Contudo, já sabemos que em um sentido espiritual, ele não era tão justo assim.

Eliú, todavia, está julgando Jó, dizendo que ele está completamente errado. Assim, Eliú não estava certo nem física nem espiritualmente. Ele não entendia a vontade de Deus e, mesmo assim, estava acusando Jó como se O fosse. Estava fazendo algo muito rude.

Jó estava falando a verdade, de fato, mas como seus três amigos e Eliú não eram honestos, eles se recusavam a aceitar o que Jó estava dizendo.

2. Corações Obstinados

Por que você se queixa a ele de que não responde às palavras dos homens? (33:13)

Como Jó se considerava um homem justo, Eliú está tentando refutá-lo com seu conhecimento.

O que Eliú está dizendo é: "Deus pode fazer aquilo que quiser e não tem de dizer-lhe o que está fazendo. Por que você se queixa Dele? Deus, às vezes, fica em silêncio. Por que você diz que Ele não lhe responde e que está destruindo uma pessoa justa como você? Jó, Deus não falaria com alguém como você, então, por que você simplesmente não fica calado?"

Eliú está dizendo isso, porque certa vez Jó disse: "Deus, se eu tiver pecado, por favor me mostre. Não tenho pecado. Como podes fazer isso comigo?"

Precisamos ver que os pensamentos de Eliú não são bons. Ele pode até ter sido sincero e honesto, mas seus pensamentos são muito duros e inflexíveis. Se alguma coisa não estivesse de acordo com seu modo de pensar, ele não cederia nem tentaria entender a outra pessoa. Ele só aceitava as palavras dos outros, quando elas condiziam com suas ideias.

A verdade nos diz para buscarmos o benefício do outro, e não o nosso. Devemos ser capazes de transformar nossas ideias ou conhecimento. Devemos ter corações generosos e conseguir aceitar as mais diferentes ideias de outras pessoas, para que consigamos entender e ter paz uns com os outros.

Que possamos checar se a nossa atitude tem sido a mesma de Eliú. Chegamos a conclusões de que os outros estão errados, quando eles têm ideias diferentes das nossas? As pessoas que erram muito, que sem zelo bagunçam tudo, e têm outros defeitos como esses, causam problemas e trazem sempre desconforto, dor e sofrimento aos outros. No entanto, elas às vezes nem percebem que estão fazendo isso.

Pois a verdade é que Deus fala, ora de um modo, ora de outro, mesmo que o homem não o perceba. Em sonho ou em visão durante a noite, quando o sono profundo cai sobre os homens e eles dormem em suas camas, ele pode falar aos ouvidos deles e aterrorizá-los com advertências, para prevenir o homem das suas más ações e livrá-lo do orgulho, para preservar da cova a sua alma, e a sua vida da espada (33:14-18).

Eliú acabou de falar que Deus não falaria com alguém como Jó, e agora está dizendo que Deus fala em sonhos e visões.

O que ele está dizendo na verdade é que Deus ensinaria gentilmente aos justos através de sonhos ou visões, mas não falaria com Jó, porque ele é mau. Ao falar dessa diferença, Eliú está tentando fazer com que Jó admita que ele é uma pessoa má. Contudo, a lição que Eliú queria dar a Jó não o ajudou a entender nada, mas só o fez sofrer mais.

O versículo 17 diz: "para prevenir os homem das suas más ações e livrá-lo do orgulho." Eliú está dizendo que Deus fala com o justo através de sonhos e visões, para que ele não se perca.

O versículo 18 diz: "para preservar da cova a sua alma, e a sua vida da espada [ou Sheol]." Como vemos na Bíblia, Deus salvou Daniel da cova dos leões e seus três amigos da fornalha. Ele também salvou Jonas na barriga do peixe.

Eliú está dizendo que Deus salvaria e falaria apenas com os justos. Como Jó é um homem mau, Deus não poderia nem falar com ele nem salvá-lo. Com seu próprio senso de justiça, Eliú está usando de fato aqui o nome de Deus em vão.

Ou o homem pode ser castigado no leito de dor, com os seus ossos em constante agonia, sendo levado a achar

a comida repulsiva e a detestar na alma sua refeição preferida. Já não se vê sua carne, e seus ossos, que não se viam, agora aparecem. Sua alma aproxima-se da cova, e sua vida, dos mensageiros da morte (33:19-22).

'O homem' aqui se refere a Jó, e Eliú está referindo-se indiretamente a ele. Se o homem tem seus ossos em constante agonia, ele luta contra uma terrível dor e nem sua comida predileta lhe dá prazer. Se o homem fica de cama por muito tempo, ele naturalmente perde peso e fica sendo pele e osso.

O versículo 22 diz: "Sua alma aproxima-se da cova, e sua vida, dos mensageiros da morte." Isso quer dizer que a vida está quase no fim.
Eliú não está confortando Jó, mas sim atacando-o, dizendo: "Deus o abandonou, porque você é mau, e você está à beira da destruição."

3. Eliú Fala Coisas Erradas sobre Deus

Havendo, porém, um anjo ao seu lado, como mediador dentre mil, que diga ao homem o que é certo a seu respeito, para ser-lhe favorável e dizer: 'Poupa-o de descer à cova; encontrei resgate para ele', então sua carne se renova, voltando a ser como de criança; ele se rejuvenesce. Ele ora a Deus e recebe o seu favor; vê o rosto de Deus e dá gritos de alegria, e Deus lhe restitui a condição de justo (33:23-26).

Jó estava à beira da morte. Agora Eliú está dizendo que, se um dentre mil anjos reconhecesse que o homem doente fez algo de certo, então Deus o salvaria. Em outras palavras, Eliú está condenando Jó como um homem cheio de maldade, sem chance de receber a salvação.

Como as feridas de Jó não paravam de rachar, a dar pus e endurecer, a sua pele era como o casco de pinheiros.

O versículo 25 diz que, se Jó tivesse feito alguma coisa boa e justa e ela fosse reportada a Deus por um anjo, sua carne se renovaria mais que em sua mocidade. Então, ele oraria a Deus e Ele lhe daria graça e o reconheceria como um homem bom e justo. Ele teria paz com Deus.

Eliú está dizendo algo que não está certo. Da forma como ele disse, trata-se de um homem que é tão mau, que não é possível achar nele bondade nenhuma. Contudo, suponha que esse homem faça uma coisa boa e que ela seja reconhecida e reportada a Deus por um anjo. Dessa forma, ele então é salvo da cova e é chamado de justo pelos outros. Se algo assim fosse verdade, todas as pessoas do mundo seriam salvas! Até a pior delas teria pelo menos um ato de bondade a lhe ser atribuído.

Eliú está só julgando e dando o veredicto a Jó com o seu conhecimento e senso comum. Segundo o conhecimento de Eliú, Deus é justo e nunca pode punir ninguém inocente.

Na sua opinião, Jó estava sofrendo de acordo com a maldade que tinha em seu coração. Eliú está condenando Jó, dizendo que ele só tinha se gabado, e que seus atos de bondade eram pura hipocrisia. Apesar de tudo que Jó disse ser verdade, todos acham que ele estava mentindo. É por isso que Jó não tinha o mínimo interesse em ouvir Eliú.

Depois ele vem aos homens e diz: 'Pequei e torci o que

era certo, mas ele não me deu o que eu merecia. Ele resgatou a minha alma, impedindo-a de descer à cova, e viverei para desfrutar a luz' (33:27-28).

Eliú está concluindo a seguinte coisa sobre o futuro de Jó: "Jó seria liberto de seus sofrimentos e cantaria aos homens, dizendo: 'pequei e perverti o que é certo, ao debater com meus amigos, e de nada adiantou. Mas depois de ouvir a Eliú, me arrependi e fiz uma coisa justa. Então, um anjo reportou a Deus e Ele me salvou da cova e me fez recuperar. Agora posso cantar diante das pessoas e me regozijar!'"

Eliú achava que estava falando a verdade, quando, na realidade, nada daquilo estava certo. Ele só feriu mais os sentimentos de Jó.

"Deus faz dessas coisas ao homem duas ou três vezes, para recuperar sua alma da cova, a fim de que refulja sobre ele a luz da vida. "Preste atenção, Jó, e escute-me; fique em silêncio, e falarei. Se você tem algo para dizer, responda-me; fale logo, pois quero que você seja absolvido. Se não tem nada para dizer, ouça-me, fique em silêncio, e eu lhe ensinarei a sabedoria" (33:29-33).

Eliú está tentando explicar que Deus salva até as pessoas más da cova, se elas tiverem um ato de bondade que seja, mesmo sendo cheias de injustiça; e que Deus também as ilumina com a luz da vida.

Mas devemos saber que Deus não faria uma coisa assim. Deus demonstra Sua justiça aos honestos e faz com que os justos brilhem, a fim de que muitos possam seguir aquela luz. Deus não abençoaria alguém com pecados e maldade acumulados, só por causa de uma boa obra. Deus quer que todos nós saiamos da escuridão da maldade para a luz, e Ele nos guia por esse caminho. Ele não quer que habitemos nas trevas cinquenta por cento do tempo e na luz a outra metade.

Eliú está agora ensinando algo que não é verdade, como se fosse, e Jó só está sofrendo. Jó estava perplexo com as coisas sem sentido que Eliú estava falando. Ele não podia mais ficar quieto e finalmente decidiu que iria responder-lhe.

No versículo 31 Eliú diz: "preste atenção, Jó, e escute-me; fique em silêncio, e falarei." Ele era muito rude. Jó está numa situação deplorável e Eliú, arrogante, vomita palavras sobre ele.

"Jó, eu tenho muito mais sabedoria que você. Vou ensiná-lo a ser justo. Então, fique quieto e me escute!"

Você consegue enxergar o nível de desdém com que Eliú chega a tratar Jó? Ele diz que o ensinaria a justiça! Disse que queria fazer de Jó um homem justo, com a sua sabedoria, mas aquilo não era sabedoria. Não é certo dizer: "Fique em silêncio e deixe-me falar." Uma vez que Eliú impediu que Jó falasse qualquer coisa e presumiu que lhe ensinaria o que fazer, Jó estava nervoso e seu coração queimava ainda mais de ansiedade.

Capítulo 34
O que é a Verdadeira Sabedoria e Conhecimento?

1. Que Não Sejamos Juízes
2. Enfatizando a Soberania de Deus
3. Destrua o Orgulho Próprio e Sentimentos Negativos
4. Que Não Julguemos nem Condenemos

"Visto que ele repara nos atos que eles praticam, derruba-os, e eles são esmagados. Pela impiedade deles, ele os castiga onde todos podem vê-los. Isso porque deixaram de segui-lo e não deram atenção aos caminhos por ele traçados. Fizeram chegar a ele o grito do pobre, e ele ouviu o clamor do necessitado" (34:25-28).

1. Que Não Sejamos Juízes

Eliú continuou: "Ouçam as minhas palavras, vocês que são sábios; escutem-me, vocês que têm conhecimento. Pois o ouvido prova as palavras como a língua prova o alimento. Tratemos de discernir juntos o que é certo e de aprender o que é bom" (34:1-4).

No versículo 2, Eliú diz: "Ouçam as minhas palavras, vocês que são sábios", e ele está dizendo isso a Jó, a seus amigos e às pessoas ao redor deles.

O que Eliú está dizendo é: "Escutem-me, pois estou falando palavras de sabedoria e coisas certas que jamais imaginariam! Eu tenho mais sabedoria que vocês e, aqueles que se dizem sábios, me escutem e aprendam."

Em uma auto-ilusão, Eliú está menosprezando os outros. Ele está falando para que o escutem, enquanto expõe toda a sua sabedoria e conhecimento. Entretanto, suas palavras eram baseadas em sabedoria e conhecimento imperfeitos e em seus sentimentos pessoais. Portanto, o que ele dizia machucava os outros e causava confusão.

A sabedoria espiritual mencionada na Bíblia é ter um entendimento da palavra de Deus, que é vida. Ter conhecimento espiritual é ter entendimento da palavra de Deus. Entender a palavra de Deus é sabedoria. Temos de ter o conhecimento do significado espiritual da palavra.

O versículo 3 diz: "Pois o ouvido prova as palavras como a língua prova o alimento." O ouvido é uma estrutura com a qual ouvimos os sons, e não com a qual discernimos as palavras dos homens. Apenas ouvimos a vibração dos sons com nossos órgãos auditivos. Discernimos os sons com pensamentos no cérebro e mente, não com os ouvidos.

Jó afirma: 'Sou inocente, mas Deus me nega justiça. Apesar de eu estar certo, sou considerado mentiroso; apesar de estar sem culpa, sua flecha me causa ferida incurável.' Que homem existe como Jó, que bebe zombaria como água? Ele é companheiro dos que fazem o mal, e anda com os ímpios. Pois diz: 'Não dá lucro agradar a Deus' (34:5-9).

Eliú está resumindo o que Jó disse, usando apenas três pontos. Obviamente, o que ele diz aqui é verdade. Mas, então, por que Jó disse tais coisas?

Jó era um homem íntegro e honesto, que vivia uma vida justa, segundo a sua consciência. No entanto, depois que Deus lhe tirou os filhos e bens e o atingiu com feridas, ele perguntou onde poderia estar a justiça de Deus. É por isso que Jó disse que era mais justo que Deus.

Ele não pôde deixar de pensar que Deus não era honesto ou reto, pois ele vivia uma vida honesta e, ainda assim, Deus o considerou como uma pessoa má e o puniu, fazendo-o parecer mentiroso. Aos olhos de Jó, ele não tinha pecado algum e não poderia ser culpado por isso; mas Deus o tratava como um pecador e ainda o fazia sofrer com as terríveis feridas. É por isso que ele concluiu que Deus era defeituoso.

Até hoje existem pessoas com ideias distorcidas como as de Jó. Elas dizem que guardam o domingo e vivem vidas na fé fielmente. Contudo, ainda assim, Deus não as abençoa. Por causa disso, elas reclamam de Deus e não são abençoadas, porque se acham justas, quando, aos olhos de Deus, elas têm muita maldade. Mas elas não se dão conta disso. Elas não sabem que não têm amor ou generosidade. Só acham que os outros é que estão errados.

Do ponto de vista de Eliú, Jó deve ter sido inacreditavelmente mau! Eliú deve ter pensado: "Um homem desses, como um verme, dizendo que Deus é mau! Jó, será que existe alguém no mundo pior que você?" Para Eliú, Jó estava zombando de Deus.

O versículo 8 diz: "Ele é companheiro dos que fazem o mal, e anda com os ímpios."

As pessoas tendem a se associar a pessoas semelhantes a elas mesmas. Sendo assim, o homem bom tende a buscar a companhia de um homem bom; e o mau, do mau. Apostadores se juntam a apostadores. Aqueles que gostam de caluniar os outros se juntam àqueles que gostam de fazer o mesmo.

Antes de as tribulações virem sobre Jó, seus companheiros eram aqueles com fama social, poder, sabedoria e entendimento. Contudo, ao perder tudo, aqueles que costumavam estar com ele, deram-lhe as costas. Tudo o que ele tinha agora eram pessoas zombando dele. É por isso que Eliú está dizendo que Jó é companheiro dos que fazem mal e que anda com os ímpios.

Jó disse a essas pessoas más: "Eu agradava a Deus antes, mas

Deus me encheu de feridas e culpas. Hoje sou um nada." Ao ouvir isso, Eliú condenou Jó como sendo um homem muito mau.

2. Enfatizando a Soberania de Deus

Por isso, escutem-me, vocês que têm conhecimento. Longe de Deus o fazer o mal, e, do Todo-poderoso, o praticar a iniquidade. Ele retribui ao homem conforme o que este fez, e lhe dá o que a sua conduta merece. Não se pode nem pensar que Deus faça o mal, que o Todo-poderoso perverta a justiça (34:10-12).

Ao dizer: "Por isso, escutem-me, vocês que têm conhecimento", Eliú está pedindo aquelas pessoas para não perderem nenhuma palavra sua sequer, para prestarem atenção nele e realmente refletirem naquilo que ele diz.

Por que Eliú diz "Todo-Poderoso"? O Todo-Poderoso tem o poder e a autoridade. Eliú está dizendo que Deus tem o poder e a autoridade, mas que não os utiliza para fazer nada injusto.

O que Eliú está dizendo é: "Jó, você é um homem mau. Deus não faz maldade nenhuma, nem age injustamente. Ele permite que os homens colham aquilo que semeiam e os retribui de acordo com as suas obras. Deus é o Todo-Poderoso, e ele não julga injustamente. A razão pela qual esse Deus o puniu é certamente porque você é mau e injusto, além de mentiroso."

Quem o nomeou para governar a terra? Quem o encarregou de cuidar do mundo inteiro? Se fosse intenção dele, e de fato retirasse o seu espírito e o seu sopro, a humanidade pereceria toda de uma vez, e o homem voltaria ao pó. Portanto, se você tem entendimento, ouça-me, escute o que lhe digo. Acaso quem odeia a justiça poderá governar? Você ousará condenar aquele que é justo e poderoso? (34:13-17)

Eliú está dizendo que foi o Deus, Criador, quem fez a terra e tudo que nela existe. Se o Deus Todo-Poderoso tirar o Seu espírito e o sopro dos seres vivos, todos perecerão e voltarão ao pó.

O poder de Deus é soberano, mas Ele não o utiliza mal com a Sua autoridade. Deus é a Verdade em si e Ele habita na bondade, justiça, retidão e amor. Ele, não simplesmente, exerce a Sua autoridade sem discernimento; Ele nunca faz nenhum mal. Ele é digno de nossa absoluta confiança e temor reverente.

O versículo 16 diz: "Portanto, se você tem entendimento, ouça-me, escute o que lhe digo." Eliú está falando que ele é muito mais sábio que os outros. Ele está sendo arrogante, pois pouco antes havia falado: "Vocês que têm conhecimento", e agora está dizendo: "Se você tem entendimento."

Ele está dizendo, "Deus é justo. Ele é reto e tem todo o poder. Jó, como pode condenar Deus?"

Não é ele que diz aos reis: 'Vocês nada valem', e aos nobres: 'Vocês são ímpios'? Não é verdade que ele não mostra parcialidade a favor dos príncipes, e não favorece o rico em detrimento do pobre, uma vez que todos são obra de suas mãos? (34:18-19)

Somos criaturas, e como tais, é bom exaltarmos a Deus. Entretanto, a mente de Eliú é má, ele está condenando Jó, enquanto exalta Deus como o seu conhecimento próprio.

Podemos ver algo assim em nossa vida também. Algumas pessoas, por serem más, colocam Deus no meio de suas discussões ou envolvem uma terceira parte para condenar ou prejudicar outros.

Deus não diz ao rei: 'imprestável' ou aos nobres: 'ímpios.' Ele não discrimina as pessoas. Em Sua justiça, Deus trabalha de acordo com a bondade e as obras de cada um.

Morrem num momento, em plena noite; cambaleiam e passam. Os poderosos são retirados sem a intervenção de mãos humanas. Pois, Deus vê o caminho dos homens; ele enxerga cada um dos seus passos. Não há sombra densa o bastante, onde os que fazem o mal possam esconder-se. Deus não precisa de maior tempo para examinar os homens e levá-los à sua presença para julgamento. Sem depender de investigações, ele destrói os poderosos e coloca outros em seu lugar (34:20-24).

Eliú está dizendo: "Jó, Você já foi um homem nobre, rico e respeitado. Mas, uma vez que Deus fez todas as coisas com as Suas mãos, Ele não o considerou digno. Pessoas assim são abaladas e morrem à meia-noite. Até os poderosos são destruídos sem ser consultados."

Deus sabe de todas as coisas e pode fazer tudo. Ele observa e conta todos os nossos passos.

Eliú está dizendo que os maus são como as trevas, mas não têm onde se esconder, pois tudo é revelado diante de Deus. Não há lugar ou sombras onde o homem possa se esconder.

Em essência, Eliú está dizendo: "Jó, Deus o puniu por suas

iniquidades e é por isso que está sofrendo e seguindo para a morte. Você tem algum lugar para se esconder? A autoridade de Deus é absoluta, e ninguém pode objetar-se a ela. Deus o pune sem consultá-lo, porque você é um homem mau. Já teve autoridade e riquezas, mas Deus conhece os pecados que cometeu, ao se levantar contra Ele. Portanto, Deus o destruirá e colocará outra pessoa em seu lugar, a quem irá abençoar."

Imagine como Jó deve ter-se sentido ao ouvir essas palavras. Dar esperança aos outros é bondade. Agora, quanto Eliú odiava Jó para falar essas coisas? Devemos entender muito bem sobre maus sentimentos e certas emoções.

3. Destrua o Orgulho Próprio e Sentimentos Negativos

Eliú estava bravo, seu orgulho havia sido ferido e ele tinha sentimentos negativos em relação a Jó. Ele achava que Jó estava se queixando de Deus e fingindo ser justo, apesar de todo o seu sofrimento e tribulação. É por isso que ele está dizendo que foi muito bom Deus ter punido Jó sem demora.

Deus nos fala para sermos pacientes. Ele não é alguém que pune pecadores, sem paciência. Ele é manso e paciente. Ao invés de punir os homens pelos seus pecados, Ele deixa passar um bom tempo, lembrando-se das coisas boas que eles também fizeram.

Aqui, podemos ver que Eliú se sentia com o orgulho ferido, quando Jó era rico e próspero. Podemos ver isso pelo modo negativo que ele fala de Jó. Com sentimentos negativos, Eliú está julgando e condenando Jó, destruindo-o com suas palavras.

Orgulho é se considerar melhor do que os outros e não ceder. Há quem diga: "Prefiro morrer a abrir mão do meu orgulho próprio."

Mas a verdade não nos ensina a agir assim. Quando Jesus foi pendurado na cruz, muitos zombaram Dele dizendo: "Se és o filho de Deus, desce da cruz agora e creremos!" Se Jesus tivesse algum orgulho próprio, Ele teria descido da cruz naquela mesma hora e dito: "Vejam! Eu sou o Todo-Poderoso!"

Na verdade, nem tomar a cruz Ele teria tomado, se houvesse algum orgulho próprio dentro de Seu coração. Se o apóstolo Paulo tivesse algum orgulho próprio, ele não teria ido para a prisão, mas teria tirado proveito de seus direitos como cidadão do Império Romano.

Maus sentimentos vêm do orgulho escondido no coração sem verdade. Nosso orgulho é geralmente ferido, quando nos comparamos com os outros, e, uma vez feridos, temos maus sentimentos e passamos a odiar essas pessoas.

Temos antipatia delas e as interpretamos mal. Chegamos até a procurar por seus erros e falhas. Ao agir assim, ficamos cada vez piores. Há quem chega ao ponto de mentir e caluniar os outros, acumulando maldade sobre maldade, por causa de seus maus sentimentos.

Precisamos entender claramente o tanto que os maus sentimentos causados pelo nosso orgulho têm de maldade. Temos de abrir os olhos para o tamanho dos sofrimentos que eles podem nos trazer. Só nos fazem virar uns contra os outros e causar disputas.

Por causa do orgulho, alguns crentes tropeçam e até perdem a fé. Algumas pessoas param de gostar da igreja e do pastor, e, em casos extremos, até saem da igreja.

Se tirarmos esse ódio ou raiva dos nossos corações, só haverá espaço para o amor e, assim, ficaremos felizes com a prosperidade dos outros. Maus sentimentos ferem nosso orgulho. Que possamos nos livrar de ambos e nos tornar cristãos maduros que agem em verdade e amor. Sem maldade dentro de nós, podemos receber amor ilimitado de Deus.

Visto que ele repara nos atos que eles praticam, derruba-os, e eles são esmagados. Pela impiedade deles, ele os castiga onde todos podem vê-los. Isso porque deixaram de segui-lo e não deram atenção aos caminhos por ele traçados. Fizeram chegar a ele o grito do pobre, e ele ouviu o clamor do necessitado (34:25-28).

Aqui, 'eles' são aqueles que são maus e não se importam com os órfãos e viúvas. Indiretamente, se refere a Jó. Eliú está dizendo que Deus pode destruí-lo de uma hora para outra e, como sabe de tudo, o castiga em público.

A frase "Deixaram de segui-lo e não deram atenção aos caminhos por Ele traçados" significa que eles saíram do caminho de Deus, fazendo aquilo que bem entendiam.

Indiretamente, Eliú está na verdade dizendo: "Jó, Deus o está punindo porque você O deixou e não considerou os Seus caminhos."

Eliú está criticando Jó indiretamente. Jó estava com as emoções à flor da pele por já ter discutido com seus amigos. Criticá-lo diretamente, nessa situação, não seria nada sábio de Eliú fazer. Assim, Eliú se direciona a ele indiretamente: "Jó, você fez a vida dos pobres ficar pior e muitas pessoas hoje sofrem por sua causa. Elas clamaram a Deus e Ele as ouviu."

Jó era uma pessoa muito boa, sem nenhuma maldade, num sentido físico. Ele temia a Deus e era reto. Tratava os ricos e pobres da mesma forma. Quantas pessoas como ele há no mundo? Eliú está fazendo acusações injustas. Ouvindo-o falar, parece que Jó é um homem muito mau.

Hoje também devemos saber discernir pessoas como Eliú, que têm a concepção errada das coisas.

4. Que Não Julguemos nem Condenemos

Mas, se ele permanecer calado, quem poderá condená-lo? Se esconder o rosto, quem poderá vê-lo? No entanto, ele domina igualmente sobre homens e nações, para evitar que o ímpio governe e prepare armadilhas para o povo (34:29-30).

Quando o Senhor dá paz a uma pessoa, quem pode ousar dizer a Deus: "Estás errando!"? O que isso quer dizer?
O que Eliú quer dizer é: "Jó, você é um homem mau, e se Deus o destruir, os pobres e as pessoas que sofriam por sua causa terão paz! Quem pode dizer a Deus: "Estás errado", quando Ele dá paz a essas pessoas? Jó, você não pode encontrar Deus, não importa o quanto clamar, pois você é mau!"

Podemos ver muitas inverdades nas palavras de Eliú. Deus não abandonou Jó, mas só estava fazendo com que ele se tornasse um vaso melhor, a fim de abençoá-lo mais.

O versículo 29 diz: "sobre homem e nações; expressão que implica tudo." Significa que Deus destrói os que não creem

Nele, para que eles não governem nem sejam armadilhas para as pessoas. Eliú está dizendo que Jó se encaixa nesse perfil, e Deus vai puni-lo.

Se Deus trabalhasse dessa maneira, então não haveria mais pessoas más nesse mundo. Eliú está falando as coisas como se ele fosse o próprio Deus, com incrível arrogância, e ainda está usando o nome de Deus em vão.

Pois jamais disse alguém a Deus: Tenho suportado castigos, ainda que não ofendo. O que não vejo, ensinas-me tu; Se tenho feito iniquidade, não a tornarei fazer? Será a tua recompensa, como queres, para que a recuses? Pois tu tens que fazer a escolha e não eu: Portanto, fala o que sabes [Sociedade Bíblica Britânica] (34:31-33).

No modo de ver de Eliú, Jó estava sendo punido e, ainda assim, nunca tinha dito: "Não vou mais pecar." Eliú está dizendo que não só Jó, mas a maioria das pessoas não se dá conta de suas falhas, quando passam por um castigo de Deus.
Como Eliú disse: Jó nem reconhecera seu erro, nem se arrependera dele. Contudo, para Jó era realmente muito difícil aceitar aquelas palavras. Seus caminhos eram todos bons, e ele sempre havia seguido a justiça. Para Jó, as palavras de Eliú não tinham nada a ver com ele.

O versículo 33 diz: 'como queres.' Isso se refere à vontade de Jó. Jó tinha uma vontade, isto é, um sonho e visão e, assim, ele oferecia sacrifícios a Deus e orava a Ele. Então, Deus, de fato, respondeu às suas orações. Em outras palavras, Deus está refinando-o, para que ele seja mais perfeito e próspero que antes.

No entanto, o que Eliú está dizendo é totalmente diferente disso. Ele quer dizer: "Jó, você tinha uma vontade, seu sonho e visão, orava a Deus para sua realização e Deus lhe respondeu em justiça. Você praticou a maldade, porque é um homem mau. Por que esse desgosto por Deus, uma vez que Ele está fazendo a coisa certa?"

Jó só fazia coisas boas e, ao ouvir Eliú chamando-o de mau, ele não conseguia entender o porquê.

Eliú diz: "Você não está gostando disso, faça o que quiser. Não sou eu quem devo agir aqui; e eu não tenho de ensinar-lhe nada. Simplesmente faça o que quer fazer."

> **Os homens de bom senso, os sábios que me ouvem, me declaram: 'Jó não sabe o que diz; não há discernimento em suas palavras.' Ah, se Jó sofresse a mais dura prova, por sua resposta de ímpio! Ao seu pecado ele acrescenta a revolta; com desprezo bate palmas entre nós e multiplica suas palavras contra Deus (34:34-37).**

Eliú está conclusivamente dizendo que suas palavras são sábias e que Jó falava sem sabedoria. Como Eliú é arrogante! Ele diz que aqueles que discordam dele não são sábios.

Ele diz que suas palavras têm sabedoria e entendimento. Assim, as pessoas devem concordar com ele. Podemos ver claramente a sua arrogância. Eliú continua julgando e condenando Jó em sua arrogância espiritual.

Do versículo 36 em diante, Eliú diz: "Jó tem de ser provado até o ponto máximo." Depois de aceitar Jesus Cristo, nosso coração deve se transformar em um bom coração, desejando até abençoar os maus. Essa é a prova de que aceitamos Jesus Cristo, que o Espírito Santo está em nós e que estamos vivendo pela fé.

"Ao seu pecado ele acrescenta a revolta" significa que ele é atroz, desobediente e rebelde. No modo de pensar de Eliú, Deus punira Jó por ele ser mau. Porém, ele não se arrependeu, e se levantou contra Deus com suas queixas.

Eliú está dizendo: "Ao seu pecado ele acrescenta a revolta", porque Jó disse que é justo e que Deus é que é mau. Ele havia falado muitas coisas contra Deus, mas só Deus conhece o coração das pessoas. Temos de guiar até os maus à bondade. Que benefício terão, se os criticarmos severamente com nosso julgamento e condenação?

Capítulo 35
A Ignorância Espiritual de Eliú

1. Arrogância ao Extremo
2. A Causa Original são os Sentimentos Negativos

"Olhe para os céus e veja; mire as nuvens, tão elevadas. Se você pecar, em que isso o afetará? Se os seus pecados forem muitos, que é que isso lhe fará? Se você for justo, o que lhe dará? Ou o que ele receberá de sua mão?" (35:5-7)

1. Arrogância ao Extremo

Eliú prosseguiu: "Você acha que isso é justo? Pois você diz: 'Serei absolvido por Deus.' Contudo, você lhe pergunta: 'Que vantagem tenho eu, e o que ganho, se não pecar?' Desejo responder-lhe, a você e aos seus amigos que estão com você" (35:1-4).

Eliú diz: "Você acha que isso é justo?" Uma vez que Jó tem ouvido sem responder, Eliú fez essa pergunta para checar se Jó reconhecia o que havia escutado. Eliú está criticando Jó por ele ter dito: "sou mais justo que Deus, e de que adianta, que ganharei com isso? Será mais do que se eu pecasse?"

O que Jó disse foi: Vivi uma vida justa, mas estou nessa agonia. Ainda que tivesse pecado, as coisas não poderiam estar piores do que estão."
Jó estava lamentando que todos os seus atos de retidão não adiantaram nada. Quando ele via pessoas más sendo mais abençoadas que ele, ele se arrependia de não ter vivido uma vida má. Eliú percebeu isso em Jó e começou a apontá-lo.

Olhe para os céus e veja; mire as nuvens, tão elevadas. Se você pecar, em que isso o afetará? Se os seus pecados forem muitos, que é que isso lhe fará? Se você for justo, o que lhe dará? Ou o que ele receberá de sua mão? A sua impiedade só afeta aos homens, seus semelhantes; e a sua justiça, aos filhos dos homens (35:5-8).

Vemos que a arrogância de Eliú está a ponto de chegar aos céus. Ele fala como se ninguém fosse mais sábio do que ele e como se ele conhecesse muito bem o coração de Deus.

Como Jó não aceitava o que Eliú dizia e se recusava a arrepender, o ressentimento dele só crescia. Ele odiava Jó e agora o considerava como pó. "Olhe para os céus e veja" significa que Jó era como um cisco, se comparado ao vasto céu.
Eliu está dizendo, "Jó, se você cometeu pecados, o que isto tem haver com Deus? E mesmo que se você fosse um homem reto, o que isto teria haver com Deus?"

É a partir desse versículo que podemos ver a ignorância espiritual de Eliú. Vemos que suas crenças estão bem longe das coisas de Deus.
Um pouco de maldade que seja já pode destruir uma família, empresa, igreja ou até uma nação. Por causa de apostas, por exemplo, muitas famílias são destruídas e empresas são falidas.
Não é que Deus não se importa, quando Seus filhos pecam. Como pode o Seu coração não se entristecer, quando um filho peca e segue por um caminho de morte? Por outro lado, quando Seus filhos vivem na luz, Ele tem grande prazer com eles.

Na verdade, Eliú estava tão distante de Deus, que ele disse as coisas que lemos acima. Como Deus poderia deixar de se importar, se Jó pecava ou vivia uma vida justa?

Aqui, o que Eliú quer dizer ao usar a expressão: 'filho do homem'? É a vida sem sentido, que simplesmente vem e depois vai embora.

O que Eliú está dizendo é: "Jó, você está pagando pelo que fez, pois prejudicou os outros. Você se diz justo, mas isso é ridículo. Sua retidão serve apenas para uma vida sem sentido. Sua vida não tem valor."

2. A Causa Original são os Sentimentos Negativos

Os homens se lamentam sob fardos de opressão; imploram que os libertem do braço dos poderosos. Mas não há quem pergunte: 'Onde está Deus, o meu Criador, que de noite faz surgirem cânticos, que nos ensina mais que aos animais da terra e nos faz mais sábios que as aves dos céus?' (35:9-11)

Literalmente, a passagem acima está correta. Quando os israelitas estavam sob opressão no Egito, eles clamaram a Deus pela liberdade. Se eles não tivessem sido oprimidos, não teriam clamado.

Opressão não é apenas fazer com que os outros tenham momentos difíceis. Se não mantivermos um padrão moral ou senso de etiqueta, saindo do bom senso comum, isso também se tornará uma causa de opressão para os outros. Existem vários tipos de opressão.

Dissensão e conflitos acontecem por causa da opressão. Quando não há paz, há conflito. Esposos não devem oprimir suas esposas, e esposas não devem oprimir seus maridos. E o mesmo para pais e filhos.

No versículo 10, vemos: "Onde está Deus, meu Criador, que de noite faz surgirem cânticos?" Em geral, as pessoas trabalham durante o dia e descansam durante a noite. "Cântico" aqui implica em felicidade.

"Que nos ensina mais que aos animais da terra" significa que Deus criou o homem como o senhor de todas as criaturas. Ele fez do homem a maior de todas elas.
Até os pássaros demonstram sabedoria no modo como sobrevivem. Contudo, Deus deu ao homem mais sabedoria do que aos pássaros. Dar-nos sabedoria quer dizer dar-nos bênçãos e felicidade.

Eliú diz que ninguém busca a esse Deus que nos criou como senhores de todas as criaturas. Ele está falando da ingratidão do homem. Podemos entender isso, só se observarmos os versículos anteriores.

Quando os homens são oprimidos ou sofrem nas mãos de poderosos, eles clamam a Deus por ajuda. Quando estão em paz e desfrutam de felicidade, até cantam à noite, mas não buscam a Deus.
O que Eliú está falando é: "Jó, quando você era saudável e rico, você não buscava a Deus, mas agora, oprimido, pede-Lhe ajuda."
É claro que o que Eliú está dizendo não está certo. Mesmo quando Jó tinha uma vida feliz e em paz, ele oferecia sacrifícios a Deus diligentemente e O adorava.

Quando clamam, ele não responde, por causa da arrogância dos ímpios. Aliás, Deus não escuta a vã súplica que fazem; o Todo-Poderoso não lhes dá atenção. Pois muito menos escutará, quando você disser que não o vê, que a sua causa está diante dele e que você tem que esperar por ele. Mais que isso, que a

sua ira jamais castiga e que ele não dá a mínima atenção à iniquidade (35:12-14).

A terceira pessoa no versículo 12 se refere a todos os homens maus e é uma referência indireta a Jó. Jó estava contrariado a ponto de explodir. É por isso que Eliú está se referindo a ele indiretamente.

"Jó, você é tão arrogante que chega a dizer ser justo diante de Deus. Você é um homem mau e, assim, ninguém lhe responde, quando clama. Deus não ouve ou olha para clamores sem sentido. Você está arruinado!"

Esses versículos em si estão corretos. Só podemos ser respondidos por Deus, quando oramos com todo o interior do coração. Se simplesmente orarmos com vãs repetições, não podemos receber respostas. Se tivermos um muro de pecado entre nós e Deus ou se duvidarmos, quando orarmos, isso é clamar em vão. A Bíblia nos diz que nesses casos Deus não nos ouve.

O que é 'o interior do coração'? No nosso coração temos verdade, inverdade e a nossa natureza, que é herdada de nossos pais. Podemos aprender muitas coisas vendo, ouvindo e sendo ensinados. Criamos um padrão de julgamento entre o bem e o mal, baseados naquilo que aprendemos, e isso é o que chamamos de 'consciência.' Podemos ver que cada pessoa tem uma consciência diferente.

O interior do coração é o núcleo de distinção entre o bem e o mal. Podemos achar que uma coisa é boa e segui-la, ou podemos achar que algo é ruim e não fazê-lo. Ou, podemos também fazer coisas más, mesmo sabendo que são más. Deus olha para o coração de cada pessoa e se a pessoa seguiu de fato o que é 'bondade' ou 'maldade.' O homem não pode enganar a Deus.

Na passagem acima, podemos ver que Eliú estava bem aborrecido. Ele não apenas está colocando Jó contra a parede, mas também está tentando destruí-lo com suas palavras. Eliú está dizendo: "Jó, não importa o tanto que você clame, Deus jamais o ouvirá. Você está arruinado."
Sentimentos resultantes de inverdade corroem nossos ossos e só nos fazem mal. Se temos sentimentos negativos, nem dormir direito conseguimos. Desenvolvemos indigestões e a circulação sanguínea é prejudicada. Aqueles que são irritadiços geralmente acabam tendo alguma paralisia, devido a derrames.
Por causa de sentimentos negativos cometemos vários erros e dizemos coisas que não deveríamos, chegando até a mentir em discussões. Além do mais, isso cria um muro de pecado entre nós e Deus e acabamos ferindo os sentimentos dos outros. É por isso que precisamos crucificar sentimentos assim.

O versículo 14 diz: "E quanto ao que disseste, que o não verás, juízo há perante ele; por isso espera nele."

Jó pensava que ele não tinha falhas e que Deus o tinha feito estar naquele estado sem motivo. Por isso ele convocou a Deus para conversar sobre o que é certo e errado. Deus, todavia, não apareceu. Jó dizia que ia esperar até Deus decidir aparecer para ele. Para Eliú, tudo isso é ridículo.
Mas, não é verdade que Deus não encontrou Jó ou respondeu ao seu clamor, porque Jó era um homem mau. Deus fez aquilo para refinar Jó e fazer dele um homem espiritual, um vaso santificado, para abençoá-lo ainda mais.
À medida que Deus o refinava, as raízes das naturezas pecaminosas do coração de Jó se revelavam. Temos de entender

que Deus estava de fato abençoando Jó, ao arrancar dele toda raiz de natureza pecaminosa. Nem o próprio Jó tinha ciência da existência de tais raízes.

Mais que isso, que a sua ira jamais castiga e que ele não dá a mínima atenção à iniquidade. Assim é que Jó abre a sua boca para dizer palavras vãs; em sua ignorância ele multiplica palavras (35:15-16).

Para Eliú, Jó tinha transgressões diante de Deus. Dizer-se justo diante Dele, inclusive, também era uma transgressão.

Eliú está dizendo: "Jó, ao ver sua transgressão, Deus não deve apenas deixá-lo, mas também puni-lo, arruinando-o completamente. Mas Deus não reconhece sua transgressão, e você está discutindo com Ele, dizendo palavras vazias e sem conhecimento."

O que Eliú está dizendo é que Deus devia punir Jó tão severamente que ele não conseguiria pronunciar nem mais uma palavra, mas, uma vez que Deus sequer considerou a transgressão de Jó, ele continua com suas fúteis tentativas de fala.

Capítulo 36
Eliú Interpreta Mal a Jó

1. A Discussão se Intensifica
2. Eliú Pisa em Jó
3. Mostrando a Saída
4. Explicando Sobre o Poder de Deus

"Ele está atraindo você para longe das mandíbulas da aflição, para um lugar amplo e livre, para o conforto da mesa farta e seleta que você terá" (36:16).

1. A Discussão se Intensifica

Disse mais Eliú: "Peço-lhe que seja um pouco mais paciente comigo, e lhe mostrarei que se pode dizer mais verdades em defesa de Deus. Vem de longe o meu conhecimento; atribuirei justiça ao meu Criador. Não tenha dúvida, as minhas palavras não são falsas; quem está com você é a perfeição no conhecimento" (36:1-4).

Ao observarmos as próprias palavras de Eliú dizendo: "Seja um pouco mais paciente comigo", podemos ver que a discussão está ficando cada vez pior. Quando as pessoas discutem umas com as outras, geralmente interrompem a fala do outro para falar o que querem falar.

Mas o livro de Jó não foi escrito como na sequência de um discurso. Ele registra grandes blocos de fala de uma só pessoa de uma vez. Jó, entretanto, não ficou calado, enquanto ouvia tais coisas de Eliú! Ele estava muito irritado. Toda hora ele deve ter tentado fazer interferências no meio da fala de outras pessoas.

O que Eliú quis dizer com "seja um pouco mais paciente comigo" foi: "cale-se e deixe-me terminar de falar", ou "cale-se e me ouça até o fim!"

Eliú tinha dito coisas que não condiziam com a palavra de Deus. Jó não tinha vontade nenhuma de escutá-lo, mas Eliú não se dava conta disso e continuava dizendo: "O que eu falo é como se fosse em nome de Deus."

No versículo 3, Eliú diz: "Vem de longe o meu conhecimento, atribuirei justiça ao meu Criador." Você consegue ver como essas palavras são ridículas? Dizer algo assim, além de insensato, é totalmente inapropriado.

Devemos conseguir entender muitas coisas a partir do que é dito aqui. Quando Jesus pregava o evangelho, se as pessoas não entendiam, Ele explicava com parábolas, para fazê-las compreender. Contudo, como Seus discípulos ainda não haviam recebido o Espírito Santo, estando na carne, não entendiam várias coisas que Jesus falava.

Eliú deveria ter usado coisas de seu dia a dia que eles pudessem entender, mas ele está dizendo que "vem de longe o seu conhecimento." Ele não usava exemplos fáceis de relacionar com o dia a dia, mas só dava exemplos insensatos.

Eliú diz que atribuirá justiça ao Seu Criador. Mas como ele pode fazer isso, quando, na verdade, ele não age em justiça? Se você comete pecados e vive na escuridão e diz: "Glória a Deus! Aleluia!", então o que Deus dirá? Não diria: "Isso me deixa triste!"? Deus pode aceitar a glória, quando O glorificamos na luz.

O versículo 4 diz: "Não tenha dúvidas, as minhas palavras não são falsas; quem está com você é a perfeição no conhecimento." O que isso quer dizer?

Antes, Eliú estava se gabando um pouco, dizendo que era sábio e tinha entendimento. Ao falar: "Escutem-me, homens de entendimento!", está implícito que ele era maior que aqueles que tinham entendimento. Mas Jó não estava dando ouvidos a essas palavras, as 'palavras de perfeição no conhecimento', como Eliú as considerava.

Eliú está dizendo: "Jó, seus amigos que têm conhecimento estão com você. Eles também concordam comigo e atestam minhas palavras. Abra mão de sua arrogância e me dê ouvidos!"

2. Eliú Pisa em Jó

Deus é poderoso, mas não despreza os homens; é poderoso e firme em seu propósito. Não poupa a vida dos ímpios, mas garante os direitos dos aflitos. Não tira os seus olhos do justo; ele o coloca nos tronos com os reis e o exalta para sempre. Mas, se os homens forem acorrentados, presos firmemente com as cordas da aflição, ele lhes dirá o que fizeram, que pecaram com arrogância (36:5-9).

Deus é poderoso, mas não despreza ninguém. Não importa o quão sábio e cheio de conhecimento seja um homem, ele não atinge jamais a sabedoria de Deus.

Eliú, entretanto, está dizendo algo ridículo sobre esse bom Deus, dizendo que Ele "não poupa a vida dos ímpios."

O que Eliú está dizendo é: "Jó, Deus o atingiu assim, porque você é um ímpio e, assim, deve permanecer calado. O Deus, que é justo, faz justiça aos aflitos e não deixa os ímpios vivos. É é por isso que Ele atingiu um homem como você, para matá-lo!"

O versículo 7 diz: "Não tira os seus olhos do justo; ele o coloca nos tronos com os reis e o exalta para sempre." Esse versículo está de acordo com a verdade. Se Deus reconhece uma pessoa como justa, Ele caminha com ela e responde às suas orações e desejos do coração. Deus a guia para se sentar em altas posições na terra e ainda a abençoa, de forma a habitar na Nova Jerusalém, no reino celestial.

Mas a razão pela qual Eliú disse isso foi para pisar em Jó. O que ele pretendia dizer era: "Jó, você disse que era justo, até mais justo do que Deus, mas Ele não está com você. Se você fosse realmente justo, Deus estaria com você e você estaria em uma nobre posição. Mas a verdade é que você está aflito, pois é um homem mau!"

Os versículos 8-9 dizem: "Mas se os homens forem acorrentados, presos firmemente com as cordas da aflição, ele lhes dirá o que fizeram, que pecaram com arrogância."

Eliú está dizendo: "Jó, independente do tanto que clamar, Deus não lhe responderá! Portanto, todas as suas palavras são falsas. Você disse que se importava com as viúvas e órfãos, dava apoio aos fracos e era justo. Mas ouça as palavras que saem da boca das pessoas ao seu redor! Você caiu em provações e Deus revelou suas ações, para que todos vejam suas transgressões e arrogância!"

No curso da história, muitas pessoas importantes e poderosas foram louvadas, enquanto outras tiveram sua fama e proeminência danificadas, quando tiveram de enfrentar aflições e tribulações. Como no versículo 9, conhecemos suas transgressões e arrogância. Eliú está mostrando isso a Jó.

Ele os fará ouvir a correção e lhes ordenará que se arrependam do mal que praticaram. Se lhe obedecerem e o servirem, serão prósperos até o fim dos seus dias e terão contentamento nos anos que lhes restam. Mas, se não obedecerem, perecerão à espada e morrerão na ignorância. "Os que têm coração ímpio guardam ressentimento; mesmo quando ele os agrilhoa eles não clamam por socorro. Morrem em plena juventude entre os prostitutos dos santuários (36:10-14).

A terceira pessoa nessa passagem se refere aos ímpios. Eliú diz que Deus abre seus ouvidos para a instrução. Deus não nos coloca em situações deploráveis só porque pecamos. Ele não nos pune severamente já desde o começo.

Quando filhos de Deus pecam em ações, Ele lhes faz perceber seu pecado através de punições, para que possam se converter de seus pecados. Se o fizerem, Deus os cobre, os faz ser completos novamente e os guia à prosperidade.

Mas se eles continuarem desobedecendo mesmo com os alertas de Deus, eles terão de enfrentar as consequências da maldição de Deus. Terão de morrer sem conhecimento. Se tiverem conhecimento da verdade, todavia, jamais morrerão, mas receberão a vida eterna.

Em relação ao versículo 13, aqueles que não têm Deus guardam ressentimento por acumularem maldade sobre maldade. Assim, eles são amarrados por Deus, incapacitados de ser livres.

Como acumulam cada vez mais maldade, eles enfrentam as maldições e tribulações de Deus. Serão enlaçados pelas trevas, e, mesmo em uma situação assim, Eliú diz que não clamarão a Deus por socorro.

Por que Eliú está dizendo isso? Para ele, Jó era um homem mau e, por isso, Deus lhe havia tirado os filhos e bens. Entretanto, Jó, ao invés de se arrepender de sua maldade, estava protestando contra Deus, dizendo-se mais justo que Ele próprio.

É essa a razão pela qual Eliú dizia que o ímpio não busca a ajuda de Deus.

O versículo 14 diz: "Morrem em plena juventude, entre os prostitutos do santuário." Eliú está amaldiçoando Jó. Ele está dizendo que os ímpios não conseguem viver muito e morrem cedo. Aqui, "prostitutos do santuário" se refere a prostitutos do sexo masculino.

Eliú está acusando Jó cada vez mais. Agora podemos entender como Eliú era uma pessoa má. Como pode comparar Jó a um prostituto? Vemos que Jó e seus amigos guardaram muitos sentimentos negativos durante as discussões.

3. Mostrando a Saída

Ele livra o aflito por meio da sua aflição, E na opressão lhe abre o ouvido. Na verdade te haveria tirado da angústia Para um lugar espaçoso, onde não há estreiteza; E as iguarias da sua mesa seriam cheias de gordura. Mas estás de completo acordo com o juízo do iníquo: O juízo e a justiça tomarão conta de ti. Não permitas, pois, que a ira te induza a escarnecer; Nem te desvie a grandeza do resgate [Sociedade Bíblica Britânica] (36:15-18).

Ao despejar tantas maldições sobre Jó, Eliú está chateando-o cada vez mais.

Eliú está dizendo: "Jó, se você não fizesse maldade, mas clamasse pela ajuda de Deus, Ele o salvaria de suas aflições e opressão. Mas como você não deixa de fazer maldades, agora você está amaldiçoado e terá de morrer. Se tivesse sido justo e clamado a Deus, Ele o teria abençoado com uma situação melhor."

No versículo 17, Eliú considera Jó como sendo muito mau e diz que sua maldade é tanta, que ele tinha de receber julgamento total mesmo. "O juízo e a justiça tomarão conta de ti" significa que foi por determinação da justiça que Jó tinha de ser castigado.

O versículo 18 diz: "Não permitas, pois, que a ira te induza a escarnecer; nem te desvie a grandeza do resgate." Como vemos, 'ira' é a expressão extrema da raiva no coração.

Quando a pessoa chega ao ponto de não conseguir mais controlar seu temperamento, pode fechar bem os pulsos, e sua respiração pode ficar mais alta e rápida. Muitas vezes, ela não mais consegue ficar assentada e quieta, mas começa a andar para frente e para trás. Se a situação é séria, pode até começar a jogar as coisas.

Ao observar Jó, Eliú podia ver que ele ficava cada vez mais nervoso. É por isso que Eliú o alerta, para que não deixe que a ira o induza a escarnecer.

Os furiosos não produzem nenhum dos nove frutos do Espírito Santo. Eles não dão o fruto do amor, alegria, paz, longanimidade, benignidade, bondade, fidelidade, mansidão e domínio próprio.

Se a pessoa sente que seu orgulho foi ferido e fica brava, quando alguém a aconselha ou repreende, ela é uma tola. Jamais devemos ficar nervosos; podemos produzir o fruto da paz, quando seguimos a bondade.

Em essência, Eliú está dizendo: "Jó, se tem ira dentro de

você, Deus terá de puni-lo e repreendê-lo por isso. Confesse suas falhas. Você tem tanta coisa para ser perdoado... Além do mais, é melhor você aprender a se humilhar logo!"

Acaso a sua riqueza, ou mesmo todos os seus grandes esforços, dariam a você apoio e alívio da aflição? Não anseie pela noite, quando o povo é tirado dos seus lares. Cuidado! Não se volte para a iniquidade, que você parece preferir à aflição (36:19-21).

Eliú está dizendo que Jó, em seu desespero, clamava e reclamava maldosamente. Ele está perguntando se isso lhe adiantou alguma coisa ou fez-lhe algum bem.

Geralmente, podemos ver que, quando as pessoas ficam realmente decepcionadas com algo, elas tendem a desistir. Se as dificuldades delas fossem como as de Jó, elas também clamariam e se queixariam. Se a empresa do esposo não vai bem, a esposa e os filhos podem expressar frustrações, discutindo uns com os outros. A paz dessa família se quebra e não há benefício nenhum nisso.

Os versículos 20-21 dizem: "Não anseie pela noite, quando o povo é tirado dos seus lares. Cuidado! Não se volte para a iniquidade, que você parece preferir à aflição."

Eliú e os amigos de Jó o ouviram dizer muitas vezes que teria preferido morrer a viver em tanto sofrimento. Noite é escuridão e, aqui, carrega a conotação de 'morte.' "Quando o povo é tirado dos seus lares", se refere à hora da morte.

Como sofria de terríveis dores, Jó queria morrer e ir para o Sheol. No capítulo 3, do livro de Jó, podemos vê-lo amaldiçoando seu nascimento e seus pais.

Em resumo, Eliú está dizendo: "Jó, Deus precisa puni-lo, porque você simplesmente não ouviu o Seu conselho. Você quer que sua vida acabe, mas estou lhe dizendo: pare de ser uma pessoa má agora."

4. Explicando Sobre o Poder de Deus

Deus é exaltado em seu poder. Quem é mestre como ele? Quem lhe prescreveu os seus caminhos, ou lhe disse: 'Agiste mal'? Lembre-se de exaltar as suas obras, às quais os homens dedicam cânticos de louvor. Toda a humanidade as vê; de lugares distantes os homens as contemplam. Como Deus é grande! Ultrapassa o nosso entendimento! Não há como calcular os anos da sua existência (36: 22-26).

Eliú diz: "Deus tem feito grandes coisas com o Seu poder. Existe alguém que pode ensinar como Ele? O Deus de bondade e justiça traçou Seus planos e os está cumprindo. Assim, quem pode dizer que Ele está fazendo alguma injustiça?"
Eliú está dizendo isso, porque Jó disse que Deus era injusto. Eliú diz a Jó: "Não se esqueça de bendizer as coisas que Deus já fez por tantas pessoas."

O que Eliú diz, isto é, as palavras em si, estão corretas. Os filhos de Deus não devem se esquecer de Sua graça, mesmo com o passar do tempo, dando-Lhe sempre graças. Algumas pessoas, enquanto sofriam com sérias doenças, foram curadas pelo poder de Deus através de oração, mas depois que alguns anos se passaram, sequer se lembram de que foram curadas pela graça Dele.

Os leprosos foram curados por Jesus, mas só um deles voltou para testemunhar e glorificar a Deus. Jesus lamentou, perguntando onde estavam os outros nove.

Se mantivermos sempre em mente todas as bênçãos e graças que Deus nos dá e agradecermos a Ele, mesmo se tivermos problemas, Ele nos dará sabedoria e fará com que resolvamos tudo rapidamente, respondendo às nossas orações.

Eliú diz: "Todos viram; observaram de longe. Como meras criaturas, não conseguimos entender ou compreender o coração do Criador. Portanto, Jó, apesar de você ter sido atingido, você não entende por que isso aconteceu. Deus pode até mesmo curá-lo agora. Pobre Jó! Arrependa-se e mude de atitude!"

Quando uma obra de Deus acontece, Seus filhos olham para cima e O bendizem.

O versículo 26 diz: "Não há como calcular os anos de sua existência." Eliú está dizendo que Deus é tão grande que é impossível o homem entender ou compreender Seu coração.

Eliú diz que não entendemos Deus, mas, na verdade, sabemos sobre Ele. À medida em que nos tornamos homens espirituais, e segundo à medida da fé que temos, temos um diferente entendimento sobre Deus (1 João 2:12-14).

Um bebê de três anos, um filho de vinte e um jovem adulto, que têm seus próprios filhos, terão diferentes níveis de entendimento de seus pais.

Somos filhos de Deus e devemos crescer mirando o nível da fé dos patriarcas, que chegaram a entender até o início das coisas de Deus (1 João 2:13).

Ele atrai as gotas de água, que se dissolvem e descem

como chuva para os regatos; as nuvens as despejam em aguaceiros sobre a humanidade. Quem pode entender como ele estende as suas nuvens, como ele troveja desde o seu pavilhão? Observe como ele espalha os seus relâmpagos ao redor, iluminando até as profundezas do mar. É assim que Ele governa as nações e lhes fornece grande fartura (36:27-31).

Deus atrai as gotas de água dos rios ou mar. Viram nevoeiros e formam nuvens no céu. Depois, descem à terra em forma de chuva. Sobem aos céus novamente e descem ao homem. Regam árvores e plantas e, assim, podemos ter água fresca para beber.

Se não tivéssemos esse sistema natural feito por Deus, todas as águas ficariam apenas em um lugar. Animais e plantas não conseguiriam sobreviver. Se as águas dos mares ficassem paradas, ficariam estagnadas e os peixes não conseguiriam sobreviver nelas.

A água sobe como vapor, condensa, formando nuvens e volta como chuva. E assim tem sido por milhares de anos.

A ordem estabelecida por Deus não é transformada, mesmo depois de milhares de anos. A rotação e revolução da terra e todas as coisas do universo acontecem de acordo com a precisa ordem criada por Deus, não importa quanto tempo tenha passado.

O versículo 29 diz: "Quem pode entender como ele estende as suas nuvens, como ele troveja desde o seu pavilhão?" O formato das nuvens muda de acordo com o vento. Algumas têm o formato de flores, animais, pessoas e até alguns mapas de nações.

Eliú continua tentando entender o som dos trovões e a

luz dos relâmpagos, como vindos do 'pavilhão' de Deus. Só recentemente é que a ciência descobriu algumas coisas sobre o assunto, como o seu desenvolvimento.

"Observe como ele espalha os seus relâmpagos ao redor, iluminando até as profundezas do mar" significa que não podemos ver as profundezas do mar como gostaríamos.

O versículo 31 diz: "é assim que ele governa as nações e lhes fornece grande fartura."

Então, como pode Deus julgar as pessoas com relâmpagos e trovões? As pessoas geralmente têm medo, quando ouvem o som do trovão. Esse medo, num sentido espiritual, vem do pecado.

Se a pessoa é cheia de bondade, sem nenhum mal dentro de si e vive na luz, ela não tem nada a temer. Essa pessoa sabe sobre a vida depois da morte e reconhece Deus, não tendo medo da morte.

As pessoas têm medo e se espantam por causa dos pecados. Antes de aceitar Jesus, eu sempre me espantava e tinha medo, quando tinha relâmpagos e trovões. Mas desde que passei a crer em Deus, essas coisas não puderam me espantar mais, e nem me fizeram ter medo.

Eliú também tinha medo de relâmpagos e trovões, pois não vivia na verdade. Ele achava que era uma forma de Deus julgar as pessoas.

Mas, Deus, às vezes, julga com a chuva. Existe a chuva de alegria, que fornece água para o homem beber e faz com que árvores e plantas cresçam. Mas também existe a chuva que traz sofrimento ao homem, responsável por devastações e inundações. Deus julga com chuva e, no caso da enchente nos tempos de Noé, Deus varreu tudo da face da terra através das águas vindas do céu.

Ele enche as mãos de relâmpagos e lhes determina o alvo que deverão atingir. Seu trovão anuncia a tempestade que está a caminho; até o gado a pressente (36:32-33).

Se desejamos determinar o alvo que queremos atingir, usamos nossas mãos. No ponto de vista de Eliú, os relâmpagos eram intencionalmente mirados nas coisas. Se caíssem em uma casa ou sobre alguém, era porque aquele era o seu alvo. Eliú pensava que Deus usava Suas mãos para atirar relâmpagos em Seus alvos. Obviamente, sabemos que não é bem assim.

O versículo 33 diz: "Se o trovão anuncia a tempestade que está a caminho, até o gado o pressente."

Quando há relâmpagos e trovões, sabemos que há fortes probabilidades de haver chuva e vento. Até os animais e insetos sentem isso instintivamente e buscam por lugares seguros. Só recentemente é que descobrimos como os relâmpagos se dão, através da ciência moderna.

Os pássaros sabem exatamente onde podem fazer seu ninho com segurança. Muitos animais também têm seu abrigo em lugares seguros como entre rochas.

Eliú está dizendo: "Jó, quando troveja, sabemos que virão chuva e ventos fortes, e até os animais vão para lugares seguros. Mas você não entende por que está sendo punido. Só se levanta contra Deus e insiste em estar certo! Se você não der ouvidos e obedecer à minha palavra, estará pior que os animais."

Até os animais sabem onde fazer seus abrigos para terem segurança. Algumas pessoas constroem casas que podem desabar facilmente e ficam nervosas, quando chove. Se o lar de uma pessoa é destruído pela chuva, até ateus se queixam de Deus. Que possamos checar se estamos culpando a Deus, ou não, por algo que nós mesmos fizemos errado.

Muitas vezes, as pessoas se tornam fiadoras de outras, isto é, colocam dinheiro ou propriedade como segurança para outra pessoa poder adquirir ou executar algo. A Bíblia, na verdade, proíbe essa prática. Se as coisas dão errado, há gente que culpa e se queixa de Deus!

Capítulo 37
Eliú Não Compreende a Soberania de Deus

1. Explicando Sobre a Dignidade de Deus
2. Inveja e Ciúmes
3. Tentando Dar Esperança com Sentimento de Piedade

"Diante disso o meu coração bate aceleradamente e salta do seu lugar. Ouça! Escute o estrondo da sua voz, o trovejar da sua boca. Ele solta os seus relâmpagos por baixo de toda a extensão do céu e os manda para os confins da terra. Depois vem o som do seu grande estrondo: ele troveja com sua majestosa voz. Quando a sua voz ressoa, nada o faz recuar. A voz de Deus troveja maravilhosamente; ele faz coisas grandiosas, acima do nosso entendimento. Ele diz à neve: 'Caia sobre a terra', e à chuva: 'Seja um forte aguaceiro.' Ele paralisa o trabalho de cada homem, a fim de que todos os que ele criou conheçam a sua obra. Os animais vão para os seus esconderijos, e ficam nas suas tocas" (37:1-8).

1. Explicando Sobre a Dignidade de Deus

Diante disso o meu coração bate aceleradamente e salta do seu lugar. Ouça! Escute o estrondo da sua voz, o trovejar da sua boca. Ele solta os seus relâmpagos por baixo de toda a extensão do céu e os manda para os confins da terra. Depois vem o som do seu grande estrondo: ele troveja com sua majestosa voz. Quando a sua voz ressoa, nada o faz recuar. A voz de Deus troveja maravilhosamente; ele faz coisas grandiosas, acima do nosso entendimento (37:1-5).

Provavelmente, hoje ainda aconteça a mesma coisa. Quando eu era menino, as crianças se assustavam e corriam para o quarto dos pais, quando trovejava e relampeava.

Podemos mais uma vez ver, a partir dessa passagem, o quão distante o coração de Eliú estava de Deus. Se o seu coração tivesse próximo de Deus, ele não teria razão de se assustar e ter medo de trovões. Aqueles que verdadeiramente creem em Deus também creem que Ele está no controle de tudo – da vida, da morte, das bênçãos e das maldições. Portanto, não se preocupem sobre o que pode acontecer, nem tenham medo de nada.

Na essência, o que Eliú está dizendo é: "Jó, ouça o trovão da voz de Deus! Deus está trovejando a Sua poderosa voz e fazendo coisas maravilhosas e grandes, que o homem não consegue imaginar. O que o faz pensar que pode se levantar contra Ele? Você deveria temer a Deus e se render a Ele de joelhos. Converta-se agora, para que você evite outras disciplinas de Deus. Nem os animais agiriam como você!"

No versículo 3, Eliú continua dizendo: "Ele solta os seus relâmpagos por baixo de toda a extensão do céu e os manda para os confins da terra." Quando relampeia, todo o céu se ilumina e trovões se espalham por todo lugar. Ao dizer "o estrondo da sua voz", Eliú está dizendo que a grandeza da majestade de Deus pode ser notada no soar do trovão.

Quando Eliú ouvia trovejar, era como se fosse a voz de Deus. É por isso que ele disse a Jó que Deus faz coisas grandes, que o homem não consegue entender.

Pois diz à neve: Cai sobre a terra; Di-lo também às chuvas, Até as chuvas mais fortes. Põe um selo à mão de cada homem, Para que o conheçam todos os homens que fez. Então as feras entram nos esconderijos, E ficam nos seus covis. Da câmara do sul sai o tufão, E do norte o frio. Ao sopro de Deus forma-se o gêlo, E as amplas águas são congeladas [Sociedade Bíblica Britânica] (37:6-10).

Eliú está explicando a Jó sobre a soberania e dignidade de Deus. "Deus faz a neve cair do céu e faz garoar e cair aguaceiro. Ele pune os maus com relâmpagos e trovões e às vezes faz enchentes também. Danos são causados por trovões e relâmpagos, e também por inundações, em que casas e campos são arruinados. Mas não conseguimos controlar essas coisas com nossas próprias forças. O homem, na verdade, não pode fazer nada diante da grande autoridade de Deus. É que Deus faz com que as pessoas da terra saibam de Sua existência, a existência do

Deus poderoso, através dessas coisas. Se Deus atinge o homem com Sua soberania, ele não pode fazer nada. Esse mesmo Deus foi quem o atingiu. Por que você se queixa?"

Eliú está dizendo que Deus disciplina e pune as pessoas, quando elas fazem algo de errado com relâmpagos, neve e chuva. Mas Deus não faz isso. Deus é o Deus do amor, que quer nos dar boas coisas. Ao explicar sobre a absoluta autoridade de Deus com seu próprio entendimento, Eliú está admoestando Jó por ele ousar questionar o Deus poderoso e digno.

Não devemos ter a mesma ideia distorcida que Eliú tem sobre Deus. Ocorrências naturais simplesmente acontecem, segundo as leis da natureza que Deus estabeleceu, quando criou todas as coisas. Ele não faz as coisas da natureza acontecer para nos prejudicar.

Até os animais vivem com sabedoria no instinto dado por Deus. Sapos e cobras hibernam sob o solo, durante o inverno, e saem na primavera. Pássaros migratórios saem dos lugares antes do frio e voltam, quando está quente. Formigas trabalham duro para se preparar para o inverno.

O versículo 9 diz: "Da câmara do sul sai o tufão." Geralmente, o vento quente vem do sul e o frio vem do norte. O 'tufão' se refere a ventos muito fortes. Mas aqui, o que se quer dizer na verdade não é que o tufão vem do sul, mas que, em geral, o vento começa do sul e eventualmente circula a terra.

A palavra 'tufão' é 'tempestade' na tradução NVI e também pode se referir a vários fenômenos do tempo como furacões que se formam no sul durante o verão e movem-se para o norte e oeste, perdendo a força.

Nos versículos 9 e 10 vemos: "e do norte o frio. Ao sopro de Deus forma-se o gelo e as amplas águas são congeladas."

Por que Eliú fica falando essas coisas? Eliú sente que as coisas não estão indo muito bem. Jó não está tentando dar-lhe ouvidos ou se arrepender, mas continua insistindo em que só fez o bem e nada de mal. Eliú acha que Jó não entende o que ele está dizendo e então começa a falar com várias parábolas e exemplos, a fim de fazê-lo compreender.

Também carrega de umidade as nuvens, e entre elas espalha os seus relâmpagos. Ele as faz girar, circulando sobre a superfície de toda a terra, para fazerem tudo o que ele lhes ordenar. Ele traz as nuvens, ora para castigar os homens, ora para regar a sua terra e lhes mostrar o seu amor (37:11-13).

É por designação de Deus que a água vira vapor, sobe ao céu e torna-se nuvens. As nuvens são deslocadas pelo vento, e depois, transformam-se em água novamente, que retornam à terra como chuva. Podemos ver que as nuvens são cheias de umidade. E se há relâmpago, é sinal de que se terá chuva em algum lugar.

Sabendo que Deus não ordenou que os fenômenos naturais aconteçam para disciplinar o homem, o que então Ele ordenou? Deus ordenou a 'cultivação humana.' Ele criou todas as coisas do universo incluindo o sol, a lua e as estrelas, e todas as coisas da natureza. Por último, criou o homem. Ele criou o homem como senhor de todas as criaturas, podendo governar sobre tudo no universo.

Mas, quando Adão e Eva desobedeceram à palavra de Deus, comendo do fruto proibido, e foram expulsos do Jardim do Éden, a história da cultivação humana começou.

2. Inveja e Ciúmes

O versículo 13 diz: "Ele traz as nuvens, ora para castigar os homens, ora para regar a sua terra e lhe mostrar o seu amor." O que esse versículo quer dizer?

Quando há seca em alguma área, não há colheita nela e pode ser difícil até encontrar água para beber. Quando há enchentes ou tufões, muitas casas e navios no mar são danificados.

Mas, Deus também pode fazer chover sobre o solo e com a Sua misericórdia fazer as plantações crescerem.

Eliú está dizendo que Deus puniu Jó da mesma maneira que Ele usa as nuvens e ventos para punir outras pessoas, e era melhor Jó ficar quieto em relação àquilo. Por que, então, Eliú está usando essas palavras?

Eliú, Jó e os três amigos chegaram ao auge de suas emoções. Eles não conseguem ver nada de bom no outro. Interpretam mal as opiniões e pontos de vista dos outros e os consideram muito maus. Assim, a esse ponto, é bem natural que falem mal uns dos outros. Uma vez que não há palavras de bondade, mas só de maldade, essas palavras veem de sentimentos que querem fazer o outro se sentir desconfortável.

Dessa forma, não podemos receber a sabedoria de Deus ou nos comunicar com ele. Não podemos ouvir ou ser guiados pelo Espírito Santo. Quando vivemos em bondade sem sentimentos maus, por outro lado, podemos nos comunicar com Deus e podemos ouvir e ser direcionados pelo Espírito.

Escute isto, Jó; pare e reflita nas maravilhas de Deus. Acaso você sabe como Deus comanda as nuvens e faz brilhar os seus relâmpagos? Você sabe como ficam suspensas as nuvens, essas maravilhas daquele que tem perfeito conhecimento? Você, que em sua roupa desfalece de calor quando a terra fica amortecida sob o vento sul (37:14-17).

'Pare e reflita' aqui significa entender as coisas e colocá-las em prática. Também nós precisamos parar e refletir sobre as coisas, como Eliú disse. Temos de refletir sobre por que nascemos, por que estamos vivendo aqui, e para onde vamos depois desta vida. Aqueles, que param e refletem sobre as coisas, podem encontrar vida e ir em direção à vida eterna.

Quando Eliú disse isso, ele estava implicando que ele já havia refletido sobre aquelas coisas. Ele também explica que Deus é um Deus de dar medo, que dá ordens e pune as pessoas.

Mas Deus é um Deus bom, de justiça e amor. Ele estabeleceu a ordem para a cultivação humana, e não faz as nuvens e relâmpagos para punir ou amaldiçoar as pessoas.

O versículo 17 diz: "Você, que em sua roupa desfalece de calor, quando a terra fica amortecida sob o vento sul."

Significa: "Jó, quando você desfrutava de prosperidade, você pensou sobre quem o havia abençoado? Você estava vivendo sem se lembrar de Deus, e só quando perdeu tudo é que você lembra e se queixa Dele!"

...pode ajudá-lo a estender os céus, duros como espelho de bronze? "Diga-nos o que devemos dizer a ele; não podemos elaborar a nossa defesa por causa das nossas trevas. Deve-se dizer-lhe o que lhe quero falar? Quem pediria para ser devorado? (37:18-20)

O céu é muito estável. Você já ouviu a expressão: "O céu desmoronou e caiu?" Deus fez o céu tão firme e estável que ninguém consegue sequer pensar no céu como algo que 'cai.' Quando Eliú e seus amigos olhavam para Jó, eles o achavam muito ridículo.

Eliú quer dizer: "Jó, você pode criar o céu como um espelho de bronze? Não pode bater Deus. Então como ousa discutir com Ele?"

Quando Jó era rico, muitas pessoas o respeitavam e eram muitos os seus amigos. Entretanto, quando seu mundo desmoronou, aqueles que o seguiam agora estavam pisando nele. Quando Jó tinha poder, compartilhavam suas porções e desfrutavam das coisas juntos. Mas a verdade é que, ao mesmo tempo, tinham inveja e ciúmes dele. Também podemos encontrar a maldade das pessoas nos casos em que foram favorecidas por outras, se esqueceram da graça que receberam e traíram aqueles que os haviam ajudado.

O versículo 19 diz: "Diga-nos o que devemos dizer a ele; não podemos elaborar a nossa defesa por causa das nossas trevas."

Podemos entender que Eliú não está falando a favor de Jó, mas está sendo sarcástico e rindo dele. Quando ele diz: se eu, mesmo sendo uma pessoa como ele, com tanto conhecimento, não tenho nada que possa dizer a Deus, como uma pessoa como Jó poderia pensar em falar com Ele? Eliú está tentando fazer com que Jó cale a boca. Em outras palavras, ele está falando: "Você não se iguala a Deus, então cale a boca!"

Jó não tinha mais nada a dizer, e sentia que não adiantaria

nada dizer mais alguma coisa. Ao nos aproximarmos do fim do capítulo 37, Jó começa a ficar mais calado. Quando ele para de falar, então Deus aparece no capítulo 38.

3. Tentando Dar Esperança com Sentimento de Piedade

O versículo 20 diz: "Deve-se dizer-lhe o que lhe quero falar? Quem pediria para ser devorado?" Eliú está dizendo que quer dizer a Deus: "Deus, Jó é realmente uma pessoa muito má, então, por que não simplesmente o castiga?" Mas ele não pode chegar a esse ponto. Mostra que tem ainda alguma compaixão.

Segundo a verdade, Eliú é um homem mau, mas em um sentido carnal, ele também tem alguns sentimentos de afeição e compaixão. Mas esse tipo de afeição e compaixão carnais não significam nada, e temos de nos livrar deles.

Gálatas 5:24 nos diz que aqueles que pertencem a Cristo devem crucificar a carne com suas afeições e desejos, e que temos de produzir os nove frutos do Espírito Santo. A afeição e desejos carnais terão prazer nas coisas, quando estas nos trouxerem algum benefício. Caso contrário, logo damos as costas. Portanto, temos de crucificar a afeição e os desejos carnais e ter amor espiritual, que nos capacita a nos sacrificarmos pelos outros, em verdade.

Eis que o homem não pode olhar para o sol que brilha no firmamento, quando o vento tem passado e o deixa limpo. Do norte vem o áureo esplendor, Deus está cercado de majestade terrível. Quanto ao Todo-Poderoso não o podemos compreender; grande é em

poder: Não perverterá o juízo e a plenitude da justiça. Portanto os homens o temem: Ele não se importa com os que se julgam sábios [Sociedade Bíblica Britânica] (37:21-24).

No dia nublado, não conseguimos ver o sol, mas se as nuvens são levadas pelo vento, aí podemos ver o sol de novo. A razão de Eliú estar dizendo isso é porque ele ia concluir a sua fala. Como haviam sido muitas as repreensões e argumentos, com um restinho de sentimento que ele ainda tinha por Jó, ele queria deixá-lo com um feixe de esperança.

"Jó, quando vemos a estação chuvosa cheia de relâmpagos e trovões, podemos nos desesperar e nos perguntar quando é que ela vai acabar. Mas chega uma hora em que as nuvens vão embora e podemos ver o sol. Se Deus trabalhar, Ele pode abençoá-lo a qualquer momento. Portanto, não desanime."

Mas, para Jó, de nada adiantava aquilo. Sua esperança já tinha morrido, pois seus amigos o atacaram em uma situação em que ele não podia ter nenhuma esperança. Como poderiam aquelas palavras dar-lhe esperança, depois de tudo que havia sido dito? De que adianta machucarmos tanto uma pessoa e depois dizermos algumas palavras de conforto? Jó já tinha sido privado de tudo e perdido todas as suas forças.

O versículo 22 diz: "Do norte vem o áureo esplendor." O que isso quer dizer?

Se pensarmos no Polo Norte, logo vem na nossa cabeça uma terra congelada, estéril e com pouca luz solar. Mas a dignidade e poder de Deus estão presentes em todos os lugares. Mesmo no Polo Norte há o brilho do sol. Quando refletido no gelo, brilha com uma cor prateada.

De certa forma, ao embelezar essa cor prateada, ela pode se tornar um 'áureo esplendor', ou 'luz dourada' na tradução NVI. O ouro não muda e simboliza a luz de Deus. Na terra fria e estéril, onde parece não haver luz, existe a luz de Deus, independente das circunstâncias. São com essas palavras e expressões que Eliú está tentando dar esperanças a Jó!

Ele está dizendo que Deus tem uma dignidade terrível e, portanto, Jó não devia discutir com Ele, mas se arrepender de joelhos, para que ele pudesse ver a luz e Deus pudesse tirá-lo dos problemas. Eliú está confortando Jó desse jeito!

O versículo 23 diz: "Quanto ao Todo-Poderoso não o podemos compreender; grande é em poder. Não perverterá o juízo e a plenitude da justiça."

Não podemos compreender o Todo-Poderoso. Deus é justo e não muda de ideia só porque nos queixamos Dele. O que Eliú está dizendo aqui em si está certo, mas não se aplica a Jó. Aplica-se àqueles que vivem nas trevas; e Jó não vivia nas trevas.

Além do mais, devemos saber que o amor de Deus vem a nós antes de Sua justiça. Não é verdade que ele não mudará de ideia sobre as punições; quando nos arrependemos e nos convertemos dos nossos maus caminhos, Ele é misericordioso para conosco e nos perdoa.

O versículo 24 diz: "Portanto, os homens o temem: Ele não se importa com os que se julgam sábios." Por que Eliú está dizendo isso?

Hoje, o pecado domina o mundo. Muitas pessoas clamam pelo nome do Senhor, mas é difícil encontrar quem de fato reverencia a Deus. Jesus disse: *"Contudo, quando o Filho do Homem vier, encontrará fé na terra?"* (Lucas 18:8)

Antes de as tribulações virem sobre ele, Jó temia a Deus e vivia com sabedoria. Ainda assim enfrentou provações. Eliú está dizendo que aqueles que temem a Deus, mas se dizem sábios, não serão perdoados por Ele.

Devemos saber que isso não está certo. Deus não pune a pessoa que tem temor reverente por Ele; e não há razão para Deus não perdoar-lhe. Eliú conclui dizendo que Deus não reconhecia nem perdoava a Jó, porque ele insistia em se dizer justo.

Capítulo 38
Deus Explica com Parábolas dos Céus e da Terra

1. Jó Fica Sem Palavras Diante das Perguntas de Deus
2. Estrelas da Manhã e Filhos de Deus
3. A Terra no Controle de Deus
4. Deus Faz com que Jó Se Dê Conta de Sua Maldade

"Onde você estava quando lancei os alicerces da terra? Responda-me, se é que você sabe tanto. Quem marcou os limites das suas dimensões? Talvez você saiba! E quem estendeu sobre ela a linha de medir? E os seus fundamentos, sobre o que foram postos? E quem colocou sua pedra de esquina, enquanto as Estrelas da Manhã juntas cantavam e todos os anjos se regozijavam?" (38:4-7)

1. Jó Fica Sem Palavras Diante das Perguntas de Deus

Então o SENHOR respondeu a Jó do meio da tempestade e disse: "Quem é esse que obscurece o meu conselho com palavras sem conhecimento? Prepare-se como simples homem; vou fazer-lhe perguntas, e você me responderá. Onde você estava quando lancei os alicerces da terra? Responda-me, se é que você sabe tanto" (38:1-4).

A aparência de Deus, vindo do meio da tempestade, é símbolo de Sua autoridade. Diante dela, o homem só treme em temor reverente. A situação chegou a um ponto em que não restou outra saída a Deus senão se enfurecer. Não só Jó, mas seus amigos e Eliú estavam todos agindo tão tolamente que Deus precisou interferir, aparecendo com Sua dignidade e autoridade.

Então, por que Deus diz que eles não estão falando com conhecimento? Deus diz que Jó e seus amigos tinham conhecimento e sabedoria para ensinar coisas aos homens, mas estavam definitivamente sem conhecimento e sabedoria para falar sobre Ele.

"Quem é esse que obscurece o meu conselho com palavras sem conhecimento? Vocês dizem que o certo está errado e o errado está certo. Estão discutindo com conselhos que estão errados."

Deus fala para Jó "se preparar como simples homem" e responder às Suas perguntas. Aqui, a expressão 'ser homem' significa ser saudável e forte como um homem. 'Se preparar como simples homem' significa se preparar para um desafio e estar de cabeça aberta para escutar Deus e responder às Suas perguntas. Como Jó ouviu a voz trovejante de Deus desde o princípio, ele estava tremendo, quando ouviu Deus fazendo perguntas a quem falava palavras obscuras sem conhecimento.

No versículo 4, Deus pergunta: "Onde você estava quando lancei os alicerces da terra? Responda-me, se é que você sabe tanto." Ninguém viu estabelecer os fundamentos da terra. Ninguém sabe onde Ele os estabeleceu.

Em uma construção, os alicerces têm de ser bem fortes. Quando Deus criou a terra, Ele também estabeleceu alicerces. Com base neles, Deus fez a terra girar para possibilitar a cultivação humana.

Você já se perguntou onde estão esses alicerces, fundamentos? Estarão eles no centro da terra, no Polo Sul, ou no Polo Norte? Mas, por mais que a ciência se desenvolva, o homem jamais saberá onde Deus estabeleceu os fundamentos da terra. É algo que só Ele sabe, mas que também nós saberemos, quando entrarmos no reino dos céus.

Aqui, 'lançar os alicerces da terra' se refere a Gênesis, capítulo 1. Ali podemos ver o registro de Deus criando a terra, o sol, a lua, as estrelas e, enfim, o ser humano.

Jó era uma pessoa sábia e entendeu imediatamente por que Deus lhe estava perguntando: "Onde você estava, quando lancei os alicerces da terra? Onde os coloquei?" Portanto, ele não conseguia responder nem uma palavra sequer.

Ninguém pode responder essa pergunta. Apesar de termos bastante conhecimento e sabedoria nesta terra, essas coisas não podem nos salvar nem nos produzir recompensas celestiais. Tudo que não traz o louvor de Deus para a nossa vida deve ser considerado por nós como nada. Se nos enchermos com a palavra de Deus, ao invés das coisas do mundo, então poderemos alcançar o coração do Senhor.

1 Coríntios 3:18-21 diz: *"Não se enganem. Se algum de vocês pensa que é sábio segundo os padrões desta era, deve tornar-se 'louco' para que se torne sábio. Porque a sabedoria deste mundo é loucura aos olhos de Deus. Pois está escrito: 'Ele apanha os sábios na astúcia deles'; e também: 'O Senhor conhece os pensamentos dos sábios e sabe como são fúteis.'"*

A sabedoria do mundo é apenas um modo de vida do mundo. Não importa o quão sábios somos, tudo debaixo do sol é inútil e não tem nada a ver com nossa salvação.

Mas aqueles que recebem a sabedoria do alto fazem tudo para a glória de Deus. Eles refletem o Senhor e acumulam cada vez mais recompensas celestiais. Portanto, suas vidas têm brilho e valor.

Para aqueles que verdadeiramente creem em Deus, tudo aquilo que pertence a Deus, pertence a eles também. Assim, todas as coisas do mundo também são deles.

Aqueles que não acreditam em Deus podem possuir apenas o que possuem na terra mesmo. Uma vez que não são filhos de Deus, podem ter dinheiro, saúde ou fama, mas só durante suas vidas na terra. Ninguém sabe o que vai acontecer durante sua vida na terra. Além disso, quando sua vida por aqui terminar, nada podem levar.

É por isso que Deus fala para não nos gabarmos de nada desse mundo. Se temos algo do que nos gabarmos, é de termos aceitado Jesus Cristo, termos nos tornado cidadãos do céu e de estarmos seguindo o caminho da vida eterna.

Quem lhe determinou as medidas, se é que o sabe? Ou quem estendeu sobre ela o cordel? Sobre que foram firmadas as suas bases? Ou quem lhe assentou a pedra angular [Sociedade Bíblica Britânica] (38:5-6).

Deus está perguntando: "Jó, quem lançou os alicerces, quem marcou as dimensões e quem estendeu a linha de medir sobre a terra?" Obviamente, Jó não tinha a resposta.

Dimensões geralmente se referem a comprimento, área e volume, mas há medidas também para generosidade do coração, profundidade dos pensamentos e do caráter que consegue realizar várias obras.
Aqui, a 'linha' é uma medida linear para calcular a inclinação de um plano. Também se refere a um plano linear ou simplesmente a uma linha reta entre pontos. Mas ela também pode ser um método ou fórmula severamente estabelecida.
Aqui, "Quem marcou os limites das suas dimensões" se refere a limites. Se a medida é de caráter, é de quão atenciosa a pessoa é. Todos têm um tamanho diferente de coração. Aqueles, cuja mente é limitada, não perdoam aos outros e tendem a ser arrogantes, além de ter um pavio curto e ser violentos.

Na discussão entre Jó e seus amigos, muitas palavras extremas foram faladas. Quando Jó enfrentou provações muito difíceis de suportar, ele falou muitas coisas fortes, com a emoção à flor da pele.

"Por que nasci? Teria sido melhor se eu não tivesse nascido." E "por que meus pais me fizeram?", são exemplos.

Com as feridas, Jó não deu graças, mas só murmurou. Essas palavras de murmúrio entristeceram a Deus. Seus amigos também concluíram que Jó merecia ser punido daquela forma pelo modo como estava falando. Além disso, tanto eles como Jó estavam medindo, e se tornaram juízes, criando e determinando medidas como se fossem o próprio Deus.

Jó também criou medidas em seu coração. Ele se disse justo e depois mais justo do que Deus. Jó e seus amigos se tornaram os próprios juízes. Eles se atacavam amaldiçoando e abençoando como bem queriam.

Na passagem acima, Deus perguntou a Jó sobre o tempo da criação, mas não tinha como Jó saber nada sobre o assunto. Então, qual é o objetivo de Deus com a Sua pergunta?

Em essência, Deus está dizendo: "Jó, nem saber como desenhei e criei os céus e a terra você sabe; como poderá determinar as medidas do Meu coração, e como pode fazer o seu próprio julgamento das pessoas?"

As pessoas podem estabelecer regras, porque têm senso e consciência desenvolvidos. Contudo, elas têm suas limitações como humanas e não conseguem medir a vastidão de Deus. Se às vezes já é difícil compreender aquilo que vemos com nossos próprios olhos, quanto mais entender o coração e a vontade de Deus, a quem não vemos! Jó e seus amigos se julgavam e condenavam. Jó chegou a julgar até Deus, dizendo que Ele é um

Deus mau e que ele era mais justo que Ele.

O versículo 5 diz: "Quem lhe determinou as medidas, se é que o sabes? Ou quem estendeu sobre ela o cordel?" O cordel se refere a limites. São cordéis que definem se algo vai ser redondo, triangular ou quadrado. Além disso, o cordel é algo que serve como medida para avaliar ou pesar o custo de algo.

As pessoas podem condenar a mulher que tenha cometido adultério ou o homem que tenha cometido um crime. Mas o que a Lei realmente considera mais importante é o perdão, a compaixão e o amor.

Por exemplo, suponha que uma pessoa que roubou algo se arrependa de seu pecado, mude de caminho e nunca mais roube. Então, Deus lhe perdoa. Por mais que alguém tenha pecado, se a pessoa se arrepender e converter de seus pecados, ela pode ser perdoada. Portanto, não devemos fazer os 'cordéis ou estabelecer os 'limites' para essas coisas. Se julgamos ou condenamos alguém, significa que estamos estabelecendo 'limites', 'demarcações.'

O versículo 6 diz: "Sobre que foram firmadas as suas bases? Ou quem lhe assentou a pedra angular?"

Pedras angulares são pedras que sustentam os pilares de uma construção, o seu alicerce. Não podemos levantar uma casa sem a pedra angular primária. E até quando Deus criou a terra, houve uma pedra angular. Mesmo com o desenvolvimento da ciência, não conseguimos entender ainda que tipo de fundamento Deus estabeleceu para criar a terra.

Quando Deus fez o sistema solar, foi necessário colocar a pedra angular. Mas não podemos dizer, entretanto, que o sistema solar é a pedra de esquina da terra. O incontável número de estrelas no universo está onde está pelo desígnio de Deus, segundo as necessidades que sentiu; e nós simplesmente não sabemos como é o fundamento desse vasto universo.

A razão pela qual Deus está fazendo essa pergunta a Jó é: "Jó, se você critica Deus e é ofendido por seus amigos, qual é o fundamento disso? Com base em que você está julgando e condenando o Criador?"

Jó ficou tão envergonhado do que vinha falando que não conseguia falar nada.

2. Estrelas da Manhã e Filhos de Deus

Quando juntas cantavam as estrelas da manhã, E jubilavam todos os filhos de Deus? (38:7)

O que 'Estrelas da Manhã' quer dizer aqui? Quando a terra estava sendo formada e o seu fundamento estava sendo posto, as estrelas da manhã e os filhos de Deus estavam todos juntos. Quando a terra foi criada, havia inúmeras estrelas no universo.

O que nós chamamos de 'estrela da manhã' é o planeta Vênus. Nos seis dias do período de criação, esse planeta foi feito no quarto. Nós só temos uma estrela que podemos chamar de 'estrela matutina', ou 'da manhã', mas no versículo a vemos no plural porque seu significado é espiritual, e não físico.

Antes de Deus criar esse mundo visível tridimensional, Ele criou primeiro o mundo espiritual e preparou tudo para a cultivação humana. Ele também criou os anjos que O ajudariam nesse mundo e estabeleceu ordens e classes entre os anjos, dando a cada um deles um dever. Podemos ver na Bíblia que existem exércitos celestiais, hostes celestiais, anjos e arcanjos.

Existem arcanjos ao redor de Deus cooperando com Ele, para que tudo vá bem, segundo a Sua vontade. Além dos arcanjos, Deus também fez outros anjos que tinham posição e dignidade semelhantes às dele. Esses pertenciam ao Deus Trino diretamente e foram colocados na mesma classe que os arcanjos. Seu dever era servir a Deus e agradá-Lo.

Esses três arcanjos que pertenciam diretamente a Deus Trindade foram feitos com gênero feminino e, por isso, a referência a eles com pronomes e artigos femininos. Um deles era Lúcifer, e havia mais dois. A palavra 'Luci' significa 'luz.' Entendemos que esses anjos ficavam bem próximos de Deus Trindade e Ele compartilhava o Seu coração com eles.

Dentre os inúmeros seres espirituais no mundo espiritual, Deus deu características humanas apenas àqueles três anjos. Eles são diferentes dos filhos de Deus que Ele obtém através da cultivação humana. Mas, para entender e compartilhar Seu amor, Deus lhes deu características humanas. Uma vez que Deus sabe de todas as coisas, Ele já sabia que Lúcifer seria usado para a cultivação humana, e deu a ele a humanidade.

Lúcifer sempre pôde agradar a Deus com suas lindas músicas e louvores, e era muito amada por Ele. Ela tinha humanidade e vontade própria e, por ser tão amada por Deus, a arrogância começou a crescer em seu coração e a levou a pensar que poderia ser mais exaltada que Deus. No fim, Lúcifer traiu a Deus.

"*Como você caiu dos céus, ó estrela da manhã, filho da alvorada! Como foi atirado à terra, você, que derrubava as nações!*" (Isaías 14:12)

Aqui, ao dizer 'filho da alvorada' não quer dizer que Lúcifer é macho. 'Filho da alvorada' era um titulo dado a Lúcifer. A alvorada dá esperança e vida a tudo. Não significa que Lúcifer era macho, mas se refere à autoridade e dignidade dadas a Lúcifer, que eram tão grandes que chegava às de filho de Deus.

Deus não lhe deu o título apenas de 'filho da alvorada', mas também 'estrela da manhã.' A estrela da manhã é Vênus. Deus deu à sua amada Lúcifer o nome que mais brilha no céu matutino.

Mas podemos ver também na Bíblia que a estrela da manhã se refere a Jesus.

> *"Eu, Jesus, enviei o meu anjo para dar a vocês este testemunho concernente às igrejas. Eu sou a Raiz e o Descendente de Davi, e a resplandecente Estrela da Manhã"* (Apocalipse 22:16).

Então, como pode o mesmo nome dado a Jesus ter sido dado a Lúcifer?

O título não era apenas um título dado aos amados por Deus. Aqui há um significado espiritual nisso. Na verdade, o título 'estrela da manhã' foi dado ao Senhor Jesus. Deus deu a Jesus o nome "estrela da manhã", com o significado de que o Senhor Jesus viria à terra e cumpriria Seu grande dever como Salvador.

É claro que, quando esse título de 'estrela da manhã' foi dado ao Senhor, foi antes da terra e de Vênus terem sido formados. Mas como Deus sabe de todas as coisas, Ele sabia que, depois que o sistema solar e o universo fossem feitos, Vênus seria a estrela mais brilhante da alvorada, quando vista da terra.

Deus também deu o nome de 'estrela da manhã' a Lúcifer. Ele lhe deu grande autoridade e glória, a ponto de ser como as do Senhor.

Mas o maior significado espiritual era que Lúcifer teria de cumprir um dever muito importante para a cultivação humana. Sabendo disso, Deus deu-lhe o nome de 'estrela da manhã.'

Seu dever era se tornar a líder dos espíritos malignos e ser usada na cultivação humana. Esta seria realizada em justiça, só quando houvesse maldade, que é o oposto da bondade. Obviamente, Deus não decidiu previamente que Lúcifer o trairia.

O nome 'estrela da manhã' tem muitos significados – o incrível amor de Deus por Lúcifer, a traição de Lúcifer e os tipos de deveres que ela faria durante a cultivação, todos fazem parte. Significa que Lúcifer era amada, muito amada por Deus e, ao mesmo tempo, tinha um dever muito importante em relação à cultivação humana.

Mas em Jó, 38:7, as Estrelas da Manhã se referem aos outros dois arcanjos. Eles têm o dever de servir a Trindade. O nome 'Estrelas da Manhã' também significa que Deus os ama muito.

O título 'Estrelas da Manhã' é como uma medalha de honra dada aos que são especialmente amados por Deus, em Sua providência. Todos os três arcanjos receberam o nome 'Estrelas da Manhã', mas Lúcifer depois foi confinada no abismo sem fim, por sua traição.

Logo, quando Deus criou a terra, as Estrelas da Manhã que cantavam as maravilhas da criação eram os outros dois arcanjos. Deus sofreu com a traição de Lúcifer. Depois disso, Ele começou a fazer a terra para a cultivação humana com a qual poderia obter verdadeiros filhos. Foram esses dois arcanjos que estavam glorificando o Deus poderoso com músicas e louvores.

Então, o que é: "e jubilavam todos os filhos de Deus"?

Significa que o Senhor Jesus e o Espírito Santo se regozijavam juntos, enquanto a criação acontecia. Deus não chama anjos ou outros seres espirituais de 'filhos' (Hebreus 1:5). Os filhos de Deus se referem ao Filho Jesus Cristo e ao Espírito Santo.

O Senhor e o Espírito Santo têm o mesmo status de filhos de Deus (Gálatas 4:6). É por isso que lemos 'filhos de Deus.' Quanto a Trindade, uma vez que são um, criou os céus e a terra, se regozijou e juntos e jubilaram.

3. A Terra no Controle de Deus

Ou quem encerrou com portas o mar, Quando ele rompeu e saiu da madre; Quando eu lhe punha nuvens por vestidura, E escuridão por faixas, E lhe tracei limites, E lhe pus ferrolhos e portas, E disse: Até aqui virás, porém não mais adiante: E aqui pararão as tuas ondas orgulhosas? [Sociedade Bíblica Britânica] (38:8-11)

O mar saindo da madre nos fala sobre a fonte das águas. Ventre inclui a placenta, o âmnio, o líquido amniótico e o cordão umbilical que cobre o feto no útero. Esse cordão conecta o feto à placenta que, por sua vez, lhe fornece oxigênio e nutrientes.

E esse tipo de espaço é o seio de Deus. Se compararmos esse espaço com uma mulher, é como o âmnio ou ventre. Assim como o bebê é concebido no útero materno, a Terra está no canto do seio de Deus.

Assim como podemos nos locomover com carros ou aviões, depois de abastecê-los com combustível, o combustível que faz a Terra ser viva e ativa é a água. A água dá vida a todo ser vivente do planeta. As entranhas do homem e todos os outros órgãos só podem funcionar por causa da água. Setenta por cento do corpo humano consiste de água.

Assim como o feto cresce com o fornecimento de nutrientes através do cordão umbilical, a Terra recebe os nutrientes pela provisão da água. O fluxo de água que faz a Terra fértil é como o cordão umbilical que fornece nutrientes ao feto. Para fazer Jó entender isso, Deus está explicando com uma parábola.

Deus fez rios e riachos até dentro da Terra. Se cavarmos, podemos encontrá-los.

Como a Bíblia tem expressões como 'céu dos céus', e 'céu e altos céus', entre esse espaço, que é o seio de Deus, existem vários céus. O apóstolo Paulo disse que tinha estado no terceiro céu. Dentre os diferentes céus, existem portas e passagens que os conectam.

Gênesis 7:11-12 diz: *"No dia em que Noé completou seiscentos anos, um mês e dezessete dias, nesse mesmo dia todas as fontes das grandes profundezas jorraram, e as comportas do céu se abriram. E a chuva caiu sobre a terra quarenta dias e quarenta noites."* Quando Deus castigou a Terra com a inundação, Ele não conseguiu cobrir toda ela com as suas próprias águas. É por isso que Ele abriu as comportas do céu e derramou água.

Assim como o mar sai do ventre, quando o bebê sai da madre, muitas coisas saem junto com ele. Deus perguntou a Jó quem é que encerrou o mar, quando ele avançava, respondendo que fora Ele.

O versículo 9 diz: "Quando eu lhe punha nuvens por

vestidura e escuridão por faixas." A expressão 'vesti de nuvens' mostra a relação entre as nuvens fazendo par com o mar.

O par entre o corpo do homem e as roupas que ele usa é um exemplo. As roupas cobrem sua vergonha. Entre os pares, existem pares do mesmo tipo ou com os correspondentes opostos. O céu e o inferno, o dia e a noite e a luz e a escuridão são todos pares. Os pares para o Rei Saul, que desobedeceu a Deus, e Judas Iscariotes, que vendeu Jesus, são o demônio e as trevas.

Então, por que Deus está explicando com essas parábolas? Quando vemos a abundância de água no mar, não podemos medi-la. Fazer das nuvens a sua roupa e das densas trevas faixas que o envolvem significa que há par para tudo. Existem a vontade e a providência de Deus, e elas são cumpridas de formas maravilhosas. Deus está perguntando se Jó sabe sobre elas. Obviamente, Jó não sabia e não podia responder.

O versículo 10 diz: "eu lhe tracei limites e lhe pus ferrolhos e portas." Limites são linhas que limitam.

Uma porta tem um ferrolho. Ferrolho se refere à promessa de Deus. Na Bíblia estão as promessas de Deus. Ele tem Suas regras sobre testes e provações pelas quais as pessoas vão passar. Há uma vontade de Deus para a espécie humana e há também limites.

Deus estabeleceu limites na Bíblia. Ele fez Sua promessa a nós, mas se não a conhecermos, não poderemos receber respostas aos nossos problemas.

Depois da inundação de Noé, Deus prometeu à espécie humana, com um arco-íris, que jamais a castigaria com água de novo. Isso também é um limite. Deus estabeleceu o limite e fez portas e ferrolhos. Quando batemos, Deus abre a porta e podemos entrar.

O mar também tem limites, para que suas águas não ultrapassem certo nível. Através da gravidade da luz, as marés se movimentam. A lua também é absolutamente essencial para a vida na Terra, e é por isso que Deus a fez, fez seus limites e fixou o ferrolho para ela.

Deus está tentando fazer com que Jó entenda que Ele estabeleceu as regras para a vida, morte, bênção e maldições dos homens, que são segundo a imagem de Deus, da mesma forma que estabeleceu os limites para o mar. Em outras palavras, significa que tudo – vida, morte, bênção e maldição – pertence a Deus. Havia uma razão para Jó enfrentar provações e ela estava de acordo com as regras de Deus. Deus está tentando fazer com que Jó compreenda isso.

Jó estava com muita vergonha de si mesmo, pois tinha lamentado de ter nascido e vinha culpando a Deus o tempo todo.

4. Deus Faz com que Jó Se Dê Conta de Sua Maldade

O versículo 11 diz: "E disse: Até aqui virás, porém não mais adiante: E aqui pararão as tuas ondas orgulhosas." Por que Deus diz: 'ondas orgulhosas'? Quando há uma enchente ou uma grande onda, as águas saem varrendo casas, campos, etc. deslizamentos podem ser provocados e pessoas podem ser mortas.

Jó entendeu que 'ondas orgulhosas' se referiam a ele. Deus

usava aquela parábola para fazer com que Jó se desse conta de sua arrogância.

Deus está dizendo a Jó que ele é um homem arrogante e autoassertivo, que olha com altivez para Deus e seus amigos. Ele é como ondas fortes e orgulhosas que destroem as coisas.

Você já deu ordens à manhã ou mostrou à alvorada o seu lugar, para que ela apanhasse a terra pelas pontas e sacudisse dela os ímpios? (38:12-13)

Até agora, Jó tinha suas próprias conclusões e se queixava de Deus, questionando como Deus poderia dar-lhe tamanho sofrimento. Teimosamente Jó insistia em que ele era reto e que Deus e seus amigos é que estavam errados.

Em essência, Deus quer dizer: "Você já deu ordens à manhã? Nem isso você pode fazer. Você pode fazer a escuridão ir embora e fazer com que a luz venha? Pode fazer com que a madrugada revele sua habitação? Se você estivesse certo, seus amigos deveriam ter concordado com você e a sua situação já deveria ter mudado. Contudo, uma vez que nada disso aconteceu, será que é porque você não está errado?"

A terra toma forma como o barro sob o sinete; e tudo nela se vê como uma veste. Aos ímpios é negada a sua luz, e quebra-se o seu braço levantado. Você já foi até as nascentes do mar, ou já passeou pelas obscuras profundezas do abismo? As portas da morte lhe foram mostradas? Você viu as portas das densas trevas? Você faz ideia de quão imensas são as áreas da terra? Fale-me, se é que você sabe (38:14-18).

O que significa "toma forma como o barro sob o sinete"? Isso se refere à 'terra', e só com ela em si não conseguimos fazer nada. Quando a misturamos com água, todavia, podemos fazer o barro e fazê-lo tomar formas. Quando Deus fez o homem, Ele também usou o barro.

Deus criou os céus e a terra e todas as coisas que nela há pela Sua palavra (Hebreus 11:3). Ele criou tudo com a Sua palavra e pôs luz em tudo, sendo tudo revelado.

Pessoas más gostam da escuridão e vivem em trevas. A luz é a bondade e a palavra de Deus. Inverdades e falta de lei pertencem à escuridão. Logo, "Aos ímpios é negada a sua luz, e quebra-se o seu braço levantado."

Em outras palavras, se há luz da verdade, a palavra de Deus brilha, todos os nossos pecados e maldades são expostos. Semelhantemente, Jó também era um homem mau.

O versículo 16 diz: "Você já foi às nascentes do mar, ou já passeou pelas obscuras profundezas do abismo?"

Até hoje ninguém ainda esteve nas nascentes do mar. Descemos a centenas de metros, mas como poderemos descer uns dez mil ou mais? E Jó? Nunca tinha ido às profundezas do mar, muito menos do abismo.

Ele sequer sabia da profundidade do oceano; e não começaria a compreendê-la caminhando por ele. Ele desconsiderara seus amigos, discutira com Deus e falara como se conhecesse todas as regras das leis naturais e do universo. É por isso que agora ele estava com tanta vergonha de si mesmo.

O versículo 17 diz: "As portas da morte lhe foram mostradas? Você viu as portas das densas trevas?" Jó exagerou em algumas coisas que havia falado. Muitas vezes ele desejou que Deus lhe tirasse a vida. Ele falava como se não tivesse esperança nenhuma de sobreviver. Reclamou e teve ressentimento por não mais conseguir suportar a dor que sentia. Ele não devia ter falado palavras negativas e pessimistas tão facilmente. As palavras dos nossos lábios podem se tornar armadilhas de Satanás.

Além disso, Jó nunca tinha medido área de terra nenhuma. Há muito tempo atrás, as pessoas não conseguiam medir a área das terras. Isso quer dizer que se Jó não conseguia nem medir a amplidão da área de uma terra, quanto menos poderia entender a vastidão do coração e vontade do Criador!

> Como se vai ao lugar onde mora a luz? E onde está a residência das trevas? Poderá você conduzi-las ao lugar que lhes pertence? Conhece o caminho da habitação delas? Talvez você conheça, pois você já tinha nascido! Você já viveu tantos anos! Acaso você entrou nos reservatórios de neve, já viu os depósitos de saraiva, que eu guardo para os períodos de tribulação, para os dias de guerra e de combate? (38:19-23)

Deus faz essa pergunta a Jó, para que ele possa entender claramente as coisas, já que havia falado sobre a vida e a morte no mundo espiritual, que é invisível.

Nem sequer medir a área da terra por onde andava ele conseguia, muito menos saberia onde moram a luz e as trevas. Mas ele falava do mundo espiritual, vida, morte, bênçãos e maldições, como se soubesse muito bem sobre tudo isso.

Até hoje existem muitas pessoas que falam sobre a vida e a morte. Algumas falam, como se conhecessem o mundo espiritual muito bem, que tudo acaba, quando a pessoa morre. A passagem acima significa: "Jó, você nem sabe onde a luz e as trevas, que são vistas, habitam. Como pode falar sobre o caminho da morte e os caminhos para bênçãos e maldições, que não são vistos?

No versículo 21 Deus diz: "Talvez você conheça, pois você já tinha nascido! Você já viveu tantos anos!"

"Jó, quando pus os fundamentos da Terra e criei o sol, você nasceu, e você tem tantos anos!"

Se ele tivesse nascido, quando Deus criou os céus e a terra, ele devia ter muitos, muitos anos. Na verdade, vemos uma expressão paradoxal para fazer com que Jó veja que suas palavras não estavam certas.

Quando Deus diz a Jô: "Você já viveu tantos anos", o que será que Jó sentiu? Jó não tinha nascido no tempo da criação e nem tinha 100 anos de idade. Com aquela idade, ele já achava que sabia de alguma coisa. Achava que já tinha aprendido o suficiente, mas viu que as coisas definitivamente não eram bem como pensava.

Você já esteve em um reservatório de neve ou saraiva? Mas isso não quer dizer que depósitos assim realmente existam.

Deus está apenas dizendo que Jó sequer sabe da origem da neve e da saraiva, que são coisas vistas, e que os homens não devem falar sem zelo das coisas que não ouviram ou viram diretamente.

O versículo 23 diz: "que eu guardo para os períodos de tribulação, para dias de guerra e de combate?" O que ele quer dizer? Quer dizer que Deus castigará com neve, saraiva ou chuva, conforme necessário, como fez na inundação de Noé e a saraiva no Egito. Uma vez que Deus diz que as reservou, podemos ver que são limitadas. Deus faz com que Jó entenda que também haverá limites para seus sofrimentos, uma vez que eram permitidos por Deus, em Sua providência.

> Qual o caminho por onde se repartem os relâmpagos? Onde é que os ventos orientais são distribuídos sobre a terra? Quem é que abre um canal para a chuva torrencial, e um caminho para a tempestade trovejante, para fazer chover na terra em que não vive nenhum homem, no deserto onde não há ninguém, para matar a sede do deserto árido e nele fazer brotar vegetação? Acaso a chuva tem pai? Quem é o pai das gotas de orvalho? De que ventre materno vem o gelo? E quem dá à luz a geada que cai dos céus, quando as águas se tornam duras como pedra e a superfície do abismo se congela? (38:24-30)

Jó não conseguia responder as perguntas de Deus. As pessoas acham que vai chover, quando está nublado. Falam sobre as mudanças no tempo ao observarem o vento e as nuvens. Contudo, não podem saber sobre ele precisamente. Mesmo com o desenvolvimento científico que temos hoje, não podemos ter uma perfeita previsão do tempo!

O homem não sabe como os relâmpagos são repartidos ou como o vento oriental é distribuído sobre a terra. Só Deus sabe dessas coisas e o homem pode entendê-las corretamente só quando Deus o ensinar.

O versículo 25 diz: "Quem é que abre um canal para a chuva torrencial e um caminho para a tempestade trovejante?" Com isso, Jó pôde ver que não podia fazer nada e que tudo estava nas mãos de Deus, o Criador.

Assim como Deus abre um canal para a chuva torrencial, Ele abre um caminho para o homem viver. Quem fez o ar, o brilho do sol e a chuva, com os quais podemos viver? Tudo foi feito por Deus.

É da vontade de Deus guiar Seus amados filhos aos caminhos de bênçãos. Deus nos ensina esses caminhos e nos leva a eles. É o homem que ignora a direção de Deus e segue por outros caminhos.

À medida que os filhos vão crescendo, apesar de estudarem muito e se tornarem bem sucedidos nesse mundo, não foi só o seu próprio esforço que os fez assim. Eles tiveram professores e o apoio de seus pais. Devemos sempre pensar sobre os vários aspectos das coisas e ser gratos por tudo.

O versículo 26 diz: "para fazer chover na terra em que não vive nenhum homem, no deserto onde não há ninguém."

A razão de Deus dizer isso é porque o resto do mundo do natural já existia antes do homem, e que este nunca foi o primeiro.

Deus fez todas as coisas com o propósito da cultivação humana. Portanto, tudo na natureza existe para o homem, e a natureza também pode existir por causa do homem. Eles coexistem por causa um do outro. Não devemos pensar no ar como sendo algo que podemos ter como garantido. Devemos saber o seu valor e ser gratos por ele, para que não sejamos arrogantes.

Jó vinha pensando que ele era o primeiro, mas até coisas pequenas já existiam antes do homem, na providência de Deus. Ele agora está entendendo que as coisas existem para o homem.

Do versículo 28 em diante vemos: "Acaso a chuva tem pai?

Quem é o pai das gotas de orvalho? De que ventre materno vem o gelo e quem dá à luz a geada que cai dos céus?" Chuva não tem pai e ninguém gera o orvalho. Gelo é água congelada, não tem ventre. Ninguém pode dar à luz a geada.

A chuva, o orvalho, o gelo e a geada do céu não são gerados por ninguém. As coisas da natureza precisam dele, e é por isso que Deus os criou.

Ao ouvir essas palavras, Jó viu claramente que estava muito errado murmurar contra Deus e que todas essas coisas foram feitas na providência de Deus.

Desse ponto em diante, o Deus de amor começa a confortar Jó, explicando sobre o Seu poder e providência. Se nossos filhos reconhecem seus erros e falhas depois,de serem repreendidos, você deve confortá-los rapidamente, para evitar que tenham sentimentos negativos.

Temos de explicar claramente o que aconteceu de errado, para que eles possam entender. Nunca devemos bater neles, impulsionados pela raiva. Aqueles que têm um amor carnal por seus filhos não os confortam, mesmo depois de bater neles.

O versículo 30 diz: "quando as águas se tornam duras como a pedra, e a superfície do abismo se congela." Quando a temperatura da água atinge seu ponto de congelamento, ela vira gelo e fica dura como pedra. Podemos ver isso nos icebergs das Regiões Polares.

Você pode amarrar as lindas Plêiades? Pode afrouxar as cordas do Órion? Pode fazer surgir no tempo certo as constelações ou fazer sair a Ursa com seus filhotes? Você conhece as leis dos céus? Você pode determinar o domínio de Deus sobre a terra? Você é capaz de levantar

a voz até as nuvens e cobrir-se com uma inundação? É você que envia os relâmpagos, e eles lhe dizem: 'Aqui estamos'? (38:31-35)

Plêiades é um aglomerado aberto da constelação de Touro. Os persas a comparavam com um colar. O grupo contém mais de 1000 membros estatisticamente confirmados. É por isso que é chamado de 'As correntes.'

As brilhantes estrelas de Órion são encontradas no equador celestial e podem ser vistas em todo o mundo. Seu "centurião" – três estrelas proeminentes de brilho médio na seção do meio da constelação – faz com que essa constelação seja facilmente localizada e globalmente reconhecida.

"Jó, você pode mudar as estrelas de lugar no céu como quiser?"

A razão de Deus dizer isso é porque Jó tem falado tudo que bem entendia. Assim como o homem não pode afrouxar as constelações do céu, eles não podem protestar contra a vontade de Deus. Através dessa interessante parábola, Deus está fazendo Jó compreender que ele estava se dizendo mais justo do que Ele.

"Fazer surgir no tempo certo as constelações" se refere às diferentes constelações que são proeminentes de cada estação. A Terra completa um giro em torno de seu próprio eixo a cada 24 horas e ao redor do sol a cada 365.25 dias. Portanto, temos diferentes constelações em diferentes estações. Algumas estrelas são vistas apenas no inverno, enquanto outras apenas no verão. Deus está perguntando se Jó podia fazer aquelas constelações surgirem fora de seu tempo.

Quando Deus fez a vastidão do universo, Ele distribuiu o sol, a luz e as estrelas nos lugares mais apropriados para cada um. Eles não foram simplesmente jogados sem critério e por coincidência.

Mesmo com a ciência desenvolvida que temos hoje, jamais poderemos entender por que Deus fez as constelações. Jó não poderia movê-las jamais; mas se pudesse, o universo ficaria um caos.

Agora Jó podia entender por que tinha de passar por aquelas tribulações. Com as parábolas de Deus agora indo até as constelações, a única coisa que restava a Jó era tremer diante da autoridade de Deus. Ele estava se dando conta dos muitos pecados que havia cometido diante Dele.

Até então, Jó tem falado como se conhecesse as leis de Deus muito bem. Entretanto, não pôde responder Suas perguntas. Achava que conhecia as regras de Deus, mas, na verdade, não sabia nada sobre elas. É por isso que Deus diz que ele era arrogante.

Agora ele não conseguia explicar nenhuma obra das mãos de Deus. Ele acaba de se dar conta de que não conseguia entender o coração de Deus. Aqui Jó começa a entender muitas coisas, inclusive suas limitações.

O versículo 34 diz: "Você é capaz de levantar a voz até as nuvens e cobrir-se com uma inundação?" Obviamente, Jó não podia fazer essas coisas. Deus está dizendo isso porque Jó tem levantado sua voz e perguntado onde Deus estava.

"Jó, você pode mandar os relâmpagos? Pode fazê-los responder dizendo: 'Estou aqui!'?"

É claro que Jó não podia. Só Deus pode essas coisas. Existem várias formas de relâmpagos ocorrerem, mas só Deus pode enviá-los.

Quem foi que deu sabedoria ao coração e entendimento à mente? Quem é que tem sabedoria para avaliar as nuvens? Quem é capaz de despejar os cântaros de água dos céus, quando o pó se endurece e os torrões de terra aderem uns aos outros? (38:36-38)

A sabedoria e o entendimento dos filhos de Deus são dados por Ele. A sabedoria que vem de Deus não é a sabedoria do mundo, que perece. A sabedoria de Deus é vida. É vida eterna.

Jó certamente percebeu que a origem de tudo é Deus. A semente da vida foi dada por Ele e nossa capacidade de pensar também veio dele.

O versículo 37 diz: "Quem é que tem sabedoria para avaliar as nuvens?" Não importa o tanto que a ciência se desenvolva, não podemos contar todas as nuvens do céu. Não poderemos contar todas as estrelas do universo nem medir o poder que as governa. Mas tudo vem do poder de Deus.

O versículo também diz: "Quem é capaz de despejar os cântaros de água dos céus?" Cântaros aqui também se referem ao depósito de Deus, como o depósito de saraiva do versículo 22. Podemos pensar neles como espaços de armazenamento para todos os tipos de coisas. Coisas da quarta dimensão, todavia; isto é, as maneiras, fluxos e produção das coisas que Deus faz.

Deus derrama água dos 'cântaros' do céu, para que o pó se junte e forme o barro, dando vida à terra. Só quando o pó 'se endurece' é que a terra se torna produtiva; e só assim é que tantos seres vivos na Terra conseguem viver em harmonia.

Ao ouvir essa explicação, Jó percebeu que era da providência de Deus que ele estivesse passando por aquelas provações. Ele viu que Deus podia curá-lo de uma só vez, se todas aquelas coisas tivessem sido permitidas por Ele.

É você que caça a presa para a leoa e satisfaz a fome dos leões, quando se agacham em suas tocas ou ficam à espreita no matagal? Quem dá alimento aos corvos quando os seus filhotes clamam a Deus e vagueiam por falta de comida? (38:39-41)

Não há por que o homem alimentar leões. Leões agacham em suas tocas e ficam lá esperando por sua presa. Quando ela aparece, eles a devoram.

Mas suponha que Jó apareça diante desses famintos leões e tente dar-lhe comida. O próprio Jó se tornará a presa. Em outras palavras, significa que Deus permitiu que as tribulações viessem sobre Jó por uma razão, e se Jó tivesse lidado com elas calmamente e quieto, teria recebido bênçãos de Deus.

Figurativamente, Deus estava tentando direcionar Jó para o leste, mas ele estava tentando ir para o oeste, que é o mesmo que se tornar uma presa para leões.

Em essência, Deus quer dizer: "Jó, fiz todas essas coisas para fazer de você um perfeito homem justo, mas você está indo na direção oposta!"

O versículo 41 diz: "Quem dá alimento aos corvos, quando seus filhotes clamam a Deus e vagueiam por falta de comida?" Jó não podia fazê-lo, mas Deus sim. Deus fez tudo de forma que todos os seres vivos, do menor ao maior como os leões, o rei dos animais, pudessem viver juntos. Jó não se conteve em falar que Deus sozinho pôde fazer todas aquelas coisas.

Deus podia ter dito isso a Jó diretamente, mas a razão pela qual Ele menciona o corvo nessa parábola é para fazer Jó admitir sua ignorância e pecados. Deus o está fazendo entender que ele não era a pessoa com resposta para tudo, mas que era Deus quem controlava e controla tudo.

Capítulo 39
A Verdadeira Liberdade e a Autossatisfação

1. Deus Ensina Sobre o Amor De Pais
2. O Que é a Verdadeira Liberdade?
3. A Parábola do Avestruz
4. Palavras Tolas
5. Tudo Sob o Controle de Deus

"Você sabe quando as cabras monteses dão à luz? Você está atento quando a corça tem o seu filhote? Acaso você conta os meses até elas darem à luz? Sabe em que época elas têm as suas crias? Elas se agacham, dão à luz os seus filhotes, e suas dores se vão. Seus filhotes crescem nos campos e ficam fortes; partem, e não voltam mais" (39:1-4).

1. Deus Ensina Sobre o Amor De Pais

Você sabe quando as cabras monteses dão à luz? Você está atento quando a corça tem o seu filhote? Acaso você conta os meses até elas darem à luz? Sabe em que época elas têm as suas crias? Elas se agacham, dão à luz os seus filhotes, e suas dores se vão. Seus filhotes crescem nos campos e ficam fortes; partem, e não voltam mais (39:1-4).

Cabras montanhesas vivem em terras desertas e tem características muito fortes. Não é fácil de o homem se aproximar delas. Nos tempos de Jó, ninguém sabia quando a cabras montanhesas dariam a luz.

Na passagem acima Deus está perguntando Jó quando as cabras montanhesas ou veados davam a luz. Deus está falando sobre o amor de pais com a parábola dos animais.

Através das parábolas com animais agachando-se para dar a luz, Deus está ensinando Jó a entender o sofrimento pelo qual seus pais passaram e o quanto o Seu coração sofria.

Em Jó 3:1, vemos que Jó não compreendia o amor de pais. Quando as tribulações vieram, ele reclamou de seus pais e amaldiçoou o dia que tinha nascido. Se dissermos na frente de nossos pais, Por que vocês me tiveram? Eu nunca deveria ter nascido!", consegue imaginar como eles ficarão chateados?

O versículo 4 diz, "Seus filhotes crescem nos campos e ficam forte; parem, e não voltam mais." A maioria dos animais seguem seu próprio caminho depois de crescidos.

Deus está dizendo que as pessoas que não conhecem a Deus são como aqueles animais. Se não conhecermos Deus, quem nos fez, e praticarmos e vivermos como bem entendermos, significa que somos como animais. E ainda existem muitas pessoas que são piores que animais. Mas se conhecermos a Deus, quem nos deu a luz, seguiremos as Suas leis em bondade, e assim não seremos como animais aos Seus olhos.

Animais seguem seu caminho sem não forem restringidos por alguma coisa. Assim como colocamos rédeas em cavalos, nós também devemos ter as rédeas da verdade. Caso contrario, não seremos capazes de seguir o caminho da vida eterna, mas saltaremos pra lá e pra cá como jumentos selvagens, indo para um caminho de destruição. Deus nos amarrou com as rédeas da verdade porque Ele nos ama. Uma vez que Ele nos considera Seus filhos, Ele às vezes nos castiga quando pecamos (Hebreus 12:6).

2. O Que é a Verdadeira Liberdade?

Quem pôs em liberdade o jumento selvagem? Quem soltou suas cordas? Eu lhe dei o deserto como lar, o leito seco de lagos salgados como sua morada. Ele se ri da agitação da cidade; não ouve os gritos do tropeiro. Vagueia pelas colinas em busca de pasto e vai em busca daquilo que é verde (39:5-8).

Animais não podem ficar com sua mãe o tempo todo quando

crescem o bastante para conseguir o alimento por conta própria, deixam suas mães. Todos os animais são controlados por Deus, e a sua liberdade também é dada por Ele.

Por que você acha que Deus está dizendo isso? Ele deu à humanidade a vontade própria. Mas podemos desfrutar da verdadeira liberdade quando estamos na verdade. O animal de estimação que é amado por seu dono vive em proteção e conforto só quando está com ele.

O versículo 7 diz, "Ele se ri da agitação da cidade; não ouve os gritos do tropeiro." Se cantarmos para um jumento selvagem, ele entenderá a música? Ela não significará nada para ele, e logo, só será barulho.

A razão de Deus estar dizendo isso é para fazer Jó entender que ele era como um jumento selvagem. Tinha palavras de seus amigos que estavam certas, mas assim como um jumento se ria da agitação da cidade, Jó ignorava todas as suas palavras. Ele achava que só ele estava certo.

Se não sabemos a vontade de Deus mas insistirmos que estamos certos, em que seremos diferentes do jumento selvagem?

O versículo 8 diz, "Vagueia pelas colinas em busca de pasto e vai em busca daquilo que é verde." Isso se refere ao indivíduo que só busca seus próprios benefícios ou vantagem. Em outras palavras, Deus está mostrando a Jó que ele tinha ignorado tudo que seus amigos tinham falado e persistido em discutir dizendo que estava certo, buscando seus próprios interesses.

Será que o boi selvagem consentirá em servir você? e em passar a noite ao lado dos cochos do seu curral? Poderá você prendê-lo com arreio na vala? Irá atrás de você arando os vales? Você vai confiar nele, por causa da sua grande força? Vai deixar a cargo dele o trabalho pesado que você tem que fazer? Poderá você estar certo de que ele recolherá o seu trigo e o ajuntará na sua eira? (39:9-12)

O boi selvagem não fica em estábulos ou obedece ao homem sem ser ameaçado. Para fazê-lo fazer o que queremos, temos de capturá-lo, furar seu fuço e colocar o jugo.

Até agora Jó tem saltado pra lá e pra cá, agindo como um jumento selvagem. Como um boi selvagem, não ficou no curral como Deus queria. Ele precisava das rédeas da verdade de Deus. Deus o está ensinando através de uma alegoria com animais.

E é o mesmo conosco. Se não obedecermos à verdade, mas agirmos da forma que acharmos ser melhor, seremos como um jumento selvagem que salta pra lá e pra cá, ou como um boi selvagem que faz o que quer. Agindo assim, empilhamos pecados formando um grande muro entre nós e Deus.

O boi selvagem não é animal de criação, e assim, não podemos fazê-lo puxar carroça. Usamos touros domésticos ou vacas para arar o campo e trazer abundante colheita.

Deus tentou colocar um jugo sobre Jó e guiá-lo, mas Jó não obedeceu. Só murmurou, e Deus não pôde fazê-lo arar o campo. Portanto, Jó não pôde receber as bênçãos ou ter a vida abundante que Deus lhe havia preparado. Ao ouvir isso, ele ficou chocado e entendeu grandes coisas. Não pôde outra coisa senão ajoelhar-se diante de Deus.

O versículo 11 diz, "Você vai confia nele, por causa da sua grande força? Vai deixar a cargo dele o trabalho pesado que você tem que fazer?" Não podemos usar um boi selvagem para fazer alguma coisa só porque é um animal forte. Ele não carregará ou juntará nenhum trigo.

Apesar de termos grande sabedoria e vasta experiência, Deus não pode nos confiar Suas obras. Homens carnais fazem uso de pensamentos carnais, e portanto, quando Deus os guia para o leste, vão para o oeste.

O versículo 12 diz, "Poderá você estar certo de que ele recolherá o seu trigo e o ajuntará na sua eira?" significa, se Deus confia a alguém o dever de salvar almas, será como um cego guiando outro cego e ambos irão para um caminho de morte.

Se não quebrarmos pensamentos carnais, mas confiarmos em nossos próprios pensamentos, teorias, experiências, arrogância, e maus sentimentos, Deus não nos poderá confiar nada. Se o fizesse, não seríamos capazes de cumprir.

Assim como o boi selvagem não trabalhará sem ser guiado com uma corrente, Deus não pode dar nenhuma obra à pessoa que não obedece. Jó entende porque Deus está dizendo isso.

3. A Parábola do Avestruz

A avestruz bate as asas alegremente. Que se dirá então das asas e da plumagem da cegonha? Ela abandona os ovos no chão e deixa que a areia os aqueça, esquecida de que um pé poderá esmagá-los, que algum animal selvagem poderá pisoteá-los. Ela trata mal os seus filhotes, como se não fossem dela, e não se importa se o seu trabalho é inútil. Isso porque Deus não lhe deu sabedoria nem parcela alguma de bom senso. Contudo, quando estende as penas para correr, ela ri do cavalo e daquele que o cavalga (39:13-18).

Avestruzes de exibem com gloriosas penas que batem de alegria, mas elas não fazem nenhum bem a outros animais. Podem olhar para os quatro cantos ao seu redor e serem mais do que os pássaros. Contudo, que benefício trazem a outros animais?

Jó entende porque Deus está dizendo isso. Ele tinha vivido com conhecimento, educação, fama, poder social e dinheiro, assim como as penas de um avestruz. No entanto, quando vieram as provações, ele não teve o amor e a generosidade para suportá-las. Por fora tinha uma boa aparência, mas por dentro era inválido e vazio.

Avestruzes vivem no deserto e botam seus ovos na areia. Eles chocam com o calor da mesma e podem ser pisoteados ou comidos pelo homem ou outros animais. Avestruzes não conseguem compreender as coisas; simplesmente botam seus avos na areia e pronto.

Quando as provações vieram sobre Jó, ele percebeu o tipo de pessoa que era. Sabia como enterrar os ovos na areia assim como os avestruzes, mas não sabia o que vinha depois. Agora, no entanto, como Deus dava-lhe entendimento, ele estava muito grato!

Hoje, como avestruzes, inúmeras pessoas vivem como bem querem e seguem por caminhos de morte sem se darem conta que há uma vida ainda por vir.

Deus diz que Ele não deu sabedoria ou entendimento para os avestruzes porque o conhecimento que Ele deu a eles já lhe era suficiente. Entretanto, o homem consegue ter profundo entendimento das coisas e tem a habilidade de raciocinar porque Deus lhe deu sabedoria e inteligência. Apesar de o homem conseguir entender e saber das coisas melhor, ele não se submete a Deus em obediência, mas vive como o coração deseja. Com a alegoria dos avestruzes e o homem, Deus explica sobre a relatividade do conhecimento, sabedoria, e inteligência.

O versículo 18 diz, "Contudo, quando estende as penas para correr, ela ri do cavalo e daquele que o cavalga." Aqui, o uso da expressão 'rir de' mostra arrogância. Deus está dizendo a Jó que como o avestruz, Jó tem menosprezado os outros quando ele mesmo não sabia nada.
O homem não consegue ver nem o futuro mais próximo. Simplesmente não temos o direito de desprezar, caluniar, julgar e criticar os outros. Devemos ter corações humildes para considerar os outros melhores do que nós.

4. Palavras Tolas

É você que dá força ao cavalo ou veste o seu pescoço com sua crina tremulante? Você o faz saltar como gafanhoto, espalhando terror com o seu orgulhoso resfolegar? Ele escarva com fúria, mostra com prazer a sua força, e sai para enfrentar as armas. Ele ri do medo e nada teme; não recua diante da espada. A aljava balança ao seu lado, com a lança e o dardo flamejantes. Num furor frenético ele devora o chão; não consegue esperar pelo toque da trombeta. Ao ouvi-lo, ele relincha: 'Eia!' De longe sente cheiro de combate, o brado de comando e o grito de guerra (39:19-25).

A crina é o pelo do cavalo na parte de trás de seu pescoço. Quando os cavalos galopam, podemos ver como são fortes; e sua crina os fazem ainda mis lindo e dignos. Quando Deus perguntou a Jó se era ele quem tinha dado aos cavalos sua força e

crinas, Jó já sabia a lição que ia receber.
O poder e autoridade de Jó era sua riqueza e conhecimento. Sua sabedoria, fama, e autoridade eram seu poder e dignidade.

"Jó, quem lhe deu o conhecimento, riquezas, fama, e poder social que tinha?"

Jó pôde entender que todas aquelas coisas que ele tinha não era por ele mesmo, mas pelas bênçãos de Deus.
Cavalos correm muito bem, como gafanhotos. Levantam a cabeça e resfolegam majestosamente. Jó tem levantado sua cabeça e relinchando como o cavalo, e Deus está dizendo a ele que aquilo era algo do que se envergonhar.
Com a parábola do cavalo, Deus não está condenando Jó por correr como um gafanhoto e rinchar como um cavalo. Ele está dizendo a Jó que tais atitudes eram lamentáveis. Ele se gabava de sua honra, fama, e conhecimento enquanto corria pra lá e pra cá. Aquilo, todavia, era um ato de tolice.

No versículo 21 vemos, "Ele escarva com fúria, mostra com prazer a sua força, e sai para enfrentar as armas." Cavalos não tem medo de tais coisas. Não sabem que a espada pode cortar-lhes a garganta ou que a flecha pode perfurar-lhes o corpo. É por isso que não podemos dizer que cavalos são sábios.

Da mesma forma, Jó estava à beira da morte e, ainda assim, continuava discutindo com seus amigos para superá-los e dizia que Deus era injusto e ele era mais justo do que Ele.
Sem se dar conta de sua situação patética, ele ignorava as palavras de seus amigos e havia se levantado contra Deus. Não será isso agir como um cavalo? Embora possamos ter poder e majestade, também precisamos ter a sabedoria para entender a

situação corretamente para que possamos responder bem a ela.

Deus está dizendo a Jó que ele estava usando despreocupadamente como um cavalo que corre sem medo na guerra e sem saber da calamidade que estar por vir.
Quando um cavalo numa batalha morre e cai, seja por causa de uma flecha, espada, lança, ele vai se decompor. Como no versículo 30, ele então se torna presa de gaviões. Deus está falando sobre o resultado miserável de atitudes como as que Jó estava tendo.

5. Tudo Sob o Controle de Deus

É graças à inteligência que você tem que o falcão alça vôo e estende as asas rumo ao sul? É por sua ordem, que a águia se eleva e no alto constrói o seu ninho? Um penhasco é sua morada, e ali passa a noite; uma escarpa rochosa é a sua fortaleza. De lá sai ela em busca de alimento; de longe os seus olhos o vêem. Seus filhotes bebem sangue, e, onde há mortos, ali ela está (39:26-30).

Deus está perguntando se é graças à inteligência de Jó que o falcão alça vôo e constrói seu ninho nas alturas.
O que Deus quer dizer é: "Essas coisas não acontecem com ordens dadas por você, mas sim por Mim, o Criador. Portanto, todas as coisas da sua vida serão cumpridas pela providência de Deus. Assim, como pode se queixar Dele, dizendo que Ele é injusto?"
Ao ouvir isso, Jó viu mais uma vez que tudo nos céus e na terra está sob o controle de Deus. Enquanto por um lado Deus estava fazendo Jó se dar conta de seus erros, Ele também estava

lhe dando esperança e sonhos por outro.

Deus está fazendo Jó entender que ele costumava ser respeitado pelos outros como falcões voando alto porque Deus o abençoava.

"Jó, você está nessa posição agora, e tem de ter havido uma razão! Agora você pode entender. Se você se arrepender, se converter, e temer a Deus completamente, eu vou lhe colocar em lugares altos, como os do falcão."

As águias fazem seus ninhos em penhascos e altas montanhas, que para o homem, podem parecer locais bastante perigosos. Se seus filhotes caem, não tem chance de sobrevivência. Contudo, para as águias, tais lugares são os mais seguros.

Então, por que as águias constroem seu ninho em locais perigosos? Não é porque elas são tolas, mas porque foi designado por Deus assim. Elas fazem seu ninho seguindo a ordem de Deus. Mas por que Ele ordena tal coisa?

Águias são muito fortes e tem a visão muito boa. Elas precisam capturar seu alimento, e assim, podem ver as coisas só quando seu ninho fica em lugares bem altos. Elas conseguem ver tudo no solo com apenas uma olhada, e as alturas são os locais mais seguros para elas. Outros animais cão podem subir até o ninho para pegar seus filhotes; e se alguma cobra conseguir subir, as águias podem vê-la do alto e expulsá-la.

As águias treinam muito bem seus filhotes para que sejam também bons caçadores. Levam-lhes a lugares altos e simplesmente os soltam. Como os filhotes são muito novos e não tem força ainda, eles caem batendo as asas.

Mas a mãe os observa caindo, e pouco antes de chegarem

ao chão, os apanham. Repetindo esse treinamento, os filhotes adquirem mais e mais força nas asas e corpo. Assim também, eles desenvolvem a habilidade para encontrar e capturar suas presas.

Deus treina Seus filhos como as águias treinam seus filhotes. Eles podem pecar, simpatizar com a injustiça, e seguirem um caminho de morte. Por isso, ele precisa treiná-los – para que tenham fé como ouro e não se tornem presas do inimigo.

Quando a águia treina seu filhote, tudo pode indicar às vezes que ele vá morrer. Contudo, o treinamento o faz viver, fazendo-o adquirir resistência e se tornar um bom predador, como a mãe águia.

Por sermos filhos de Deus, podemos ter perseverança, e através da perseverança, ter esperança pelo reino dos céus (Romanos 5:3-4).

Deus está dizendo a Jó, "Jó, assim como as águias treinam seus filhotes, estou lhe refinando como o puro ouro para fazer de você um ótimo vaso e homem, transbordante de amor e generosidade. Esse é o Meu plano para você – fazer com que desfrute de benção maiores e mais sabedoria, honra, poder, e fama, para glória do Meu nome."

Com a parábola das águias, Jó pôde entender completamente o sentido de sua situação.

Capítulo 40
Que Não Sejamos Pessoas Contenciosas

1. Jó Se Dá Conta de Sua Insignificância
2. Percebendo Sua Culpa
3. Deus Dá Esperança com a Parábola do Hipopótamo

"Veja o Beemote que criei quando criei você e que come capim como o boi. Que força ele tem em seus lombos! Que poder nos músculos do seu ventre! Sua cauda balança como o cedro; os nervos de suas coxas são firmemente entrelaçados. Seus ossos são canos de bronze, seus membros são varas de ferro. Ele ocupa o primeiro lugar entre as obras de Deus. No entanto, o seu Criador pode chegar a ele com sua espada. Os montes lhe oferecem tudo o que produzem, e todos os animais selvagens brincam por perto" (Jó 40:15-20).

1. Jó Se Dá Conta de Sua Insignificância

Disse ainda o SENHOR a Jó: "Aquele que contende com o Todo- Poderoso poderá repreendê-lo? Que responda a Deus aquele que o acusa!" (40:1-2)

Se duas pessoas tem intensa discussão entre si para ver quem está certo ou errado, emoções fortes surgem e ficam à flor da pele. Discutindo, elas acabam condenando e julgando uma à outra – isso pé contenciosidade.

Enquanto Jó discutia com seus amigos, ele os menosprezava achando que ele não podiam chegar ao seu nível. Depois começou a discutir com Deus. Ele afirmava que Deus não só abençoava as pessoas más, mas também amaldiçoava o homem justo como ele. Obviamente, Deus não respondia – Jó estava condenando em um monólogo.

É por isso que Deus agora está dizendo a Jó que se ele quer contender com Ele, ele deveria ir em frente e responder Suas perguntas. Deus sabe completamente o pensamento de Jó e não diz isso para ofendê-lo.

Uma vez que Deus havia revelado a injustiça e os pecados de Jó com a verdade da Sua palavra, Jó não tinha absolutamente nada a dizer diante Dele e sentia muito pelo que tinha feito.

Deus conhecia esse estado da mente de Jó, e o que Ele está dizendo a ele é, "Jó, ainda vai querer discutir Comigo?" O propósito dessa é pergunta é apenas fazer com que Jó caia completamente em si antes de Deus começar a falar de Suas conclusões.

> Então Jó respondeu ao SENHOR: "Sou indigno; como posso responder-te? Ponho a mão sobre a minha boca. Falei uma vez, mas não tenho resposta; sim, duas vezes, mas não direi mais nada." Depois, o SENHOR falou a Jó do meio da tempestade: "Prepare-se como simples homem que é; eu lhe farei perguntas, e você me responderá" (40:3-7).

Antes, Jó se dizia justo, mas depois de ouvir a voz de Deus, ele confessa que é insignificante.

Ele viu que ele era uma criatura verdadeiramente insignificante quando refletia sobre sua vida com a palavra de Deus. Não pôde responder a nenhuma pergunta que Deus fez, e não podia fazer nada em relação a sua doença.

Quando Deus parou de abençoá-lo, apesar de uma vez na vida Jó já ter sido muito rico e ter tido muita fama e conhecimento, ele se viu em uma baixa posição. Estava muito envergonhado por ter tido contendas com Deus e ter dito ser mais reto do que Ele! Ele tinha vergonha porque percebeu que era insignificante.

O versículo 5 diz, "Falei uma vez, mas não tenho resposta; sim, duas vezes, mas não direi mais nada." Isso se refere ao seu argumento anterior. Jó queria falar sobre seus sentimentos, mas uma vez que tudo que Deus disse estava certo, ele não conseguia mais falar nada.

O versículo 7 diz, "Prepare-se como simples homem que é; eu lhe farei perguntas me você me responderá." Deus está pedindo a Jó para falar todas as reclamações que tinha.

2. Percebendo Sua Culpa

"Você vai pôr em dúvida a minha justiça? Vai condenar-me para justificar-se? Seu braço é como o de Deus, e sua voz pode trovejar como a dele? (40:8-9)

O que Deus quer dizer é: "Permiti que as provações viessem sobre você e você começou a ter feridas. Por causa disso, você diz ser justo e tenta anular o Meu julgamento?"

Jó não conseguia ter nada a dizer. Antes ele sentia como se Deus fosse uma sombra, mas Ele apareceu diante dele e falou com ele. Jó percebeu que Deus não testa uma pessoa sem ter motivo. Devemos entender algumas coisas aqui também.

Primeiro, Jó se queixou de Deus porque ele era bom e justo e mesmo assim testes lhe sobrevieram. Assim, a natureza má nas profundezas de seu coração começaram a ser reveladas.

E se você estivesse na mesma situação que Jó? Aqueles que firmemente crêem em Deus podem superar as coisas sem problemas. Mas aqueles que não acreditam Nele, cuja fé é fraca como a de Jó, vão tropeçar. Se verdadeiramente crermos em Deus, nossas boas obras e bons corações nunca mudarão.

Em segundo lugar, Jó se considerava justo e julgava Deus dizendo que Ele era mau.

Jó acreditava que ele era justo e dessa maneira, concluiu que Deus era mau, já que mesmo ele sendo um homem reto, Ele lhe acometera com doenças. Jó chegou a ponto até de condenar Deus, dizendo que Ele estendia os braços para os ímpios.

Os filhos de Deus jamais devem condenar ou julgar. Se fizermos o que Deus nos proíbe de fazer, isso é pecado e maldade.

Em terceiro lugar, comparemos Jó e Abraão.
Quando Deus ordenou a Abraão que oferecesse seu filho Isaque como sacrifício, Ele simplesmente lhe disse para entregá-lo, sem explicações. Abraão cria em Deus e simplesmente obedeceu. Jó, por sua vez não conseguiu crer em Deus quando foi acometido por feridas, e começou a reclamar. Podemos ver uma clara diferença na fé dessas duas pessoas.

O que podemos entender do versículo 9, que diz, "Seu braço é como o de Deus, e a sua voz pode trovejar como a Dele?"?
O 'braço de Deus' não quer dizer o braço físico em sim, mas simboliza a força de Deus.
Deus está dizendo a Jó: "Jó, o poder de Deus pode fazer o cego ver, o surdo ouvir, o mudo falar, o paralítico andar, e o morto ressuscitar. Você também pode fazer essas coisas? Você se considerava reto e considerava Deus como sendo mau. Mas quem pode salvar com o seu braço? Você pode fazer com que troveja, relampeie, ou aconteça outras coisas no céu?"

Adorne-se, então, de esplendor e glória, e vista-se de majestade e honra (40:10).

Aqui, 'esplendor' é a exaltação graças ao acúmulo de conhecimento. 'glória' aqui carrega o significado de não ser uma pessoa comum, mas nobre. 'Honra' é receber elogios dos outros pela estima que se tem. 'Majestade' é alcançar reconhecimento por um certo refinamento cultural.

Então, por que está dizendo isso? Porque Jó era tinha

educação e era um homem digno. Ajudava os órfãos, viúvas, e aos pobres e fazia muitas boas obras. Era elogiado pelas pessoas como um nobre homem. Os outros consideravam um honra ter com ele.

Quando todas as posses de Jó lhe foram tiradas e ele perdeu todos os seus filhos, ele ainda louvou a Deus dizendo, *"E disse: Saí nu do ventre da minha mãe, e nu partirei. O SENHOR o deu, o SENHOR o levou; louvado seja o nome do SENHOR"* (Jó 1:21). Se Jó tivesse conseguido continuar com essa mesma atitude, dando graças a Deus, ele teria recebido esplendor, glória, honra e majestade.

Contudo, depois que as feridas lhe acometeram, ele não teve nada disso e a sua maldade, que estava bem no fundo de seu coração, começou a se revelar. Embora seu passado fosse glorioso, ele não podia ser reconhecido, pois sua situação atual era bastante miserável.

Jó discutia dizendo que era um ótimo homem, mas referindo-se ao passado. É por isso que Deus lhe está dizendo para se adornar com esplendor e glória, e se vestir de honra e majestade. Jó deve ter sentido grande vergonha ao ouvir isso!

Suponha que um juiz tenha ganho grande honra e fama por sua retidão e bom julgamento. Certa vez ele comete um crime e fica sendo nada mais que um bandido comum.

Agora, que ação seria melhor de ele tomar? Seria melhor ele admitir que violou a lei ou se gabar de seu passado glorioso? Se ele falar de seu passado, ele estará, na verdade, chamando mais insultos sobre si.

Da mesma forma, se Jó tivesse crido em Deus até o fim e não tivesse exprimido maldade, aí sim teria sido realmente um homem justo. Suas provações também teriam acabado rapidamente. Além disso, se ele tivesse sido verdadeiramente justo do fundo do coração, não teria enfrentado as tribulações que enfrentou – antes de qualquer coisa.

Quando Deus ordenou Abraão a sacrificar Isaque, ele creu e simplesmente obedeceu. Portanto, aquilo não o fez sofrer. Ele simplesmente creu que Deus podia fazer seu filho ressuscitar. Assim, Deus o elogiou e o abençoou dizendo, "Você verdadeiramente Me reverencia."

Se tivermos esse mesmo tipo de coração e agirmos segundo ele em todas as situações, podermos nos tornar verdadeiramente justos. Pessoas assim podem ser adornadas com esplendor, glória, honra e majestade.

Derrame a fúria da sua ira, olhe para todo orgulhoso e lance-o por terra, olhe para todo orgulhoso e humilhe-o, esmague os ímpios onde estiverem. Enterre-os todos juntos no pó; encubra os rostos deles no túmulo. Então admitirei que a sua mão direita pode salvar você (40:11-14).

Até aqui, Jó tinha transbordado de raiva.

Deus está lhe dizendo, "Você ficou com raiva porque pensava que estava sofrendo sem motivo. Assim, derramou sua ira, olhou para quem era orgulhoso, e procurou humilhá-lo e esmagá-lo!"

"Esmagar os ímpios onde estiverem" significa que Jó sentia que eles tinham mesmo de ouvir suas palavras de ira, reconhecer suas culpas, e ficar calados. Mas isso acontecia mesmo?

Jó estava bravo com seus amigos e disse, "Não é minha culpa, mas de Deus, e estão me tratando injustamente!" Mas seus amigos não reconheciam que eram orgulhosos ou que estavam errando.

Seus amigos não reconheceram sua culpa e nem ficaram calados. Mais tarde sim, mas foi porque acharam inútil dizer qualquer outra coisa.

O jovem Eliú chegou até a amaldiçoar Jó dizendo que ele não tinha conhecimento. Ao ouvir as palavras de Jó, não ficam calados, mas sim, ainda mais furiosos.

A lição de Deus é: "Jó, se você é justo e adequado, os outros deveriam considerar suas palavras e se submeterem, mas não é o que fazem. Logo, sua justiça não é reconhecida. Os outros ficaram ainda mais nervosos e não lhe consideram como um companheiro. Se puder fazer com que essas pessoas orgulhosas que falaram contra você cedam e se arrependam, elas se calarão e sentirão vergonha. Não conseguirão sequer erguer a cabeça quando perto de você. Se for capaz de fazer isso, então provará que você pode se salvar também. Então, você será reconhecido e poderá se salvar com sua alta voz."

Entretanto, é claro, Jó não conseguiria fazer isso. Mais uma vez Deus está dando um lição a Jó aqui.

O versículo 13 diz, "Enterre-os juntos no pó, encubra os rostos deles no túmulo." Depois disso, Deus reconheceria Jó. Contudo, Jó tinha habilidade nem de fazer aquilo, nem de se salvar.

O que podemos entender aqui?

Quando temos um problema na nossa família, com os filhos, no trabalho, ou com alguma doença, temos de olharmos para trás e nós mesmos e nos culparmos. Se não colocarmos a culpa em nós mesmo, é o mesmo que culpar os outros dizendo, "sou justo, mas os outros são maus e agiram errado." É o mesmo que insistir na nossa justiça.

Aqueles que se culpam, aceitam a situação com esperança e fé em Deus. tentam encontrar suas falhas e, portanto, o Espírito Santo lhes mostra as coisas. Deus trabalha para o bem de tudo.

Quando o Rei Davi estava fugindo de seu filho Absalão, um homem chamado Simei o amaldiçoou atirando-lhe pedras. Quando os homens de Davi quiseram matar Simei, Davi os impediu, deixando tudo nas mãos de Deus.

Davi não se queixou de Deus mesmo em provações, mas colocou a culpa nele mesmo para que pudesse receber a compaixão de Deus. Deus olhou para o coração de Davi e o reestabeleceu, fazendo sua nação mais forte do que antes.

3. Deus Dá Esperança com a Parábola do Hipopótamo

> Veja o Beemote que criei quando criei você e que come capim como o boi. Que força ele tem em seus lombos! Que poder nos músculos do seu ventre! Sua cauda balança como o cedro; os nervos de suas coxas são firmemente entrelaçados. Seus ossos são canos de bronze, seus membros são varas de ferro. Ele ocupa o primeiro lugar entre as obras de Deus. No entanto, o seu Criador pode chegar a ele com sua espada. Os montes lhe oferecem tudo o que produzem, e todos os animais selvagens brincam por perto (40:15-20).

Jó perdera suas forças por ter percebido sua tolice ao ouvir Deus. lamentava e tinha vergonha diante Dele. Para dar-lhe esperanças, Deus o confortou com a parábola do hipopótamo.

O hipopótamo vive perto de água e é herbívoro. É muito pesado, mas geralmente outros animais não o temem. Seu peso é em media de 2.8 toneladas. Suas pernas são curtas para suportarem seu pesado corpo.

Quando o hipopótamo sai da água e procura por alimento, ele defeca e espalha o esterco com sua calda. Assim, o cheiro de suas fezes se espalha por todo o lugar onde estiver.

Depois, para voltar depois de comer grama, ele cheira seu próprio estrume para achar o caminho de volta para casa. Se suas fezes são lavadas pela chuva forte, todavia, ele não consegue encontrar seu lar.

Deus o compara ao cedro porque ele usa sua calda para espalhar suas fezes, cujo cheiro é essencial para que volte para casa depois.

Por que Deus está falando sobre essa parábola do hipopótamo com Jó?

Deus explica que o hipopótamo é uma das melhores criaturas Dele para mostrar que a pessoa que consegue governá-lo e subjugá-lo deve ser muito poderosa e digna. Deus está dizendo a Jó que, assim com as montanhas dão alimento aos hipopótamos, Jó também precisa receber a resposta de Deus.

Até um animal tão tolo e pesado como o hipopótamo pode ir comer e voltar para casa depois graças às suas fezes; ele pode mergulhar na água e encontrar seu alimento – tudo na providência e poder de Deus.

Portanto, por que Deus não alimentaria e vestiria Seus filhos? O homem às vezes não consegue receber a ajuda de Deus simplesmente porque não confia Nele, mas preferem confiar em si mesmo ou em outras pessoas.

Sob os lotos se deita, oculto entre os juncos do brejo. Os lotos o escondem à sua sombra; os salgueiros junto ao regato o cercam. Quando o rio se enfurece, ele não se abala; mesmo que o Jordão encrespe as ondas contra a sua boca, ele se mantém calmo. Poderá alguém capturá-lo pelos olhos, ou prendê-lo em armadilha e enganchá-lo pelo nariz? (40:21-24)

Hoje, só podemos encontrar hipopótamos na África, mas antigamente, havia alguns na Europa, e até entre os lotos e juncos do Rio Jordão.

Quando há uma enchente onde hipopótamos moram, eles podem se afogar, mas ficam calmos e confiantes. Isso porque Deus os fez de uma maneira que podem flutuar na água e ainda podem mergulhar.

Assim como hipopótamos ficam calmos e confiantes mesmo quando há enchentes ou fortes correntezas, Deus está dizendo a Jó para ele superar as provações.

Quando ainda não existiam armas muito sofisticadas, não era muito fácil apanhar animais. Assim, se um hipopótamo está alerta quem poderá capturá-lo ou furar seu nariz com a estilha? Significa que o homem não pode capturar hipopótamos facilmente se eles estiverem prontos para se defenderem.

Deus está dizendo a Jó que se ele estivesse estado alerta e sabido da providência e vontade de Deus, as tribulações não poderiam ter lhe pegado.

Capítulo 41
Jó Compreende a Grandeza de Deus através do Leviatã

1. Jó é Iluminado sobre Como Encontrar Deus
2. Como Encontrar Deus
3. Estando Diante da Autoridade do Criador
4. Qual o Legado que Deixaremos para Trás?

Um Homem Justo e Íntegro se Aproximando de Deus

"Não deixarei de falar de seus membros, de sua força e de seu porte gracioso. Quem consegue arrancar sua capa externa? Quem se aproximaria dele com uma rédea? Quem ousa abrir as portas de sua boca, cercada com seus dentes temíveis? Suas costas possuem fileiras de escudos firmemente unidos; cada um está tão junto do outro que nem o ar passa entre eles; estão tão interligados que é impossível separá-los" (41:12-17).

1. Jó é Iluminado sobre Como Encontrar Deus

Você consegue pescar com anzol o Leviatã ou prender sua língua com uma corda? Consegue fazer passar um cordão pelo seu nariz ou atravessar seu queixo com um gancho? (41:1-2)

Deus está perguntando a Jó se ele consegue capturar o Leviatã com um anzol ou prender sua língua com uma corda. Uma vez que seria impossível de um homem fezes essas coisas e sabendo muito bem que Jó não poderia fazê-las, qual é o objetivo de Deus ao fazer tal pergunta?

É ensinar a Jó que o método que usava para pedir uma resposta de Deus não estava certo – era como tentar capturar o Leviatã com um anzol. Deus está dizendo a Jó que apesar de ele ter tentado encontrá-Lo, a maneira como tentou fazê-lo estava errada.

O que 'prender sua língua com uma corda' significa? Em uma conversa, e prendermos a língua da outra pessoa, podemos fazê-la parar de falar.

O que Deus está dizendo é: "Jó, você pode impedir as calamidades executadas por Deus? Isso é tão impossível como tentar capturar o Leviatã com um anzol e prender sua língua com uma corda."

A corda simboliza Jó insistindo em sua justiça. A língua de Leviatã se refere à autoridade de Deus. significa que Jó não podia desafiar a autoridade de Deus com a corda de sua própria justiça.

O versículo 2 diz, "Consegue fazer passar um cordão pelo seu nariz ou atravessar seu queixo com um gancho?" Deus sabe muito bem que Jó não podia fazer tais coisas. Significa que é impossível para Jó segurar Deus com métodos injustos, assim como é impossível atravessar o queixo do Leviatã com um gancho.

A Bíblia nos fala muitas vezes sobre como podemos encontrar Deus.

Provérbios 8:17 diz, *"Amo os que me amam, e quem me procura me encontra."*
Uma vez que Deus habita na luz, nós também temos de ir para a luz para encontrá-Lo. Deus habita em justiça, assim, também temos de ir para a justiça para encontrá-Lo. Ele habita na bondade, assim, podemos encontrar Deus quando nos despojamos da maldade e vivemos em bondade e justiça.

Você imagina que ele vai lhe implorar misericórdia e falar-lhe palavras amáveis? Acha que ele vai fazer acordo com você, para que o tenha como escravo pelo resto da vida? Acaso você consegue fazer dele um bichinho de estimação, como se fosse um passarinho, ou pôr-lhe uma coleira para dá-lo às suas filhas? Poderão os negociantes vendê-lo? Ou reparti-lo entre os comerciantes? (41:3-6)

Quando pensa-se no Leviatã, pensa-se em um animais feroz, corajoso, e forte, que não tem medo de intrusos. Um animal terrível assim não ficaria quieto perto de Jó, sem resistência.

Jó se queixava dizendo que era reto e justo, mas Deus o tinha feito objeto de zombaria (Jó 12:4-6). Jó pediu a Deus para respondê-lo porque abençoava os maus e amaldiçoava os bons como ele.

Por causa de sua murmuração e questionamento, Deus está

falando com Jó que não iria respondê-lo mansamente mais, da mesma forma que Leviatã não falaria com ele gentilmente. Deus está ensinando Jó que os seus pensamentos e os de Deus são diferentes, e assim como Jó não pode dar ordens ou controlar o Leviatã, não poderia fazê-lo com Deus.

"Como pode o Leviatã fazer um acordo contigo e se tornar seu escravo? Como pode controlá-lo como controlaria um pássaro?"

Jó acreditava que estava certo e tentava fazer tudo como queria.

Na minha infância, meus amigos e eu amarrávamos as patas de passarinhos e brincávamos com eles. Amávamos aquela brincadeira, mas para o animal, aquilo devia ser bem doloroso e assustador. Aquilo era, de fato, um ato de maldade. Comparando, Deus está fazendo com que Jó se dê conta de que suas ações para com Ele era o mesmo que brincar com um passarinho.

2. Como Encontrar Deus

Você consegue encher de arpões o seu couro, e de lanças de pesca a sua cabeça? Se puser a mão nele, a luta ficará em sua memória, e nunca mais você tornará a fazê-lo. Esperar vencê-lo é ilusão; apenas vê-lo já é assustador. Ninguém é suficientemente corajoso para despertá-lo. Quem então será capaz de resistir a mim? Quem primeiro me deu alguma coisa, que eu lhe deva pagar? Tudo o que há debaixo dos céus me pertence (41:7-11).

Obviamente, Jó não tinha nem o treinamento nem a habilidade para encher o couro do Leviatã de arpões ou sua cabeça com lanças de pesca.

O que Deus quer dizer é: "Jó, Eu sou Deus. Suas reclamações e expressões de auto-comiseração contra Mim são como tentar perfurar o couro do Leviatã com arpões ou encher de lanças a sua cabeça."

Jó não tinha tido limites em suas murmurações contra Deus. Agora Deus o está fazendo não ter dúvidas de que murmurar contra o Criador é tolice. É tão tolo quanto tentar capturar o Leviatã com arpões e lanças.

Hoje também podemos ver crentes tecendo murmurações contra Deus em relação a coisas que não lhes agradam, lhes perseguem ou odeiam. Essa atitude é como atirar flechas em Deus.

Jó tinha tentado provocar Deus exigindo uma resposta Dele. Contudo, é claro que Deus não podia ser provocado por tais palavras. Fazendo aquilo, Jó revelava a sua maldade.

Realmente, Jó não pôde provocar Deus, mas ele pôde enxergar suas falhas. Com isso, nós também podemos aprender como podemos encontrar Deus.

O versículo 11 diz, "Quem primeiro me deu alguma coisa, que eu lhe deva pagar? Tudo o que há debaixo dos céus me pertence." Jó pensava que, porque ele tinha oferecido sacrifícios a Deus e Lhe servido diligentemente, era a vez Dele de dar-lhe coisas agora. Mas Deus diz que esse tipo de pensamento não está certo.

Nós damos o dízimo, ofertas de gratidão, ofertas especiais,

e ofertas para construção de igreja a Deus. mas quando damos a Deus, damos simplesmente com o coração cheio de gratidão a Ele. Não devemos dar pensando que aquilo é motivo para nos orgulharmos, ou que é para termos benefícios pessoais ou respeito aos olhos dos outros. Se Deus não desse o brilho do sol, a chuva, e o vento, o agricultor conseguiria colher alguma coisa? O sol, a lua, e as estrelas são todas coisas dadas por Deus. temos de entender que tudo vem Dele e dar a Deus com corações alegres e gratos.

Não deixarei de falar de seus membros,de sua força e de seu porte gracioso. Quem consegue arrancar sua capa externa? Quem se aproximaria dele com uma rédea? Quem ousa abrir as portas de sua boca, cercada com seus dentes temíveis? Suas costas possuem fileiras de escudos firmemente unidos; cada um está tão junto do outro que nem o ar passa entre eles; estão tão interligados que é impossível separá-los (41:12-17).

Deus explica sobre a estrutura corporal do Leviatã para falar sobre a incrível autoridade e glória de Deus. Ao falar com Jó sobre Sua grandeza e poder, Deus está lhe mostrando que ele não podia lidar com Ele da maneira que bem entendia.

Do versículo 13 em diante, a estrutura corporal do Leviatã é descrita. Jó não era soldado nem tinha a habilidade de tirar as armaduras do Leviatã ou penetrar seus escudos.

Tentar 'arrancar sua capa externa' significa tentar tomar posse total. Deus está reafirmando que Jó não pode possuir ou controlar Leviatã, assim como não pode possuir ou controlar Deus.

Jó havia tentado fazer com que Deus fosse da maneira que ele queria; e isso era o mesmo que tentar rasgar o couro do Leviatã ou penetrar sua armadura. Se queremos ter nossas orações respondidas, não devemos ser ignorantes. Existem os jeitos certos de fazer as coisas.

"Quem de vocês quer amar a vida e deseja ver dias felizes? Guarde a sua língua do mal e os seus lábios da falsidade. Afaste-se do mal e faça o bem; busque a paz com perseverança. Os olhos do SENHOR voltam-se para os justos e os seus ouvidos estão atentos ao seu grito de socorro; o rosto do SENHOR volta-se contra os que praticam o mal, para apagar da terra a memória deles. Os justos clamam, o SENHOR os ouve e os livra de todas as suas tribulações" (Salmo 34:12-17).

Essa passagem diz que Deus responde o clamor dos justos e nos ensina o caminho para encontrarmos Deus. Deus encontrou-se e caminhou com os homens justos que foram reconhecidos por Ele.

O versículo 14 diz, "Quem ousa abrir as portas de sua boca, cercada com seus dentes temíveis?" Você já viu alguma porta na cara de um animal? É óbvio que animais não tem portas em suas caras. Deus está usando uma expressão ativa e vívida para fazer com que Jó entenda tudo claramente. Aqui, a porta se refere à boca. Deus diz que Jó não pode abrir sua boca, pois seus dentes são fortes e temíveis.

Quando Jó ouviu isso, ele viu que não podia abrir a boca do Leviatã por causa de seus temíveis dentes. Assim, Jó abrir a boca para se aproximar de Deus era algo tão temível como abrir a boca do Leviatã. Deus está ensinando Jó que as formas como estava tentando abrir a porta para se aproximar de Deus estavam erradas.

Quando oramos, não devemos simplesmente pedir a Deus para nos dar o que queremos e insistir nos nossos desejos. Precisamos entender que existem as maneiras certas de abrir as portas para receber respostas.

O versículo 15 diz, "Suas costas possuem fileiras de escudos firmemente unidos." Como essa postura firme e unida do Leviatã, Deus é perfeito, sem engano, e cumpre todas as Suas palavras. Ele está mostrando a Jó como Deus é realmente perfeito.

O versículo 16 diz, "cada um está tão junto do outro que nem o ar passa entre eles." Aqui, o 'ar' se refere a Jó. Esse versículo se refere ao fato de que Jó tem falado palavras tolas, como que jogadas ao vento, e murmurado contra Deus.

Esse versículo nos diz que esse tipo de vento não pode chegar até Deus, que é perfeito em todos os aspectos. Coisas carnais como ressentimento e reclamações não vão para diante Dele.

Deus não olha o exterior, mas sim o coração e o seu mais profundo. Ainda que façamos algo grande na aparência, se não tivermos bondade e verdade no nosso coração, Deus não pode nos elogiar pelo trabalho feito.

3. Estando Diante da Autoridade do Criador

Os seus espirros fazem resplandecer a luz, E os seus olhos são como as pestanas da alva. Da sua boca saem tochas ardentes, E dela saltam faíscas de fogo. Dos seus narizes sai fumo, Como duma caldeira que ferve, e de juncos que ardem [Sociedade Bíblica Britânica] (41:18-20).

Quando uma pessoa espirra, toda a sua força se une e sai de dentro para fora. Isso é expressado como 'luz' aqui. Se o Leviatã espirrar, quanta força será liberada!

A passagem também diz, "E os seus olhos são como pestanas da alva." Diferente dos homens, o Leviatã abria e fechava os olhos vagarosamente. Ao mencionar 'pestanas da alva', faz-se uma referência metafórica às primeiras obras do princípio.

Quando Deus disse essas coisas, o que Jó entendeu?

Mesmo quando uma mera criatura espirra, faz resplandecer luz e seus olhos se abrem como pestana da alva. Jó entendeu que se Deus quisesse, coisas grandes e poderosas podiam acontecer.

Ele percebeu que a providência de Deus estava presente em seus sofrimentos e que Ele se importava com ele. Ele sentiu que algo estava começando em sua vida, como o abrir da manhã, a pestana da alva.

O versículo 19 diz, "Da sua boca saem tochas ardentes, E dela saltam faíscas de fogo."

"Da sua boca saem tochas ardentes" simboliza o poder e força da boca. Se alguém é mordido pela boca do Leviatã, sofre uma dor excruciante, como se estivesse queimado por fogo. "Dos seus narizes sai fumo" se refere à incrível força do Leviatã, e "como duma caldeira que ferve, e de juncos que ardem" se refere ao fato de que ele pode mostrar sua força, o poder de queimar e destruir coisas.

Com a ilustração de uma mera criatura como o Leviatã sendo capaz de ter tão grande força e agir de forma tão temível, Deus, o justo Juiz, está ensinando Jó sobre os tipos de castigos que os pecadores receberão diante de Deus.

Se Deus trabalhar com bondade, receberemos grandes bênçãos, mas se despertarmos Sua ira, coisas miseráveis podem acontecer. Devemos saber que não podemos estar diante de Deus como pecadores.

Seu sopro acende o carvão, e da sua boca saltam chamas. Tanta força reside em seu pescoço que o terror vai adiante dele. As dobras da sua carne são fortemente unidas; são tão firmes que não se movem. Seu peito é duro como pedra, rijo como a pedra inferior do moinho (41:21-24).

Deus diz que se o Leviatã soprar, ele pode acender o carvão. Se alguém fosse ter com o Leviatã, certamente teria medo. Quando uma pessoa fica muito brava, sua respiração passa a ter cada vez mais calor e pode-se observar seu rosto ficando vermelho e temível.

O significado dessa passagem é que um picador deve ter medo e tremer diante de Deus, caso tenha despertado Sua ira.

Deus diz, "Tua força reside em seu pescoço." O poder de Deus reside na palavra da verdade. Jó deve ter tido medo ao ouvir a descrição do Leviatã. Se a ira de Deus cai sobre nós, não tem como não termos medo.

Mas os justos não terão medo de Deus, pois sentem alegria e felicidade em Seu amor e paz. Para que não tenhamos medo de Deus, devemos agir em justiça aos Seus olhos.

Os versículos 23-24 dizem, "As dobras da sua carne são fortemente unidas; são tão firmes que não se movem. Seu peito é duro como pedra, rijo como a pedra inferior do moinho." Podemos ter uma idéia da firmeza do Leviatã. Quando Deus decide fazer algo, Sua decisão nunca muda, sendo ela rija como a pedra inferior do moinho.

Com esses versículos, Jó entende que o que Deus decidiu que ele fizesse não iria mudar só porque ele murmurava ou discutia. Agora, Jó entende sobre os modos de receber respostas.

Quando ele se ergue, os poderosos se apavoram; fogem com medo dos seus golpes. A espada que o atinge nada lhe faz, nem a lança nem a flecha nem o dardo. Ferro ele trata como palha, e bronze como madeira podre. As flechas não o afugentam, as pedras das fundas são como cisco para ele (41:25-28).

Se o Leviatã se ergue, até os poderosos temem. Deus também diz que de nada adiantam várias armas. Se alguma coisa tenta lhe atingir, ele retribui com força, e não morre facilmente, mesmo se estiver sangrando. Sua força é tão grande que ele luta até o fim, mesmo se o seu coração e demais órgãos já tiverem sido destruídos.

Mesmo quando a espada ou o dado perfuram suas costas, ele não morre facilmente, pois sua pele é muito dura e grossa. É por isso que até os poderosos o temem.

Agora, se o homem não pode lutar contra tal criatura, como pode ele querer lutar contra Deus, o SENHOR das hostes? É claro que jamais podemos comparar o poder e majestade de Deus com a do Leviatã, mas ao refletirmos sobre os dois, podemos ter uma idéia do poder de Deus. É por isso que Deus está fazendo essa analogia usando um dos animais mais fortes.

Jó tolamente insistia em sua justiça diante de Deus, mas aquilo era inútil.

O Leviatã considera o ferro como palha e o bronze como madeira podre. Não corre das flechas. As pedras das fundas são como cisco para ele. Semelhantemente, se Deus decide fazer algo, nada pode fazê-Lo temer ou impedi-Lo.

As lanças, flechas, e pedras de fundas arremeçadas no Leviatã eram para combatê-lo. No entanto, não podem sequer prejudicá-lo um pouco. Da mesma forma, as murmurações e ressentimento que Jó tinha contra Deus não O assustaria ou impediria Seus planos.

O homem é um ser muito fraco que não pode sequer ver o amanhã. Precisamos nos ajoelhar diante do Todo-Poderoso e pedir a Sua direção. Não devemos seguir nossos próprios planos, mas receber a direção do Espírito Santo através de orações.

4. Qual o Legado que Deixaremos para Trás?

O bastão lhe parece fiapo de palha; o brandir da grande lança o faz rir. Seu ventre é como caco denteado, e deixa rastro na lama como o trilho de debulhar (41:29-30).

Essas referências também nos dizem respeito ao incrível poder e força de Leviatã.

O que o versículo 30 quer dizer quando fala, "Seu ventre é como caco denteado, e deixa rastro na lama como o trilho de debulhar"?

Jó havia julgado Deus segundo seus próprios pensamentos, mas Deus não se intimidou pelas reclamações ou ressentimento de Jó, e nem tinha de ter ficado intimidado. Deus havia deixado rastros do Seu poder. Esses rastros estavam nas feridas do corpo de Jó e no fato de todos o terem deixado, e ele estar só.

Jó 19:13-15 diz, *"Ele afastou de mim os meus irmãos; até os meus conhecidos estão longe de mim. Os meus parentes me abandonaram e os meus amigos esqueceram-se de mim. Os meus hóspedes e as minhas servas consideram-me estrangeiro; vêem-me como um estranho."*

Podemos ver dois tipos de rastros de vida. Um é que não teremos medo de nada se vivermos na verdade. Que rastros foram deixados por aqueles que seguiram Jesus Cristo com fé?

Os membros das primeiras igrejas cantavam louvores mesmo enquanto estavam sendo rasgados por leões ou crucificados. Daniel orava três vezes por dia sabendo que aquilo poderia fazer com que ele fosse jogado na cova dos leões.

Por outro lado, aqueles que cometem pecados terão medo. Sofrem com dores e momentos difíceis por causa de tribulações e deixam rastros de dificuldades. A passagem acima nos fala que os filhos de Deus tem de deixar rastros de verdade por onde passarem, como seu legado.

Ele faz as profundezas se agitarem como caldeirão fervente, e revolve o mar como pote de ungüento. Deixa atrás de si um rastro cintilante, como se fossem os cabelos brancos do abismo. Nada na terra se equipara a ele: criatura destemida! Com desdém olha todos os altivos; reina soberano sobre todos os orgulhosos (41:31-34).

Tente imaginar o Leviatã nadando em profundas águas.

Onde ele passa, deve deixar bolhas.

Enquanto águas profundas deixam muitas pessoas com medo, o Leviatã move-se livremente nelas. "Se agitarem como caldeirão" é a descrição das bolhas d'água que se formam com os movimentos do Leviatã.

"Revolve o mar como pote de ungüento" significa que águas profundas são macias, boas, e úteis para Leviatã assim como o ungüento dá sabor e faz os alimentos ficarem mais saborosos.

Aqui, por que vemos, "como se fossem os cabelos brancos do abismo"? Quando olhamos para um homem com cabelo branco, temos a impressão de que é a experiência e a sabedoria em seu auge, acumuladas durante muito tempo; ou seja, se refere à liberdade que se tem depois de se ter experiências e entendimento de todas as coisas.

O Leviatã sente-se mais livre nas profundezas. Que tipo de lição Deus está dando a Jó aqui?

Deus está dizendo, "Jó, assim como a água é proveitosa como ungüento para o Leviatã, se guardar o quero que guarde, será livre em Deus e isso lhe será muito proveitoso."

O Leviatã é mais livre na água do que em terra firme. Assim como o Leviatã na água, se guardarmos a palavra de Deus, seremos livres na verdade. Assim como o Leviatã e a água se tornam um, nós podemos ser um com Deus e nos tornarmos como potes de ungüento.

Ao ouvir isso, Jó sentiu-se fortalecido e entendeu o que tinha de fazer agora.

O ultimo versículo diz que o Leviatã olha todos os altivos com desdém, e isso significa que ele não teme a morte. Até leões evitariam situações perigosas para eles, mas Deus criou o Leviatã para ser destemido.

Mesmo sendo uma mera criatura de Deus, ele é como o rei de todos os altivos com seus fortes atributos. Logo, é bem óbvio que Deus é o Rei dos reis, que governa todas as coisas. Deus está fazendo Jó entender isso.

Até agora, Jó tinha medo. Estava sempre temendo que seus filhos pudesse pecar (Jó 1:5). Ele também disse, *"O que eu temia veio sobre mim; o que eu receava me aconteceu"* (Jó 3:25). Além disso, quando foi acometido pelas feridas, sua mulher o deixou e as pessoas passaram a zombar dele. Como ele deve ter sofrido!

Aqui, Jó entende que ele era apenas um pequeno homem cheio de medos. Insistia em sua justiça diante de Deus, mas, com a comparação com o Leviatã, percebeu que ele era, na verdade, fraco e covarde.

Hoje, podemos ver tantas pessoas lutando por um momento de fama, conhecimento temporário, e dinheiro nesse mundo. E muitas vezes, acabam morrendo lutando. Jó também era como elas, mas entendeu o que é uma vida espiritual, e estava mudando a sua vida para que ela se tornasse espiritual.

Capítulo 42
O Arrependimento de Jó e as Bênçãos Depois das Provações

1. Jó Professa Sua Humilde e Sincera Fé
2. Rasgando Seu Coração em Arrependimento
3. O Pedido de Desculpas dos Três Amigos
4. Jó é Abençoado em Dobro

Um Homem Justo e Íntegro se Aproximando de Deus

"Depois que Jó orou por seus amigos, o SENHOR o tornou novamente próspero e lhe deu em dobro tudo o que tinha antes. Todos os seus irmãos e irmãs, e todos os que o haviam conhecido anteriormente vieram comer com ele em sua casa. Eles o consolaram e o confortaram por todas as tribulações que o SENHOR tinha trazido sobre ele, e cada um lhe deu uma peça de prata e um anel de ouro. O SENHOR abençoou o final da vida de Jó mais do que o início. Ele teve catorze mil ovelhas, seis mil camelos, mil juntas de boi e mil jumentos" (42:10-12).

1. Jó Professa Sua Humilde e Sincera Fé

Então Jó respondeu ao SENHOR: "Sei que podes fazer todas as coisas; nenhum dos teus planos pode ser frustrado. Tu perguntaste: 'Quem é esse que obscurece o meu conselho sem conhecimento?' Certo é que falei de coisas que eu não entendia, coisas tão maravilhosas que eu não poderia saber" (42:1-3).

Jó enxergou suas falhas e atributos pecaminosos através das parábolas e palavras de Deus, e se deu conta de Seu amor e poder. Ele veio a compreender o coração e vontade de Deus.

Jó diz, "Sei que podes fazer todas as coisas", e podemos ver que ele está de fato fazendo um humilde e verdadeira confissão de fé.

Sua fé em Deus era diferente agora. No passado, Jó tinha apenas ouvido falar de Deus dos seus ancestrais e não tinha a fé verdadeira já que não havia tido uma experiência real de encontro com Deus. foi por isso que ele tinha amaldiçoado seu próprio nascimento e murmurado contra Deus quando enfrentava tribulações insuportáveis.

No entanto, ele entendeu o amor e a providência de Deus para todas as coisas do universo ao encontrar com Ele e escutar todas as Suas palavras de sabedoria. Ele compreendeu porque Deus tinha de permitir que tão grande provação lhe sobreviesse. Agora Jó está professando com confiança que Deus é poderoso.

Jó está confessando diante de Deus que havia obscurecido Seu conselho com palavras sem conhecimento. Ele está confessando diante de Deus que ele fingia saber das coisas que na verdade não sabia, e entender daquilo que não entendia.

Ao dizer que obscureceu Seu conselho 'com palavras sem conhecimento' ele está confessando que havia obscurecido o conselho de Deus com suas murmurações, crítica, e palavras que surgiram de sentimentos negativos e ignorância. Não devemos fazer nada que obscureça o conselho de Deus.

Para conseguirmos, devemos meditar na palavra de Deus e orar, recebendo a sabedoria para discernir a vontade Dele. A sabedoria do alto é antes de tudo pura, pacífica, e imparcial. Com ela, não julgaremos ou condenaremos ninguém, e somos capazes de agir sempre com sabedoria, no amor e garça de Deus.

2. Rasgando Seu Coração em Arrependimento

"Tu disseste: 'Agora escute, e eu falarei; vou fazer-lhe perguntas, e você me responderá.' Meus ouvidos já tinham ouvido a teu respeito, mas agora os meus olhos te viram. Por isso menosprezo a mim mesmo e me arrependo no pó e na cinza" (42:4-6).

Podemos ver que a atitude de Jó em relação a Deus mudou da água para o vinho. Antes, suas palavras eram precipitadas e de desdém em relação a Deus, mas agora ele está educadamente se dirigindo a Ele. Como passou pelas provações e ficou humilde, ele está pedindo a Deus e desejando receber a Sua resposta.

Jó disse, "Meus olhos te viram", mas isso não quer dizer que Deus de fato apareceu na frente de Jó. Jó estava ouvindo e conversando em espírito.

Jó servia a Deus com sacrifícios baseado naquilo que tinha ouvido falar a partir de seus ancestrais. Como ele não havia tido a experiência real de ter um encontro com Deus, ele não confiava

Nele e chegou até a se levantar contra Ele quando enfrentou testes e provações. Contudo, ao encontrar Deus e ter uma experiência com Ele, ele fez uma confissão de fé do fundo de seu coração. Antes das tribulações, Jó era justo e perfeito com a fé que possuía – fé como conhecimento. Com ela, ele obedecia a Deus e oferecia-Lhe sacrifícios por sua pura vida. Ele tinha apenas a retidão; ele não conseguiria ensinar aos outros como agradar a Deus ou glorificá-Lo. Mas Jó se transformou com as tribulações. Ele se tornou um precioso filho de Deus que segue a Sua vontade. Portanto, como foi uma bênção Jó ter passado por aquelas provações!

O versículo 6 diz, "Por isso, menosprezo a mim mesmo, e me arrependo no pó e na cinza." Jó rasgou seu coração com lágrimas porque estava arrependido. Ele não disse aquilo apenas da boca para fora, mas de fato estava rendendo o seu coração. Jó está se arrependendo diante de Deus, sentindo-se envergonhado pelo que fez porque teve um encontro e experiência com Ele.

Jó se arrependeu humildemente de seus pecados diante de Deus. nós também devemos checar se pecamos falando coisas ou agindo com ignorância espiritual. Se houver qualquer muro de pecado entre nós e Deus, precisamos nos arrepender com corações humildes e pedir perdão.

3. O Pedido de Desculpas dos Três Amigos

Depois que o SENHOR disse essas palavras a Jó, disse também a Elifaz, de Temã: "Estou indignado com você e com os seus dois amigos, pois vocês não falaram o que é certo a meu respeito, como fez meu servo Jó" (42:7).

Elifaz havia criticado Jó dizendo que ele havia sido amaldiçoado por Deus por ter feito coisas más. Além disso, ele também se fez de juiz e atacou Jó.

A palavra de Deus nos fala para não julgarmos os outros, mas Elifaz julgou e condenou Jó severamente. Ele não tentou fazer com que Jó entendesse as coisas com amor. Ele próprio já tinha um mau entendimento da palavra de Deus. Contudo, ainda assim apontava as falhas de Jó, sem conseguir se dar contas das suas próprias.

Como Jó não tinha dado a mínima para o que Elifaz tinha falado, Bildade tinha tentado fazer com que Jó entendesse as coisas com seus altos níveis de sabedoria.

Bildade disse, *"Pergunte às gerações anteriores e veja o que os seus pais aprenderam"* (Jó 8:8). Ao fazer isso, ele estava aconselhando Jó a aprender coisas boas e adequadas com outras pessoas.

Parece estar certo segundo a verdade, mas, na verdade, não está. Só a Bíblia é o espelho no qual podemos refletir nós mesmos; e o único caminho para a vida verdadeira. Portanto, podemos aprender todas as coisas sobre a vida com os patriarcas da fé na Bíblia.

Sem aguentar ve Jó menospresando seus amigos, Zofar havia começado a falar. Suas palavras, no entanto, também não estavam certas. Zofar criticou Jó dizendo que ele era um homem muito mau. Se nós também enchermos a bola e repreendermos os outros só porque vemos outros fazerem o mesmo, seremos tão tolos e maus como aquelas pessoas.

Entre os conselhos dados pelos três amigos, muitas coisas estavam erradas segundo a palavra de Deus. Eles não sabiam que

Deus estava refinando Jó com aquelas provações. Deus amava a Jó e Jó tinha vivido uma vida relativamente boa. Contudo, Deus queria fazer dele um homem santo e perfeito, através das provações.

Suas naturezas pecaminosas originais, que tinha herdado de seus ancestrais, lhe foram reveladas. Antes, Jó não tinha ciência de nenhuma delas. Com isso, ele pôde se dar conta de sua ignorância espiritual, orgulho, e murmurações do seu coração. Quando ele se livrou dessas coisas, ele pôde ganhar um coração limpo e espiritual.

Deus tinha preparado bênçãos maiores e queria dá-las a Jó quando fosse um filho mais preparado. Contudo, os três amigos de Jó não entendiam essa providência de Deus, e simplesmente o julgaram e condenaram, enchendo-o de críticas.

Deus estava bravo com os três amigos de Jó e disse que suas palavras não estavam certas. Eles mesmos não vivam na verdade, mas, ainda assim, ao invés de dar Jó alguma esperança, estavam criticando alguém doente e em agonia. Deus fez com que eles vissem que seus pecados eram maiores do que os de Jó.

Nós também devemos ver se isso acontece hoje. Muitas pessoas nem vivem na verdade completamente, mas ainda assim, acham ciscos nos olhos das outras pessoas, julgando-as e condenando-as, sem se dar conta da viga que há nos seus próprios olhos.

Vão agora até meu servo Jó, levem sete novilhos e sete carneiros, e com eles apresentem holocaustos em favor de vocês mesmos. Meu servo Jó orará por vocês; eu aceitarei a oração dele e não lhes farei o que vocês merecem pela loucura que cometeram. Vocês não falaram o que é certo a meu respeito, como fez meu servo Jó (42:8).

Deus está falando aos três amigos de Jó como se arrependerem. Ele lhes disse para tomarem sete novilhos e sete carneiros, irem até Jó, e oferecê-los como holocaustos. Isso não era para Deus, mas pelos três amigos.
Fazendo assim, os maus sentimentos de Jó desapareceriam e ele conseguiria perdoar seus amigos. Ele conseguiria orar de todo o coração quando fosse orar pelo perdão de seus amigos. Deus então poderia aceitar sua oração e perdoá-los.

O versículo 8 diz, "Eu aceitarei a oração dele e não lhes farei o que vocês merecem pela loucura que cometeram." Ao falar para pegarem sete novilhos e sete carneiros, significa que eles tinham de oferecer o sacrifício por pecado com corações perfeitos e apropriados. Sete é o número da perfeição. Significa que eles tinham de oferecer arrependimento de fato, e não apenas uma cena de desculpas.

Por que Deus lhes disse para irem até Jó? Porque seu pecado de julgar e condenar Jó jamais seria perdoado sem que Jó pedisse pelo perdão deles. Deus só poderia perdoá-los depois que eles pedissem desculpas a Jó e se reconciliassem. Assim, quando Jó orasse a Deus pelo perdão de seus amigos, Ele ouviria sua oração.
Como os três amigos tinham se tornado tolos e falado palavras tolas, eles tinham de ser punidos. No entanto, Deus lhes deu essa oportunidade para que pudessem evitar castigo.
Além do mais, Deus queria aceitar o holocausto através de Jó, que agora tinha um coração e um caráter mais perfeito, com as tribulações.

Tiago 5:16 diz, *"A oração de um justo é poderosa e eficaz."* Estar com um justo que é reconhecido por Deus é uma grande benção. Quando os filhos de Israel cometeram grande pecado diante de Deus nos tempos do Êxodo, puderam ser perdoados quando Moisés se arrependeu e orou em nome deles. A oração do homem justo move o coração de Deus.

Quando Daniel se arrependeu e orou com abstinência pelo seu país, Deus também lhe mostrou o que iria acontecer à sua nação.

4. Jó é Abençoado em Dobro

Então Elifaz, de Temã, Bildade, de Suá, e Zofar, de Naamate, fizeram o que o SENHOR lhes ordenara; e o SENHOR aceitou a oração de Jó. Depois que Jó orou por seus amigos, o SENHOR o tornou novamente próspero e lhe deu em dobro tudo o que tinha antes. Todos os seus irmãos e irmãs, e todos os que o haviam conhecido anteriormente vieram comer com ele em sua casa. Eles o consolaram e o confortaram por todas as tribulações que o SENHOR tinha trazido sobre ele, e cada um lhe deu uma peça de prata e um anel de ouro (42:9-11).

Os três amigos de Jó fizeram o que Deus lhes tinha falado. Jó aceitou o pedido de desculpas de seus amigos, orou a Deus, e Deus aceitou sua oração. Assim, eles também receberam as bênçãos de Deus.

Quando Jó orou por seus amigos, Deus reverteu as dificuldades de Jó e o abençoou com poção dobrada de tudo aquilo que tinha antes. Jó compreendeu o amor e a justiça de Deus e não quis se vingar de seus amigos. Ele os perdoou e orou por eles, e Deus o abençoou.

Jó foi completamente curado de uma só vez pelo poder de Deus e se tornou um homem muito rico. Antes das provações começarem, ele já tinha sido o homem mais rico do leste, mas agora ele recebera porção dobrada de tudo que tinha antes. Daí podemos ter uma idéia de como Jó era rico agora.

Quando Jó estava passando pelas provações, as pessoas riram e se afastaram dele. Agora que ele se recuperou tanto em termos de saúde como em termos materiais, elas estão de volta. Ainda assim, Jó as tratou com amor e foi bondoso para com elas. Mesmo elas tendo criticado-o e amaldiçoado-o no passado. É que agora ele sentia o amor de Deus e, com as tribulações, pôde entender a Sua vontade.

Na história da humanidade, aqueles que tentaram conquistar o mundo com armas e espadas só trouxeram dor e destruição ao ser humano. Mas Jesus cumpriu a Lei com amor. Nós também devemos ter o coração generoso capaz de aceitar e abraçar a todos.

O SENHOR abençoou o final da vida de Jó mais do que o início. Ele teve catorze mil ovelhas, seis mil camelos, mil juntas de boi e mil jumentos. Também teve ainda sete filhos e três filhas. À primeira filha deu o nome de Jemima, à segunda o de Quézia e à terceira o de Quéren-Hapuque. Em parte alguma daquela terra havia mulheres tão bonitas como as filhas de Jó, e seu pai lhes deu herança junto com os seus irmãos. Depois disso Jó viveu cento e quarenta anos; viu seus filhos e os descendentes deles até a quarta geração. E então morreu, em idade muito avançada (42:12-17).

Hoje, temos o dinheiro como padrão de riqueza, mas nos tempos de Jó, o padrão era o número dos animais de criação que se tinha. Para criar tantos animais, ele tinha que ter uma boa área de terra. Com a benção de Deus, o número dos filhotes aumentou rapidamente.

Naqueles dias era sinal de benção ter muitos filhos. Deus deu a Jó as mais lindas filhas. Era mais do que o suficiente para consolar a dor de ter perdido seus filhos anteriores. As filhas de Jó eram lindas e amáveis, e assim, Jó também lhas deu herança, como a filhos. Podemos ver como Jó se agradava de suas filhas.

Depois que Jó recebeu perdão e bênçãos, ele viveu mais 140 anos, vendo seus filhos e descendentes deles até a quarta geração. Significa que ele desfrutou de todas as bênçãos e esplendor que alguém pode desfrutar na terra.

Pontos de Conclusão

A história da cultivação humana começou quando Adão desobedeceu a palavra de Deus e foi expulso do Jardim do Éden. Deus planta a semente chamada 'humanidade' na terra e junta o trigo no celeiro do reino dos céus. O joio, entretanto, que são aqueles que não crêem em Deus, não tem outro destino senão o fogo, e terão de ir para o inferno.

Deus continuará com essa cultivação humana até o tempo que Ele estabeleceu se cumprir, a fim de obter verdadeiros filhos que amam e reverenciam a Deus de todo o coração.

O temor e reverência a Deus é odiar o mal, e amar a Deus é guardar Seus mandamentos. O tipo de vida santa que Deus quer que tenhamos é sermos santos tanto por dentro como por fora, isto é, temos de nos despojar não apenas de pecados praticados em ações, mas também de pensamentos e características dos nossos corações. Além disso, podemos refletir o Senhor quando identificamos a maldade em nossa natureza original e nos livramos dela.

A graça e o poder de Deus virão sobre nós se lutarmos contra os pecados a ponto de derramarmos sangue através de fervorosas orações, esforçando-nos para encontrar e eliminar nossa maldade. Assim, podemos dar luz ao espírito através do Espírito Santo e crescer, tornando-nos pessoas cada vez mais espirituais, com a ajuda do Espírito.

O livro de Jó nos ensina sobre a maldade escondida no fundo de nossa natureza. Pudemos ver que Deus revelou muitos tipos de corações e mentes sem verdade na natureza das pessoas através das lustrações de Jó e seus três amigos.

Oro, em nome do Senhor Jesus Cristo, para que você possa descobrir a maldade escondida em sua natureza e se livre dela, a fim de que possa se tornar uma pessoa santa e espiritual, sendo um abençoado filho de Deus que cultiva o coração do Senhor!

O Autor:

Dr. Jaerock Lee

Dr. Jaerock Lee nasceu em Muan, Província Jeolla Sul, República da Coréia do Sul, em 1943. Aos vinte anos, Dr. Lee sofria de várias doenças incuráveis. Por sete anos seguidos esperou a morte sem esperança de recuperação. Um dia, durante a primavera de 1974, foi levado por sua irmã a uma Igreja e, quando se ajoelhou para orar, o Deus vivo imediatamente o curou de todas as enfermidades.

No momento em que Dr. Lee conheceu o Deus vivo através daquela incrível experiência, ele amou a Deus com todo o seu coração e sinceridade e, em 1978, foi chamado para ser servo de Deus. Ele orava tão fervorosamente que podia entender claramente a vontade de Deus e cumpri-la totalmente. Ele obedeceu à Palavra de Deus. Em 1982, fundou a Igreja Manmin Joong-ang, em Seul, Coréia do Sul. Inúmeras obras, incluindo curas milagrosas e maravilhas, tomaram lugar naquela Igreja.

Em 1986, Dr. Lee foi consagrado pastor na Assembléia Anual da Igreja Sungkyul e, quatro anos depois, em 1990, seus sermões foram transmitidos para Austrália, Estados Unidos, Rússia, Filipinas e muitos outros locais ao longo da Companhia de Transmissão do Extremo Oriente, a Estação de Transmissão Asiática e o Sistema de Rádio Cristão de Washington.

Três anos depois, em 1993, a Igreja Central Manmin Joong-ang foi escolhida uma das "Cinqüenta maiores Igrejas do Mundo" pela revista *Christian World* e o Dr. Lee recebeu o Doutorado Honorário em Divindade pela Escola da Fé Cristã, na Flórida, Estados Unidos. Em 1996, tornou-se P.H.D em Ministério pelo Seminário Teológico de Kingsway, em Iowa, nos Estados Unidos.

Desde 1993 Dr. Lee tem liderado a evangelização mundial através de muitas cruzadas internacionais na Tanzânia, Argentina, Los Angeles, Baltimore City, Havaí, Nova Iorque, Uganda, Japão, Paquistão, Quênia, Filipinas, Honduras, Índia, Rússia, Alemanha, Peru, República Democrática do Congo, Israel, e Estônia.

Em 2002, foi chamado de "pastor internacional" pelos maiores jornais cristãos da Coréia, por seu trabalho nessas cruzadas. Em especial, sua 'Cruzada de Nova Iorque 2006' realizada na Madison Square Garden, arena mais famosa do mundo, foi transmitida a 220 nações; e em sua 'Cruzada Unida de Israel 2009' realizada no Centro Internacional de Convenções em Jerusalém, ele proclamou corajosamente que Jesus Cristo é o Messias e o Salvador. Seu sermão é transmitido a 176 nações via satélites incluindo a GCN TV, e ele foi listado como um dos 10 Líderes Cristãos Mais Influentes de 2009 e 2010 pela popular revista russa *In Victory* e pelo *Christian Telegraph* por seu poderoso ministério de transmissão televisiva e de pastoreamento internacional.

Conforme dados de março de 2016, a Igreja Central Manmin tem uma congregação de mais de 120.000 membros. São 10,000 congregações e 56 congregações domésticas espalhadas pelo país e pelo mundo. Até hoje, mais de 102 missionários já foram enviados a 23 países, incluindo os Estados Unidos, Rússia, Alemanha, Canadá, Japão, China, França, Índia, Quênia e muitos outros.

Até hoje, Dr. Lee já escreveu 100 livros, incluindo os Best Sellers Experimentando a *Vida Eterna antes da Morte; Minha Fé Minha Vida I & II; A Mensagem da Cruz; A Medida da Fé; Céu I & II; Inferno* e *O Poder de Deus*. Suas obras foram traduzidas para mais de 76 línguas.

Suas colunas cristãs estão nos jornais *The Hankook Ilbo, The JoongAng Daily, The Dong-A Ilbo, The Chosun Ilbo, The Seoul Shinmun, The Kyunghyang Shinmun, The Korea Economic Daily, The Korea Herald, The Shisa News*, e *The Christian Press*.

O Dr. Lee é atualmente líder de várias organizações missionárias e associações: diretor na The United Holiness Church of Jesus Christ, Presidente Vitalício da Assosição Missão Mundial de Avivamento do Cristianismo; Presidente e Fundador da Rede Global Cristã (GCN), Fundador e Membro da Diretoria da Rede Mundial de Médicos Cristãos (WCDN); e Fundador e Membro da Diretoria do Seminário Internacional de Manmin (MIS).

Outras obras poderosas do autor

Céu I & II

Um esboço detalhado dos ambientes maravilhosos que os cidadãos do céu desfrutam e a linda descrição dos diferentes níveis dos reinos dos céus.

A Mensagem da Cruz

Uma poderosa mensagem para despertar todas as pessoas que estão dormindo espiritualmente. Nesse livro podemos ver porque Jesus é o único Salvador e encontrar o verdadeiro amor de Deus.

Inferno

Uma mensagem profunda de Deus, que não deseja que nem uma alma sequer vá para as proofundezas do inferno, a toda a humanidade! Você descobrirá coisas nunca antes reveladas sobre a cruel realidade do Ades e do Inferno.

Experimentando a Vida Eterna Antes da Morte

O testemunho do Reverendo Dr. Jaerock Lee, que nasceu de novo, foi resgatado do vale da morte, e tem levado uma perfeita e exemplar vida cristã.

A Medida da Fé

Que tipo de lar celestial, coroa e recompensa estão preparados para você no céu? Esse livro fornece, com sabedoria, meios para você medir sua fé e cultivá-la de modo a torná-la melhor e mais madura.

Desperta Israel

Por que Deus tem mantido Seus olhos sobre Israel desde o princípio do mundo até hoje? Que providência Sua tem sido preparada para Israel nos últimos dias, que espera pelo Messias?

Minha Fé Minha Vida I & II

A autobiografia do Dr. Jaerock Lee exala o mais fragrante aroma espiritual para seus leitores através de sua vida extraída do amor de Deus florescido em meio a ondas fortes, um jugo pesado, e profundo desespero.

O Poder de Deus

Um livro que todo cristão deve ler, servindo com um guia essencial através do qual podemos ter uma fé verdadeira e experimentar o maravilhoso poder de Deus.

www.urimbooks.com

www.ingramcontent.com/pod-product-compliance
Lightning Source LLC
LaVergne TN
LVHW011943060526
838201LV00061B/4191